主　编◎黄　静

副主编◎蒋传宓

社会救助实务

社会治理·能力为本系列丛书

西南交通大学出版社

·成 都·

图书在版编目（ＣＩＰ）数据

社会救助实务 / 黄静主编. —成都：西南交通大
学出版社，2018.12（2025.7 重印）
（社会治理·能力为本系列丛书）
ISBN 978-7-5643-6640-7

Ⅰ. ①社… Ⅱ. ①黄… Ⅲ. ①社会救济 – 研究 – 中国
Ⅳ. ①D632.1

中国版本图书馆 CIP 数据核字（2018）第 290750 号

社会治理·能力为本系列丛书
Shehui Jiuzhu Shiwu

社会救助实务

主编 黄 静

责 任 编 辑	罗小红
助 理 编 辑	吴启威
封 面 设 计	原谋书装
	西南交通大学出版社
出 版 发 行	（四川省成都市金牛区二环路北一段 111 号
	西南交通大学创新大厦 21 楼）
发行部电话	028-87600564　028-87600533
邮 政 编 码	610031
网 址	https://www.xnjdcbs.com
印 刷	成都中永印务有限责任公司
成 品 尺 寸	185 mm × 230 mm
印 张	15
字 数	327 千
版 次	2018 年 12 月第 1 版
印 次	2025 年 7 月第 4 次
书 号	ISBN 978-7-5643-6640-7
定 价	42.00 元

前 言
PERFACE

社会救助是最古老最基本的社会保障方式,被称为社会保障的最后一道防护线和安全网,在调整资源配置、实现社会公平、维护社会稳定、构建社会主义和谐社会等方面发挥着重要的和不可替代的作用。随着我国市场经济的加速发展,保障和改善民生成为政府工作的出发点和落脚点。党中央、国务院历来高度重视社会救助工作,要求建立健全社会救助制度,推进以法治方式织牢保障困难群众基本生活的安全网。近年来,我国社会救助工作初步实现救助范围覆盖城乡、制度框架基本建立、操作程序科学规范、困难群众应保尽保的目标,在"保民生、维稳定、促公平"等方面发挥了重要作用。

《社会救助实务》一书从社会救助基本知识、社会救助体系建设与社会救助管理、最低生活保障、特困人员供养、临时救助、灾害救助、专项救助等七个方面,分析了中国当前社会救助工作,并且深入剖析了具体的社会救助工作程序和工作规范,是一本系统介绍社会救助实务工作的书籍。本书在编写过程中突出针对性和实用性,每一章都有理论论述和相关案例资料,既满足理论学习的需要,又充分注意切合基层民政部门和社会救助机构管理人员的实际工作能力培养。希望本书的出版,能够为师生提供更多社会救助管理与服务方面的知识,提高社会救助机构服务人才的综合素质和专业能力,进一步提高社会救助工作水平。

本书内容包括七章:第一章为绪论,介绍社会救助基础知识,对社会救助的内涵外延进行了界定和解析;第二章为社会救助体系建设与社会救助管理,对我国现代社会救助体系的发展及社会救助管理工作进行了梳理;第三章至第七章主要涉及社会救助管理服务的实务操作体系,具体而言,第三章为最低生活保障,介绍我国目前城市和农村居民最低生活保障工作;第四章为特困人员供养,介绍我国当前城乡特困人员供养工作;第五章为临时救助,介绍了我国临时救助工作与流浪乞讨人员救助管理工作;第六章为自然灾害救助,对自然灾害救助工作进行了说明;第七章为专项救助,主要介绍了医疗救助、教育救助、住房救助、就业救助等方面的知识。

本书适用于民政部门各类人员,可作为社会救助、社会保障及其他社会管理类工作人员的学习参考书或培训教材,也可作为民政管理、社会工作、社会保障等相关专业的学生教材。

本书由重庆城市管理职业学院社会工作学院教学科研经验丰富的一线教师进行编写,教材编写过程中主编黄静老师负责全书总体框架及编写提纲的设计,并对各参编人员的初稿在文字和内容上进行了适当修改;由蒋传宓老师担任副主编,协助主编进行内容确定、大纲审定及统稿工作。具体参编人员有黄静（第一章、第六章、第七章），蒋传宓（第二章、第四章），胡耀友（第三章），林玲（第五章）。

在编写过程中，我们参考并引用了众多专家学者及高校同行的研究成果与观点，我们列出的只是其中的部分主要参考文献，在此谨向所有的专家和学者表示衷心的感谢和崇高的敬意。同时，我们也要感谢西南交大出版社的领导和工作人员，是他们的热情支持激励着我们在工作之余夜以继日地坚持撰写工作，是他们的辛勤劳动和努力付出才能使本书得以顺利出版，向他们表示衷心的感谢。

由于受时间和水平的限制，书中难免出现疏漏，恳请各位专家和读者批评指正！

编者

2018 年 8 月

目 录
CONTENTS

绪 论

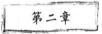

社会救助体系建设与社会救助管理

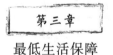

最低生活保障

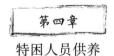

特困人员供养

第五章

临时救助

第六章

自然灾害救助

第七章

专项救助

第一章 绪 论

【本章概览】

社会救助是社会保障体系重要的子系统，是现代国家最基本的社会保障制度之一，它对于解决贫困人口的基本生活问题至关重要，对社会的发展同样具有重要意义。本章主要学习社会救助的概念，掌握社会救助的基本知识，了解和认识社会救助的历史发展，梳理社会救助与反贫困工作的关系。

【学习目标】

1. 掌握社会救助的概念与特点。
2. 认识社会救助的对象与内容。
3. 了解社会救助的模式与类型。
4. 掌握社会救助的原则、方针和作用。
5. 了解中国及西方社会救助工作的产生和发展过程。
6. 认识贫困的界定及衡量标准，了解社会救助与反贫困工作。

【案例导入】

《社会救助暂行办法》八项社会救助制度有效落实

2015 年 1 月 30 日上午，国新办举行 2014 年社会救助等民生保障情况政策吹风会。民政部副部长窦玉沛在介绍和解读《社会救助暂行办法》时指出，这是第一次以行政法规形式确立了八方面社会救助制度。包括最低生活保障、特困人员供养、受灾人员救助、医疗救助、住房救助、教育救助、就业救助和临时救助等八项社会救助制度，为我国社会救助事业发展提供了明确的法律依据，实现了社会救助从制度"碎片"到衔接整合，从部门分割到资源统筹，从城乡二元到协调发展的转变。窦玉沛从五个方面进行了介绍和解读。

一是城乡低保方面。截至 2014 年 12 月，全国共救助城乡低保对象 7089 万人。

二是特困人员供养方面。着力从基本生活、照料服务、疾病治疗以及办理丧葬事宜等方面为城乡无依无靠特困人员提供供养服务。截至 2014 年 12 月底，全国共有农村特困供养对象 529.5 万人。

三是受灾人员救助方面。2014 年，国家减灾委、民政部全年帮助地方妥善安置紧急转移群众 700 万人次，全年共救助受灾群众 7500 万人次，确保了灾区群众基本生活。

四是在医疗救助、住房救助、教育救助和就业救助等专项救助方面，各相关部门密切配合，完善政策措施，健全工作机制，加大财政投入，提高救助水平，也都取得了积极的进展。

五是国务院还分别于 2014 年 10 月、11 月下发了《关于全面建立临时救助制度的通知》和《关于促进慈善事业健康发展的指导意见》，填补了制度空白，完善了政策短板，丰富了救助资源和方式，进一步编密织牢了社会救助安全网。

（资料来源：国务院新闻办公室网站）

社会救助古已有之，作为一种确保国民生活安全和社会稳定发展的制度安排，是人类文明进步过程中取得的重大政策成果之一。它对于解决贫困人口的基本生活问题至关重要，对社会经济的发展具有十分重要的意义。

第一节　社会救助概述

一、社会救助的定义

在社会发展进程中，无论国内国外，都必然会有一些缺乏或丧失劳动能力的鳏寡孤独、老幼残疾者，或遭受各种不幸事故和因其他原因陷入生存困境的社会成员，这些社会弱势群体的存在，不仅会影响社会经济的发展，而且会在一定程度上影响到社会稳定。因此，自古以来，各国政府为了维护社会安定，确保国家的经济发展，都进行了一些针对弱势群体的救助工作，这种救助工作起到了解决贫困人口的基本生活问题，促进社会经济发展的重要作用。这种救助是在人类社会形成、发展过程中出现的一种群体社会关系的产物，作为社会保障制度的基本组成部分，社会救助概念的形成和发展经历了几个阶段，国际上对社会救助尚未有严格、公认、明确的定义，学术界对此理解不一，提出了许多具有代表性的观点。

美国 1999 年出版的《社会工作词典》主要从资金来源和福利性质来界定社会救助。根据该定义，社会救助是一种由政府一般税收提供资金，并通过对申请者需求和家计进行审核的社会保障形式。在大多数国家，这是一种补缺型的福利供给，但在那些没有采用社会保险供款的国家，社会救助则是他们主要的福利计划。

中国台湾学者江亮演认为："社会救助可以说是对那些需要他助，也就是需要他人救助者，以政府及社会大众的力量给予救济或扶助的一种制度。换句话说，社会救助乃是因个人或团体（家庭），遭遇到不幸事故，如天灾、人祸（战争、匪劫、诈骗、失业）、个人因素（奢侈浪费、懒惰、残障、疾病）、经济因素（经济恐慌或萧条）、不良社会风气、政治制度（苛捐杂税太重）、社会制度（不合理的婚姻、家庭……），以及人生过程中所必须经历之生、老、病、死与无谋生能力之鳏、寡、孤、独等理由，必须由他人来救助，以保障其生活的一种措施。"①江亮演在其定义中比较详细地列举了个人或家庭陷入困境而不能自救的各种原因。

中国人民大学教授郑功成认为，社会救助是指国家与社会面向贫困人口与不幸者组成的社会脆弱群体，无偿提供物质援助的一种社会保障制度。它主要包括贫困救助、灾害救助与特殊救助等内容。在人类社会发展历史上，社会保障主要是以救灾济贫的形式出现的。其中西方国家既有政府组织的救灾济贫事业，也有教会组织的各种慈善事业；中国历史上则主要是由历代政府出面组织救灾济贫，但也有个别的民间慈善活动，没有社会保险，更谈不上社会福利。历史上的社会保障即是救灾济贫事业，随着工业社会的到来，社会保险开始普及，社会福利也变得日益重要。同时生产力的发展，使社会成员的生活水平得到提高，社会救助的主体地位便逐渐让位于社会保险等制度。不过，贫困现象仍然是当今未能消除的社会问题，先天与后天灾祸更是不可避免的现象。②

中国社科院教授唐钧更为强调社会救助是公民应当享有的基本权利，他认为："社会救助是现代国家中得到立法保障的公民基本权利之一，当公民难以维持最低生活水平时，由国家和社会按照法定的程序和标准向其提供保障其最低生活需求的物质援助的社会保障制度。"③这里强调了社会救助是一种最低生活需求的保障。

社会学专家洪大用提出社会救助实际上就是一种制度安排，而且阐明了这种制度安排的目的。他认为："社会救助是当社会成员由于各种原因陷入社会生活困境或无力伸张其权益时，由国家和社会按照法定的程序和标准，向其提供现金、物资或其他方面的援助与支持的一种制度安排，这种制度安排，旨在保障社会成员的基本权利，促进社会的和谐稳定。"④

我们认为，从总体上说，社会救助是我国社会保障体系的重要组成部分，具体是指国家和社会向年老、患病、遭遇突发事件、丧失劳动能力或者因其他原因导致家庭收入难以满足基本生活需求的公民提供物质或者其他帮助，以维持其基本生活，保障其最低生活水平的社会保障制度。从基本内容上说，社会救助是在公民因各种原因导致难以维持最低生活水平时，由国家和社会按照法定的程序，给予款物接济和服务，以使其生活得到基本保障的制度。首先，生活救助作为社会救助的主要内涵，也就是说，它是当公民处在相对贫困的状态时以及由此所引起的其他需要帮助的情况时所获得的一种救助。其次，它是社会保障制度的重要组成部分，是对以市场机制为依托的社会保险制度的补充。社会保障包括社会救助、社会福利、

①　江亮演. 社会救助的理论和实践[M]. 台北：桂冠图书公司，1990：自序.
②　郑功成. 论中国特色社会保障道路[M]. 武汉：武汉大学出版社，1997：7.
③　唐钧. 市场经济与社会保障[M]. 哈尔滨：黑龙江人民出版社，1995：11.
④　洪大用. 转型时期中国社会救助[M]. 大连：辽宁教育出版社，2004：3.

社会保险和社会优抚等几大部分内容。相对于社会福利、社会保险而言，社会救助是社会保障制度体系中最基本的制度，被称为"最后一道安全网"。从目前我国现阶段经济发展和社会进步的水平来看，要全面构筑与市场经济相适应的社会保障体系，还存在不少的制约因素：区域经济发展不平衡，政府财力支撑不均衡，人们思想观念上存在着巨大差距等。这些因素都会导致社会成员对社会保障需求的不一致性以及政府与社会对提供社会保障的能力与作为上的差异，目前社会保障体系在需求与供给方面存在着难以解决的结构性矛盾，它们直接影响到社会保障体系的全面构建。因此，从社会保障体系中最基本、最基础的社会救助体系入手，切实解决贫困群体的生计，保障贫困群体的基本生活，乃是解决当前我国城市化进程中显现出来的社会贫困与社会公正问题最为有效的途径之一。

二、社会救助的特点

社会救助制度是最早产生的社会保障形式，除了具备社会保障的一般特点以外，还具有自身的特殊性，主要表现在如下几个方面：

第一，享受社会救助是公民的基本权利。在现代社会中，导致贫困的主要原因是社会因素，拥有起码的生存条件是每个公民的基本权利。所以，当社会成员陷入困境时，国家和社会有责任和义务为他们提供援助，这种援助不是带有怜悯性的恩赐，而是法律所赋予的权利和规定的一种社会责任。国家、政府、社会向公民提供社会救助是自己的职责，而受助者把享受社会救助视为自己生存的权利。公民只要认为自己具备享受社会救助的条件，便可以主动提出申请，如果政府拒不接受，或者降低救助标准，甚至中断社会救助，公民均可依法提出申诉。强调国家和社会对救助对象的责任和义务，是区别社会救助与其他社会保障制度的一个重要标志。

第二，救助对象的限制性。虽然享受社会救助是每一个公民的基本权利，但从社会救助的资格审查看，社会救助的对象须由法律规定，只有符合法定条件，真正陷入生存困境的社会成员，才有资格享受救助。在我国，每一个具体的社会救助项目分别有各自特定的救助对象，任何一种社会救助形式对救助对象的限制都极为严格。

第三，救助程序的法定性。社会救助对象必须履行一系列法定的程序方能获得社会救助的待遇。尽管社会救助是国民收入的一种分配方式，能够较好地缩小贫富差距，有效地保障贫困人口的基本生活。但是，受助者获得救助，还必须通过一定的法定程序。如城乡居民最低生活保障，必须由受助者向当地政府提出申请，经政府有关部门对其经济状况调查核实，认为符合条件，经过批准后才可获得救助。"法定性"也是社会救助突出的特点之一，通过严格的法定工作程序来确定申请救助的公民的生活状况是否已经陷入难以为继的窘境，以此来保证社会救助的经费切实地用到最需要救助的人身上。

第四，救助标准的低水平性。社会救助只向救助对象提供保证最低生活需求和简单再生产的资金和物资，并非以改善生活和提高福利水平为目的，相对于社会保障和社会福利而言，其待遇标准比较低，社会救助在当代社会保障体系中，处于最低或最基本的层次。

第五，救助手段的多样性。实施社会救助，既可以采用实物救助也可以使用现金救助，还可以使用服务救助；既有临时应急救助也有长期固定救助；既有政府救助也有民间救助。此外，还有房屋救助、口粮救助、衣被救助、种子救助等具体实施形式，救助手段和形式灵活多样。

作为社会安全网的重要构成部分之一，与社会保障体系中其他制度相比较，社会救助有自身的特点，社会救助制度的上述特点是同社会发展的层次性和社会成员的结构性相关的，社会发展水平不同，在社会发展过程中，由于社会阶层结构不同，需要社会的帮助程度也是不同的。从社会救助的发展历程来看，社会救助并不随着社会保险、社会福利的逐步发展而被取代。相反，社会救助自古至今源远流长，早已融入历史文化与传统观念之中，打上深厚的历史烙印。社会救助的这几个特点是现代社会保障体系中社会保险、社会福利等子系统所不具备的。

三、社会救助的对象

现代社会救助的目标，在于保障公民享有最低生活水平和解决公民其他困难。现代社会救助按照统一标准确定救助对象，凡生活在国家或地方政府公布的最低生活水平线下的居民，即贫困人口，为社会救助的对象。现代国家实施社会救助的目的在于，保障被救助者享有当时当地最低生活水平。在一个国家或地区内，哪些社会成员的生活水平是永久或暂时低于或等于法定的最低生活标准线，一些学者作了定性的分析。因为不同的角度有不同的分类，由此形成了不同类型的社会救助对象。根据我国目前的研究，对社会救助对象归纳如下。

（一）按社会救助对象需要救助的原因划分

1. 没有生活来源又无依靠的公民

这主要是指"三无"人员，即无劳动能力，无生活来源，无法定赡养、抚养、扶养义务人的社会成员。所谓"无劳动能力"，是指依靠自身能力没有办法维持最低生活水平的社会成员；"无生活来源"，是指既没有维持其最低生活水平的财产（动产或不动产），也没有维持其最低生活水平的收入（现金或实物）的社会成员；"无法定赡养、抚养、扶养义务人"，既包括没有法定赡养、抚养、扶养义务人的情况，也包括法定赡养、抚养、扶养义务人无力履行义务的情况，还包括法定赡养、抚养、扶养义务人虽能履行部分义务，但其仍不能使其过上最低生活水平的生活的情况。需指出的是，作为社会救助对象的"三无"人员，必须是同时具备"三无"的条件，才能成为社会救助的对象，仅符合其中之一并不能成为社会救助的对象。

2. 突发性灾害造成的生活困难的公民

这类社会成员有劳动能力或有生活来源，或既有劳动能力又有生活来源，但由于天灾人祸的发生，使其财产甚至人身遭到了严重的损害，从而在生活上发生了一时或永久的困难，不能达到国家公布的最低生活水平。

3. 有收入来源，但生活水平低于或相当于国家法定最低生活标准的公民

这主要包括家庭收入过低，不能达到最低生活水平的在职人员、下岗人员、离退休人员及其家庭成员。所谓"家庭收入过低"，是指家庭的各种收入与整个家庭的合理开支相比较而言的。合理开支主要包括正常的衣食住行、医疗读书培训等。比如，经济收入过低的人；在享受失业津贴期满之后仍未找到工作并且需要供养配偶和未成年子女的人；因为长期患病而医疗护理支出大、负担沉重的人等。

（二）按社会救助对象的所在地划分

一类是城市社会救助对象，指家庭人均月收入低于户口所在地政府公告的最低收入标准的城镇家庭和居民。另一类是农村社会救助对象。常规性的农村社会救助对象主要包括农村特困供养人员和农村贫困人员，比如农村五保供养工作，享受五保待遇的人必须是无依无靠、基本丧失劳动或生活能力、无生活来源的孤寡老人、残疾人和未成年的孤儿。

（三）按社会救助对象的特点划分

这主要包括无生活来源、无劳动能力、无法定赡养人或抚养人的居民；特殊对象生活困难者（企业精简职工等）；失业职工；在职人员和下岗人员在领取工资或最低工资、基本生活费以及退休人员领取退休金后，其家庭人均收入仍低于最低生活保障标准的居民；生活困难的低收入者；遭受非常灾害的社会成员；城市中生活无着的流浪乞讨人员等。

不同的群体有着不同的致贫原因和贫困特点，政府和社会需要针对不同公民群体的不同需求，采取切合他们实际的救助措施。

四、社会救助的内容

（一）生活救助

生活救助是为生活困难的社会成员提供最低的生活保障，维持其基本的生存条件，确保其生存权和人格尊严不因一时的生活困难而受到影响。生活救助是社会救助中的主体内容，它对保障社会稳定、安定人民生活、促进生产发展起着非常重要的作用。

中国历史上生活救助的形式丰富多样，历代政府多采用赈贷、工赈、平粜、施粥、移民就粟等方式来抚恤鳏、寡、孤、独和贫民。西方生活救助的历史发展源于中世纪世俗和宗教的慈善事业。15世纪末到16世纪初，西欧国家的政府开始借助教会和私人的慈善事业来开展济贫工作，并予以立法干预。19世纪末和20世纪初，贫富悬殊的社会矛盾日益严重，劳工领袖们极力促使政府干预社会贫穷问题。在德国和英国，工人阶级开始在福利的立法方面显示政治力量，要求实施社会保险和公共救助的广泛规划。1897—1930年，大多数欧洲国家都采用社

会保障措施，生活救助纳入社会保障体系之内，成为社会保障的一个重要组成部分。

生活救助制度是政府向陷入贫困的人群提供的，以满足其基本生活需要为目的的物质援助。它是一项社会救助制度，是社会保障体系的一项重要内容，有的国家称为"贫困线"制度。对生活救助工作可以从如下几个方面来理解：（1）生活救助是保障公民基本生活权利的制度。与传统基于人道主义的社会救济相比，生活救助强调居民拥有满足其基本生活需要的权利。（2）它是以家庭调查为前提的选择性救助制度，其目标是针对非常贫困的公民，而且这种贫困程度是要求按照一定的程序来认定的。（3）生活救助是一种低水平的收入补差制度，保障待遇一般由管理审批机关以货币形式按月发放，只在必要时才给付实物。现金救助的数量主要参照两个标准：一是各地制定的居民最低生活保障标准，二是申请者家庭的人均收入水平。（4）生活救助是实行动态管理的制度。一旦申请者家庭收入状况发生变化，或者政府制定的生活困难标准发生变化，申请者接受现金补助的水平就有三种可能的变化：增加、减少、取消。（5）生活救助要求符合条件的救助对象履行一定的社会义务。比如要求有劳动能力但尚未就业的城市居民，在享受救助待遇期间，应当参加其所在的居民委员会组织的公益性社区服务劳动。（6）生活救助是最后的保障。它是在其他制度有效实施的情况下，对于生活仍然困难的居民提供的最后一道"安全网"。其救助标准也要与其他制度的保障相衔接，只能是最低的标准。

实施生活救助，应遵循三个基本原则：（1）保障最低生活水平。保障内容是维持基本生活的最低要求，保障水平与生产力发展和当地居民的总体生活水平以及各方面承受能力相适应。（2）由政府作为实施生活救助制度的主体，承担保障的主要责任。（3）公开、公平、公正、真实，实行属地管理、动态管理的原则。依法获得生活救助是公民的基本权利，依法实施生活救助是政府和社会义不容辞的责任。实施生活救助，政府必须按照法定的程序确定申请对象是否陷入贫困（通常称为家庭经济情况调查），主要包括个人申请、调查审核、社区证明、政府批准等。有的国家和地区还要调查申请者的家庭财产和工薪之外的其他经济收入来源，以保证生活救助的资金切实用于最需要救助的公民。实施生活救助提供的资金仅仅是满足救助对象最低生活需求的资金，只要救助对象的收入超过最低生活标准，救助活动即行终止。

中国经济体制改革之前，乃至改革开放初期，中国的贫困人口主要分布在农村，城市居民中的贫困现象不突出，全国一直没有统一的、正式的贫困线，只有各地区财政部门制定的生活困难补助标准。中国面向城市的贫困救济制度，是在20世纪中期计划经济体制下形成的。当时救济制度的主要职能是对无劳动能力、无生活来源、无法定赡养人和抚养人（"三无"人员）的城镇孤老、社会困难户、20世纪60年代精简退职职工以及国家规定的一些特殊救济对象，给予定期定量救济或临时救济。改革开放以来，随着中国城市贫困形势的变化，政府扶贫工作发生了若干重要改变。1999年9月28日，国务院以第271号令形式颁布的《城市居民最低生活保障条例》，就低保制度的目的、保障范围、标准制定、资金来源、工作主体、工作程序、保障对象义务等主要内容做出了原则性规定。该条例一经颁布就确定了我国城市居民生活救助的主体框架。有学者将我国生活救助由传统的救助到最低生活保障制度的改革与发展历程概括为六个方面：从扶持企业到直接救助贫困人口，从道义性扶贫到制度性扶贫，从救助制度分立到救助制度整合，从基本生活救助到综合救助，从消极救助取向到积极开发取向，从忽视社区作用到重视社区作用。①随着近年来生活救助制度在实际运行过程中的不断完善，我国在生活救助领域取得了长足的进步与发展。同时，城市最低生活保障制度的建立和完善对农村的生活救助工作也产生了巨大的影响，现在最低生活保障制度已全面覆盖到我国的城市和农村，成为我国社会救助工作中最重要、最基础的制度。

（二）灾害救助

灾害救助又称救灾，是指国家和社会对因自然灾害造成生存危机的社会成员进行抢救与援助，以维持其最低生活水平并使其脱离灾难和危险境地的一种社会救助制度。自然灾害救助是社会救助的重要内容之一。我国是一个自然灾害高发的国家，不稳定的东亚季风气候，强烈的新构造运动，起伏的地势与类型多样的地貌，人口众多与悠久的开发历史等诸多因素的综合影响，使我国成为世界上自然灾害发生最频繁、造成损失最严重的国家之一。一般年份，全国受灾害影响的人口约 2 亿人，其中因灾死亡数千人，需转移安置 300 多万人，农作物受灾面积 4000 多万公顷，成灾 2000 多万公顷，倒塌房屋 300 万间左右。随着国民经济持续高速发展、生产规模扩大和社会财富的积累，灾害损失有日益加重的趋势。自然灾害已成为制约国民经济持续稳定发展的主要因素之一。从灾害影响范围看，全国有 74% 的省会城市以及 62% 的地级以上城市位于地震烈度Ⅶ度以上危险地区，70% 以上的大城市、50% 以上的人口、75% 以上的工农业产值，分布在气象、海洋、洪水、地震等灾害严重的地区。自然灾害制约着国民经济持续发展，严重影响人们的正常生活，很多灾民在灾害中一贫如洗，因灾返贫的比重不断增加。因此，自然灾害救助与和谐社会建设息息相关，要实现社会和谐发展，就必须加大自然灾害救助制度的改革力度。为做好灾民的救助工作，我国建立了针对突发性自然灾害的社会救助制度。我国各级政府每年都在财政预算中安排救灾支出，用于安置和救助灾民，使灾民摆脱生存危机，同时使灾区的生产、生活等各方面尽快恢复正常秩序。

（三）扶贫工作

扶贫主要是针对那些贫穷落后，特别是温饱问题还没有解决的地区，由国家给予资金、物资、人力和技术上的帮助，扶持其经济开发，增强其自身经济实力，促使其脱离贫困。我国扶贫工作分为两个部分，一部分是由国务院扶贫开发领导小组负责，对农村中有一定的生产经营能力的贫困户从政策、思想、资金、物资、技术、信息等方面给予扶持，使其通过生产经营活动摆脱贫困；另一部分是由民政部负责，以贫困户为对象开展的扶贫工作，它不是单纯的救济，而是救济与扶助生产相结合，是农村社会救助工作的延伸和发展，其目的是最终脱贫。

---

① 洪大用. 改革以来中国城市扶贫工作的发展历程[J]. 社会学研究, 2003（1）.

我国的农村扶贫工作是在农村社会救济和救灾工作的基础上发展起来的。通常所说的扶贫，是指国家和社会各方面，通过多种方法，帮助贫困户解决生产和生活困难，增加收入，达到摆脱贫困的目的。

中华人民共和国成立初期，农业生产基础薄弱、生产萎缩、交通不便、民生困苦、失业众多。面对农村的贫困情况，各级党委和人民政府在积极引导广大农民进行减租退押（减少承租土地的地租和退还押金）、土地改革以及恢复和发展农业生产，改善贫困农民的生产和生活条件的同时，国家还从减轻赋税、发放农业贷款、疏导供销、兴修水利、推广技术以及帮助解决生产和生活困难的方面扶助贫困户从事生产，解决温饱问题。农业合作化后，许多地方依靠合作社力量，吸收贫困户入社，帮助他们解决生产和生活上的困难。随着合作化、人民公社化的发展，农村社会救济工作也相应地发生了变化。国家主要集中力量对"穷社穷队"进行扶持，通过集体的经济力量来保障群众生活。据 1978 年的资料统计，全国有近 2.5 亿人的农村贫困人口，需要加大扶贫力度。20 世纪 80 年代中期，国务院明确提出了开发式扶贫方针，这是我国扶贫开发政策的基础和核心。这项工作方针的基本宗旨就是动员民众，倡导和鼓励贫困地区的贫困农户和地方政府发扬自力更生、艰苦奋斗、自强不息、改变命运的精神。在国家必要的扶持下，逐步形成自我积累、自我发展的能力，在劳动的过程中发展生产，创造财富，解决温饱问题。

随着农村改革的进程和国家经济建设的发展，扶贫工作由帮助个别的贫困户变为团体扶贫和扶助贫困地区经济开发；从劳力、资金、供销、信息等方面的扶贫发展到科技扶贫、教育扶贫、康复扶贫以及其他多种形式的扶贫。扶贫开发实现了贫困地区广大农民群众千百年来吃饱穿暖的愿望，为促进我国经济发展、民族团结、边疆巩固和社会稳定发挥了重要作用。在短短的 30 多年的时间里，我国通过扶贫工作解决了 2 亿多贫困人口的温饱问题，这在中国历史上和世界范围内都是了不起的成就，充分体现了具有中国特色社会主义制度的优越性。

（四）其他救助

社会救助的内容还包括在特殊领域或针对特殊群体实施的各类救助工作，如医疗救助、教育救助、生产救助、就业救助等。

1. 医疗救助

医疗救助包括城市医疗救助和农村医疗救助。从 2003 年起，全国各地已经开始建立农村和城市医疗救助制度。按照政府主导、社会参与的方针，积极推动集大病统筹、门诊报销、医疗救助三位于一体的新型农村合作医疗制度，加大医疗救助力度，做到不因病致贫、不因病返贫。

2. 教育救助

教育救助主要是针对义务教育阶段，同时兼顾高中和高等教育阶段的贫困家庭成员而设立的一项救助制度。教育救助制度对于保障贫困家庭成员的受教育权和发展权，特别是对贫困家庭的脱贫有着相当重要的作用。

3. 生产救助

生产救助包括为困难群众提供一定的资金支持和技术服务，鼓励他们自主创业，并在资金、税收等政策上给予一定优惠，支持农业生产，促进农村贫困家庭增收等。

4. 就业救助

就业救助包括支持和鼓励困难群众就业，优先落实各项帮扶政策，在给予必要的生活保障外，通过开展就业技能培训、职业介绍或提供就业岗位，帮助困难群众实现就业和再就业等。

五、社会救助的模式

社会救助模式指的是已经固定成型的社会救助基本形式。这些形式有的是在社会救助发展历史过程中积累形成的，也有的是现代社会变迁过程中新出现的。

（一）社会救助的一般模式

1. 民间救助

民间救助又称慈善机构救助或慈善事业，是指建立在慈善伦理基础上的，以社会捐赠为财产来源的，由民间公益团体或机构对生存困难者提供的救助。从构成上看，民间救助包括民间慈善机构的救助和民间个人的救助；从性质上看，民间救助包括宗教组织机构的慈善救助和非宗教组织机构的慈善救助；从发展过程看，民间救助最早表现为宗教慈善机构的救助，后来又出现了非宗教性慈善机构的救助。其主要特点是：救助的财产来源是包括宗教信徒在内的私人或民间团体的自愿捐献；政府不直接参与和组织救助过程，救助的对象和标准不由国家规定，而由慈善机构自主决定。

2. 官方救助

官方救助又称政府救助，是指由政府直接组织的并以财政支出为主要财产来源的对生存困难者提供的救助。其主要特点是：由政府或其有关部门设立救助机构或直接实施救助活动；救助的财产来源主要是政府的财政专项支出；救助的对象和标准都由法律规定；救助活动纳入政府的社会发展计划；体现政府公共管理能力和水平。

3. 官方民间结合救助

官方民间结合救助是指由官方救助和民间救助相互补充而构成的对生存困难者提供的救助。其主要特点是：救助主体既有政府及其设立的救助机构，又有民间公益团体及其举办的救助机构；救助财源既有政府的财政支出，又有民间的捐献；救助活动既可以官方和民间分别实施，也可以官方和民间联合实施。根据官方救助和民间救助在社会救助体系中的地位不同，官方与民间结合救助可进一步分为官方救助为主民间救助为辅、民间救助为主官方救助为辅、官方救助与民间救助并重等三种救助类型。

（二）我国社会救助的主要模式

中国一直重视社会救助，但在计划经济体制下，城镇实行的是以单位救助为主要形式、以中央财政为后盾的单一政府救助模式，即对城镇居民的救助主要由其本人或家庭成员所在单位提供，而救助的财源在统收统支的财政制度下则主要由中央财政支出；农村一直实行的是政府救助为主的模式，即除"五保户"由农村集体经济组织为主提供救助以外，其他救助由政府提供的模式。显然，这种社会救助模式，没有民间救助的配合，缺少救助社会化的机制。形成这种情况的原因很复杂，但是最突出的原因是中国社会发展程度不高，个人以及非政府组织在社会发展和社会救助中还没有扮演相应的角色。

随着我国经济体制改革的进行和社会发展水平的提高，社会逐步得到发展，政府和企业领域之外的社会逐步形成。这时传统的社会救助模式越来越不适应社会经济的发展。为此我国社会救助的模式也逐步由官方救助向官方民间结合救助模式转变。这种转变主要是分别建立政府救助和民间救助两个系统，并形成两个系统之间的互动关系；政府救助系统在以财政支出为主要财源的同时，尽可能组织和吸收社会捐献，从而壮大政府救助的财力；政府对民间救助系统在税收、政策等方面给予积极的扶持和优惠，从而扩展民间救助功能；形成宽松的社会发展政策，促进非政府组织的发展并鼓励非政府组织在社会救助中发挥作用。

六、社会救助的类型

社会救助的类型多种多样，人们根据不同的背景、不同的需要实施各种各样的社会救助。从国内外的社会救助实践看，根据不同的角度，依据不同的标准，可以把社会救助划分为不同的类型。

（一）按照救助时间长短划分

按救助时间的长短来分，社会救助可分为定期救助和临时救助。一般来说，定期救助是指国家和社会救助机构在一定时期内，对社会救助对象依据政策规定的标准定期发放现金或实物等生活补助。定期救助的标准由国家及地方政府规定，其经费来源于财政拨款，是一种救助对象较为稳定、救助标准依法确定、政策性较强的社会救助措施。临时救助是国家和社会救助机构对由于遭受突然事件等原因陷入生存困境的居民给予临时性的、一次性的救助。

（二）按照救助方式划分

社会救助按照救助方式划分，可以分为院内救助和院外救助。院内救助也叫机构内救助，是指把需要救助的人收容在救助机构中，比如福利院、孤儿院等，由救助机构统一提供所需要的生活照料。院内救助有固定的场所、专业的服务人员，有稳定的财政支持，也有自己特定的服务人群。比如早期对残疾人的救助，普遍采用的就是院内救助，这与当时关于残疾人的理念是有关的。对于残疾人，特别是失去劳动能力的残疾人，人们最初的看法是对残疾人应当进行集中供养，残疾人的家人或社会通过对残疾人的供养而表示对残疾人的责任和爱。在经济不发达国家，这种供养几乎只限于完全丧失劳动能力的残疾人，而在发达国家，对残疾人的供养范围较大。尽管各国因经济发展水平的不同对残疾人供养的内容和水平有所不同，但一般说来，这种供养大多限制在经济方面或物质方面。

院内救助的优点非常明显，就是可以有效地救助和帮助生活无依无靠的老人、妇女、儿童和身体有残疾的人，为他们提供所需要的衣食住行和康乐活动的设施和服务，解决部分社会成员所面临的困境等。但是，院内救助的不足也非常显著：一方面，机构救助所需要的资金较多，也需要有相当数量的住房和人手，因此机构救助的质量和水平很难保证，而且接受救助的人数受到限制，在一定意义上救助目标很难真正实现；另一方面，机构救助把受助者放在一个封闭的系统中进行供养和照顾，受助者的精神需求无法满足，使得受助者与社会隔离，极易使受助者产生依赖和自卑的心理，成长后融入社会面临一定困难，而且也不利于家庭团聚和家庭亲情的培养等。此外，院内救助强调受助者的个人责任，即某个人处于弱势是由于个体的原因造成的，虽然社会承担其供养责任，但是这只是一种消极意义上的帮助，在救助过程中往往忽视了社会环境的原因以及人的潜能的发展。

20 世纪 50 年代，美国社会学家戈夫曼在研究关护精神病患者的庇护所后指出，由于庇护所中的精神病患者处于不良的同伴关系和关护关系中，精神病患者的病情没有好转，有的反而加重了。戈夫曼所指的不良同伴关系是指精神病患者之间的长期的共同生活，他们之间的具有强烈刺激性的互动；关护关系是指庇护所的管理人员、医护人员对精神病患者消极、冷漠的态度和严格管制精神病患者的行为。这种关系之所以被认为是不良关系，是因为他们常常不能使精神病患者的情况有所好转，相反，由于这些互动关系的刺激，精神病患者的病情可能会加重，而这种加重是将精神病患者封闭起来的结果。在戈夫曼看来，对精神病患者的服务，应该避免上述庇护所式的做法，使精神病患者处于积极的社会关系中，基本方法就是使精神病患者走出封闭状态，进入社会。在这一观念的影响下，对社会弱者的救助方式开始发生改变，由原来的院内救助开始转变为院外救助。

院外救助也叫机构外救助，对于大多数社会弱势群体，不是把他们送到机构进行照顾，而是让他们回归社会，留在家里由亲人照顾，政府只提供所需要的现金、物资和医疗等帮助。同时，在救助的过程中，关注人的基本价值的实现，注重培养受助者适应社会的能力。因此，不难看出，院外救助最大的优点是可以规模较大较广，不受现在机构设施不足以及人手不足等因素的制约，在节省设备费和人员费的情况下有效地进行救助。同时，保证救助资金的使用效率，减少救助资金的混用、挤占和挪用。而且这种救助方式不会使得受助者与社会隔离，可以在一定程度上减少受助者与他人的冲突和矛盾。

（三）按照救助手段划分

社会救助按救助手段划分，可分为实物救助、现金救助和服务救助。实物救助是国家和社会救助机构以发放实物的形式，帮助救助对象摆脱生存困境。实物救助的物资主要包括粮食、衣被、生产工具、建房材料、医药等。实物救助在救灾工作中使用较多，主要用于紧急抢救、转移安置灾民，以及非灾区的特别困难户。实物救助的原则是专物专用，不可滥发，更不能挤占和挪作他用。现金救助是指国家和社会救助机构以发放现金的形式，帮助救助对象摆脱生存困境。在社会救助实际工作中，现金救助多用于定期救助。其原则是专款专用，严格按照政策规定的标准发放，救助机构或其他工作人员不得克扣、挪用、贪污。服务救助是提供满足救助对象生存和基本生活需要的服务，如灾区医疗服务、防疫服务等。

（四）按照救助项目划分

目前，很多人习惯于依据救助项目划分社会救助的类型，社会救助发展到今天，救助项目和内容越来越丰富，按照现行各国所实施的社会救助措施，可以把社会救助体系的基本内容和项目分为以下方面：

一是基本生活救助。基本生活救助是社会救助体系的主要组成部分。各国社会救助的主要目的是保障社会成员享有最低生活水平，并最终消除贫困。贫困是因种种发展障碍和制约因素造成的生存危机和生活困境，在社会救助研究中，贫困包括绝对贫困和相对贫困。从社会发展史来看，社会越发达，生产力水平越高，社会财富及人均占有的份额就越多，绝对贫困现象就越少。而相对贫困却一直存在，并且随着时代、经济的发展和平均生活水平的提高，相对贫困的标准也会提高。就目前而言，各个国家社会救助体系中最主要的组成部分是基本生活救助。基本生活救助是由国家对家庭人均收入低于当地最低生活标准的人口，按照法定标准给予一定现金资助，以保障其基本生活。其实施标志着一个国家或地区社会救助制度从人道向人权的转变，从慈善性救济向制度性救助的转变。

二是灾害救助。灾害救助是指国家和社会对于突然遇到紧急或重大灾难的人口和家庭成员提供现金、实物或服务的资助，帮助当事者摆脱困境、渡过难关、恢复生活和生产的一种社会救助措施。一般来说，灾害救助包括社会灾害救助、自然灾害救助和重大疾病救助三类。社会灾害主要包括交通事故、化学危险品爆炸等各类突发性事故；重大疾病指患者病情严重或罕见、医疗费用高昂的疾病，例如各种疑难杂症等；自然灾害救助俗称"救灾"，包括风灾、水灾、震灾等。我们这里学习的灾害救助，主要是指自然灾害救助。

三是法律援助。法律援助是指对因经济困难及其他原因无力承担诉讼费用的社会弱者，政府组织专业法律人员提供免费或减费的法律帮助，或由司法机关给予免除诉讼费用，以保证法律赋予其诉讼权利得以实现的社会救助制度。其实质是一种防止和缓解公民在法律面前事实上不平等的一种弥补机制，也是社会救助体系中不可或缺的项目。

四是教育救助。教育救助是指国家、社会团体或个人为保障适龄人口获得接受教育的机会，从物质和资金上对贫困地区或贫困学生在不同阶段提供援助的制度。其特点是通过减免、资助的方式，帮助贫困人口完成相关阶段的学习，以提高其文化技能，最终解决他们的可持续生计问题。教育救助旨在通过减免学杂费、提供资助等方式，确保教育的公平性，提升贫困人口的文化素质和脱贫能力。比如，我国民政部对普通高等学校困难毕业生实施临时救助；各级政府设立的奖学金和助学贷款；中国青少年发展基金会实施的"希望工程"；由社会集资募捐而设立的教育助学基金；中华慈善总会实施的"烛光工程"等。

五是医疗救助。医疗救助是指政府和社会对贫困人口中因病而无经济能力进行治疗的人实施专项帮助和支持的制度。其特点是在政府主导下，社会广泛参与，通过医疗机构实施的以贫困人口和重点优抚对象中的患病者为对象，旨在恢复其健康，维持其基本生存能力的救治行为。比如，目前我国已在农村地区开展了医疗救助行动，救助对象包括农村五保户、农村贫困户家庭成员和地方政府规定的其他符合条件的贫困农民。在开展新型农村合作医疗的地区，主要采取资助医疗救助对象缴纳全部或部分资金的方式，使救助对象享受合作医疗待遇；在尚未开展新型农村合作医疗的地区，对因患大病个人难以负担费用的救助对象，给予适当金额的医疗救助。

六是住房救助。居住条件的好坏是人们日常生活中最重要，也是人们最关心的物质条件之一。住房救助作为一项社会救助措施，主要是指国家为人均住房面积低于规定以及无力通过市场交易手段获得必需住房的居民，提供房租补贴或配租公共租赁住房，以解决住房困难的一种社会救助制度。其实质和特点就是由政府承担住房市场费用与居民支付能力之间的差额，解决部分居民对住房支付能力不足的问题。

七是社会互助。社会救助的投入仅靠政府是远远不够的，除了政府救助之外，由慈善机构、扶贫机构、社会福利机构、社会救助团体等非政府组织、非营利组织和社会成员之间开展的社会互助，是我国社会救助的另一重要主体。社会互助就是在政府的倡导下，热心助人的公民和团体本着人道主义精神，通过捐赠款物、购买福利彩票等形式向陷入困境者进行扶贫济困的一种正式或非正式的社会救助活动，其救助经费和物资是民间自愿捐款捐物形成的，通常也称为民间救助。社会互助是传统社会救助制度的重要成分，在西方发达国家，最早的社会救济源于教会和私人举办的带有慈善施惠性质的济贫活动。中国古代也有很多行善义举，但是现代意义上的慈善事业在中国古代没有，中国近现代的慈善事业是伴随着欧洲天主教的传入而形成的。中华人民共和国成立之前，中国的慈善事业在上海、广州等地有一些。中华人民共和国成立后，慈善事业由政府接管，主要是将外国人在中国内地举办的育婴堂、孤儿院、医院等慈善机构收为国有，进行改造后由政府接管。到 20 世纪 90 年代初，慈善事业重新开始。1995 年 11 月，全国性民间社团组织——中华慈善总会成立，标志着中国慈善事业的初步形成，以慈善事业为主的社会互助活动逐步开展。

八是农村扶贫开发。这是一种生产救助，是指政府和社会对有一定生产能力的农村贫困户，从政策、资金、物资、技术、信息等方面给予扶持，通过生产经营活动，帮助贫困地区人口发展生产、脱离贫困的一项新兴社会救助制度专项活动。扶贫是中国内地特有的一项保障制度，从 1978 年至今，我国扶贫经历了救济式扶贫、区域扶贫到全方位扶贫和"扶贫到户"，取得了举世瞩目的成就。扶贫的内容主要有：信贷优惠，实行贴息贷款；财税优惠，对"老、少、边、穷"地区新办的企业，所得税在三年内予以返还或部分返还；经济开发优惠，对资源条件较好又贯彻国家产业政策的，实行同等优先原则，重点扶贫等。

七、社会救助的原则

社会救助的目的，在于使享受救助的人能够过上符合人的尊严的生活。被救助者有权获得人力上和经济上的援助，这些援助按照被救助者的个别需求，尽量使其恢复自立能力，并且能够参与社会生活及过上符合人性的生活。社会救助的基本原则包括：

第一，国家责任原则。社会救助体现的是公民的基本权利，同时也体现了国家责任，这也是社会救助的根本性质所在。在现代社会，造成贫困的原因中社会因素大于个人因素。所以对于国家和社会来说，社会救助是其不容推卸的责任，每个人在社会上都应得到最基本的生活保障。社会救助应从民生的角度考虑问题，对效率与公平的选择往往倾向于公平优先，甚至可以允许牺牲一定的效率。在当今世界上，社会救助制度通常被视为政府行为，是一种由政府运作的最基本的再分配或转移支付制度，其责任或义务通常以立法方式加以确认。只要人民有生活上的困难，政府就有责任给予救助，因此，社会救助的责任主体是国家，并依据社会政策来维护社会公平；同时倡导民间参与弥补政府财力的不足，以便更好地解决贫困人口的生活和其他问题。所以，除国家外其他社会组织和社会团体的救助行动，只能作为辅助和必要补充。

第二，与社会经济发展要求相适应的原则。经济发展的活力在于建立市场经济机制，在市场经济条件下，企业破产、工人失业、经济波动、物价上涨都是正常现象。有竞争就有成功者和失败者，社会救助就是为竞争失败者和没有竞争能力的人提供救助的社会保障制度，以保障生活困难的公民维持最基本的生活水平，和经济发展水平相适应，保持社会稳定。

第三，最低限度原则。从理论上说，整个社会保障制度是由社会福利、社会保险和社会救助、社会优抚四个主要层次组成，这四个层次是针对不同需要的社会成员设置的。社会救助作为社会保障的一个子系统或者说最后一道"安全网"，必须与社会保障其他项目配套，保障那些未能被社会保险、社会福利计划有效保护，生活陷入贫困的人口。

第四，依法救助、保障权利的原则。只有依法进行社会救助，才能从根本上保证社会救助制度的权威性和连续性，才能确保人民的基本生活权益。所以，在实施社会救助的过程中，务必制定和完善社会救助工作的各项政策规章，层层建立社会救助的各项工作制度，使社会救助工作逐步走上规范化、制度化、法制化轨道，不断提高社会救助工作水平。这一点，西方国家更为典型。英国是最早进行资产阶级革命、实现工业化的国家，也是最早较大规模地由政府出面干预社会救助事业的国家之一，1601 年，英国颁布了《济贫法》，以法律形式将救济贫困由私人义务（宗教机构、慈善组织）转变为社会公共责任。美国也于 1935 年通过了《社会保障法案》，依法实施社会救助。我国于 2014 年 2 月颁布了《社会救助暂行办法》，这是我国在社会救助领域第一个完整的综合性行政法规。《社会救助暂行办法》总结我国社会救助实施领域内的新经验、新成果，把成熟的改革经验上升为法规制度，用法规形式巩固改革成果，使各项社会救助制度有法可依，实现了社会救助权利法定、责任法定、程序法定，为履行救助职责、规范救助行为提供了法制遵循。《社会救助暂行办法》是我国社会救助领域内具有统领性、支架性的法规，具有基础性和全局性作用，为提升社会救助工作法治化水平奠定了坚实基础。

第五，无差别平等原则。每一个国民都可以依法享受平等和无差别的保护。社会救助的基本理念是以人为本、人权平等以及尊重人格，不把贫穷当成是罪恶，不歧视贫困群体，也不把贫穷的主要原因归咎于个人或特定的家庭，原则上对那些需要救助的对象提供经济援助，并且在其他方面提供可能的帮助。凡无力生活者，均可依法律规定享受救助，属于法律赋予的一种权利。

第六，公开、公平、公正、及时的原则。社会救助各项工作除涉及国家秘密、商业秘密、个人隐私外，应一律予以公开。面对所有困难群众，社会救助应当做到权利公平、机会公平、规则公平，确保所有需要救助的公民都能够被纳入到社会救助体系中来，平等地享受改革发展的成果。同时，社会救助程序应当快捷、高效，确保困难群众及时得到救助。

八、社会救助的方针

（一）托底线

托底线就是要保障公民的基本生活，坚持底线公平，确保公民获得维持最低生活水平所必需的物质条件和服务。托底线表明社会救助在整个社会保障体系中处于基础性地位。社会救助制度以托底线为工作方针就是从保障公民最基本生活的方方面面入手，建立公民基本生活的"安全网"，解决生活困难公民的基本生存问题，编密织牢基本民生"安全网"，并且要确保网底牢固不破。

（二）救急难

救急难就是要保障公民在遭遇突发性、临时性、紧迫性困难时，有权并且能够及时获得国家和社会提供的必要帮助。救急难是社会救助工作的一项新要求，为此《社会救助暂行办法》专章规定了临时救助制度，明确对因意外事件、突发重大疾病等原因，导致基本生活暂时出现严重困难的家庭，或者因生活必需支出突然增加超出家庭承受能力，导致基本生活暂时出现严重困难的最低生活保障家庭，以及遭遇其他特殊困难的家庭，给予临时救助。同时，在受灾人员救助、医疗救助中分别规定了自然灾害救助和疾病应急救助的内容，也体现了救急难的要求。救急难方针以及相关救助制度的确立，进一步编密织牢了社会救助的"安全网"，

最大限度地保证了社会救助制度的"托底"作用。

（三）可持续

可持续就是指社会救助制度能够持续实施下去，社会救助并非权宜之计，而是一项长期性、持久性的制度安排。社会救助关乎困难群众基本生活和衣食冷暖，是国家的基本义务。作为保民生、促公平的托底性、基础性经济社会制度，社会救助必须长期、持续实施。这就要求社会救助必须量力而行，救助水平必须与经济社会发展水平相适应。同时，由于我国正处于并将长期处于社会主义初级阶段，仍有不少困难群众依靠自身力量难以维持最低生活水平，社会救助制度只有长期、持续发挥作用，才能不断为他们提供帮助。

（四）社会救助制度与其他保障制度相衔接

社会救助制度并非孤立地发生作用，它与其他社会保障制度之间存在相互承接、相互辅助、相互补充的关系。在社会保障制度体系中，社会救助兜底线，保最低；社会保险广覆盖，保基本；社会福利重提高，保品质，三者层层衔接，环环相扣，共同构成我国社会保障制度体系的整体。

九、社会救助的功能与作用

（一）社会救助的功能

西方学者在研究过程中指出，社会救助实际上同时具有社会照顾与社会控制的双重功能。前者是指经由给付与服务的提供以满足受助对象的生活需求，后者则是指通过给付与服务的提供以促使受助者或社会成员遵从社会的规范与意识形态。这样的双重功能同样重要，相互联系。[①]我国学者洪大用教授在研究中也指出，社会救助制度确实具有社会照顾和社会控制的双重功能，但是并不局限于此。[②]总而言之，社会照顾和社会控制是社会救助制度的两个基础的功能。

1. 社会照顾功能

在市场经济广泛发展的今天，倡导竞争的市场机制作为人类进步的发动机，可以有效地进行资源配置，促进经济的发展。但是竞争会不可避免地带来大量的竞争失败者，很多人因此陷入生存的困境中。这种处于贫困的状态往往不仅仅是由个人原因造成的，更多的是由社会造成的，是社会进步的代价。

生存权是人在一个社会和国家中应该享有的维持自己生命存在的最起码的权利。没有生存权，其他任何权利都形同虚设。当某些人的生活条件由于种种原因得不到保障的时候，就需要国家或社会为其提供保障，满足其最低限度的生活需求。社会救助制度就是国家提供的

---

① 孙健忠. 台湾社会救助制度实施与建构之研究[M]. 台北：时英出版社，2002：107-109.
② 洪大用. 社会救助的目标与我国现阶段社会救助的评估[J]. 甘肃社会科学，2007（4）：158-162.

保障之一，通过对陷入生活贫困的社会成员提供现金、物资以及其他方面援助与服务，以满足其最低的生存需求。因此，社会照顾是社会救助制度的重要功能之一。

2. 社会控制功能

贫困是人类社会中普遍存在的社会问题之一。一个人如果长期陷入生存困境而无法摆脱，则容易产生巨大的物质与精神压抑，从而引发敌对情绪和各种反社会行为，对社会造成危害。而社会控制是确保社会稳定的重要手段，法律被认为是社会控制最有效最重要的方式。社会救助制度从社会学的角度来看，属于法律的一种，而且其瞄准的主要问题就是对社会不稳定因素的一部分的贫困者所面临困境的缓解和解决，所以被政府用来作为一种有效的社会控制工具。

社会救助制度的社会控制功能主要体现在两个方面：一方面，政府对没有生活来源者、贫困者、遭遇不幸者和一切工薪劳动者在失去劳动能力和工作岗位后提供社会救助，保障他们的最低生活水平，使他们解除了生存的危机，从而使他们增强了生活安全感、心理平衡感、社会公平感和政治向心力，起到了社会稳定器的作用。另一方面，政府通过社会救助制度的安排，向受助者强化社会主流的行为规范与价值观念，敦促救助对象乃至全体社会成员遵从社会的主流行为规范，认同主流的价值观念。由此可见，社会救助制度通过保障人的生存权以及传递主流社会的规范和意识形态来达到社会控制的功能。

（二）社会救助的作用

按国际经验和惯例，应对因经济与社会结构重大调整而导致的较大规模的贫困问题，最有效的社会保障制度是社会救助而非社会保险或社会福利。因为社会救助最能直接解决或缓解社会贫困问题，人均财力的投入相对较少，社会成员尤其是受助者的感知程度较高，成效比较明显。具体来说，社会救助的作用可以概括为如下几点。

1. 缩小贫富差距，化解社会矛盾

在中国由计划经济转向市场经济的过程中，随着市场机制配置资源作用的增强和调节收入分配范围的扩大，收入的贫富差距也出现了扩大的趋势。随着改革的深入，贫富悬殊的矛盾越来越突出。长此以往，不仅难以实现共同富裕，还很可能引发各种社会矛盾。社会救助属于二次分配范畴，针对社会贫困的群体，提供直接的现金救助和物质帮助，使他们的收入得到最直接、明显的改观，将会对缩小不同社会成员间的收入差距起到明显作用，有效地化解社会矛盾，起到维护社会稳定的重要作用。

2. 增强弱势群体的竞争力，促进社会公平

市场经济充满了竞争，而弱势群体因为自身参与竞争的能力及各种原因，在激烈的市场竞争中明显处于劣势地位。如果放任这种不平等的竞争，势必导致不同社会群体的分裂，这是不公平的，需要一种社会制度予以调剂。社会救助则扮演了这个重要角色。实施社会救助，对缺乏竞争能力的弱势群体适时予以帮助，有利于提高弱势群体的竞争力，缩小社会成员在

竞争起点上的差距，重新获得竞争能力参与社会竞争，保证贫困群体在竞争上的公正与公平，有利于促进社会公平。

3. 促进社会认同，构建和谐社会

在市场经济条件下，任何社会成员都可能因为个人、自然、社会等方面的原因造成贫困，成为弱势群体，需要得到国家、社会的帮助。如果得不到国家、社会的帮助，就难以生存下去。当一部分社会成员的基本生存权都得不到保障时，社会和谐也就无从谈起了。政府和社会通过社会救助，为贫困人员提供物质上的帮助，满足他们最基本的生存需求，帮助他们摆脱生存危机，有利于弱势群体和贫困人群对社会的认同，在构建社会主义和谐社会方面发挥重要的作用。

4. 保障基本人权，让社会成员共享社会改革发展成果

《世界人权宣言》中规定："人人有权享受为维持他本人和家属生存所需的生活水准，包括食物、衣着、住房、医疗和必需的社会服务。"通过社会救助，保障贫困群体的基本生活，是保障基本人权的重要内容。城乡特殊困难群体由于各方面的原因，无法通过各种途径提高初次分配的收入。如果没有政府和社会提供的救助，他们就难以和其他社会成员一起共享社会发展成果。社会救助通过国民收入再分配，弥补市场分配中不能兼顾公平的缺陷，使城乡困难群众生活得到保障，并且维持在一定的水平上，实质就是让社会成员一同享受到社会改革发展的成果。[1]

第二节　社会救助的历史演变

早在原始社会时期，就出现了人类的互助行为。随着生产力的发展以及随之而来的剩余产品的出现和私有制的产生，人类开始步入阶级社会，日益分化为统治者和被统治者两大对立的阶级。统治者出于缓和社会矛盾，稳定和巩固自己统治地位的考虑，就必须对无以为生的贫苦大众进行物质方面的救助，以维持他们最基本的生存需要。随着社会的进步，这种救助不断完善发展，从而形成较为系统的社会救助体系。这是世界各国社会救助历史演变的共同道路。但由于历史背景的不同和民族文化的差异，从纵向看，不同历史时期的社会救助措施虽先后承替，但也不断创新；从横向看，历史上中国与其他国家和地区所实施的社会救助方式存在着较大区别。

一、社会救助的渊源

社会救助是社会保障制度中最古老的项目。一般认为，社会救助起源于原始社会末期出

于人类恻隐之心或宗教信仰而对贫困者施以援手的慈善事业。在美国的《社会工作百科全书》中提到：公元前1750年，巴比伦汉穆拉比国王发布的公平法典中包括了要求人们在困难时互相帮助的条款。公元前1200年的以色列，犹太人被告之，上帝要求他们帮助贫困者和残疾人。公元前500年，希腊语中意为"人类博爱行为"的慈善事业在希腊城邦国家里被制度化，以鼓励公民为公益事业捐款并且在供贫民使用的公用设施中备有食物、衣服和其他物资。公元前300年，中国的孔子在《论语》中宣称，人是通过"仁"这种表现爱心的方式来相互约束的社会的人，"仁"通常表现为全心全意地帮助穷人。公元前100年，罗马帝国确立了所有罗马公民在贫困时可以得到由贵族家族分发的谷物的传统。

二、中国古代传统社会救助

在社会救助的历史发展过程中，中西方国家的社会救助特征有明显不同。与西方相比，中国古代的社会救助事业出现较早，且政府介入程度深，很早就走上制度化、规范化的道路。

（一）中国古代社会救助思想

中国是世界文明古国之一，历史源远流长，在长期发展过程中，中国很早就已经出现社会救济工作的萌芽，在西周时期初步形成社会救济制度。据《周礼·地官·大司徒》记载："以保息六养万民，一曰慈幼，二曰养老，三曰振穷，四曰恤贫，五曰宽疾，六曰安富"。这里包括了对幼、老、穷、贫、疾等社会成员的多种救济，一般认为这是中国系统的社会保障和社会救助的开端。在两千多年前的春秋战国时期，就有诸子百家关于济贫济困的各种思想和理论，其中最为著名的是儒家的"民本""仁政"和"大同"思想。《尚书》论述到："德惟善政，政在养民"。《孟子》中也说到："恻隐之心，仁之端也""是故明君制民之产，必使仰足以事父母，俯足以畜妻子，乐岁终身饱，凶年免于死亡"。是为"民本"和"仁政"思想。《礼记·礼运》中又说："大道之行也，天下为公。……故人不独亲其亲，不独子其子。使老有所终，壮有所用，幼有所长，矜、寡、孤、独、废疾者皆有所养。"《孟子》中也说："人饥己饥，人溺己溺""出入相友，守望相助，疾病相扶持，则百姓亲睦"。是为"大同"思想。它描述了一个乌托邦式的理想社会，在这个社会里人们各尽其力，为社会劳动。生产成果和社会财富均归社会成员所共享，没有私有观念。博爱精神支配人们的思想和行为，维系着人际关系。整个社会一团和睦，互助互济，扶弱救贫。尽管其目标重在社会控制，但确实精辟地概括出政府救助和社会援助这两种社会救助思路。除了儒家以外，墨家的"兼爱"思想也广为流传。墨子主张"兼相爱、交相利"，提倡"天下之人皆相爱，强不执弱，众不劫寡，富不侮贫，贵不傲贱，诈不欺愚""有力者疾以助人，有财者勉以分人，有道者劝以教人。若此，则饥者得食，寒者得衣，乱者得治。若饥则得食，寒则得衣，乱则得治，此安生生"。这些主张都属于大同思想的体系，大同思想反映了古人对美好社会制度的追求，对后世济贫济弱、扶危济困社会救助思想的形成和各种社会救助实务的产生有着积极的影响。

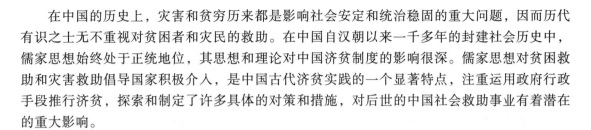

在中国的历史上，灾害和贫穷历来都是影响社会安定和统治稳固的重大问题，因而历代有识之士无不重视对贫困者和灾民的救助。在中国自汉朝以来一千多年的封建社会历史中，儒家思想始终处于正统地位，其思想和理论对中国济贫制度的影响很深。儒家思想对贫困救助和灾害救助倡导国家积极介入，是中国古代济贫实践的一个显著特点，注重运用政府行政手段推行济贫，探索和制定了许多具体的对策和措施，对后世的中国社会救助事业有着潜在的重大影响。

（二）中国古代社会救助内容

灾害和贫穷历来都是影响社会安定和统治稳定的重大问题，中国古代的社会救助工作主要包括灾害救助和贫困救助。

1. 灾害救助

中国地域辽阔，各地自然条件相差悬殊，自然灾害的发生极为频繁，无灾之年十分罕见。灾害的频繁发生，不仅导致庄稼无收、房屋损坏、生灵涂炭，而且造成严重的社会问题。如广大灾民生计无着，往往流散各地，沦为灾民，直接威胁到政权的稳定。审视中国历史即可发现，自然灾害的发生，往往成为大规模农民起义的导火线。有鉴于此，中国历代统治者面对灾情，总是煞费苦心，采取多种手段和措施，实行救荒之政，其中不少做法不仅在中国古代极为有效，而且直至今日仍有值得我们借鉴之处。

《周礼》在我国历史上首次提出了较为系统完整的救灾措施，要求国家主持实施、政府各部门和各级组织协调行动共同参与救灾。秦汉以来的各个封建王朝，在政府救灾的过程中，不仅继承了《周礼》中的荒政举措，而且多有创新之处，制度渐趋完备，并出现了程序化、法律化趋势。中国古代的灾害救助实务主要包括以下几个方面：

（1）赈济。历朝统治者对灾区施行赈救的态度比较积极，汉元帝灾后即"诏吏虚仓廪，开府库赈救，赐寒者衣"，就是把所有的库存物资全部调出救济，特别是发放衣物帮助灾民御寒。灾情发生后，为了及时帮助灾民渡过难关，国家往往首先向灾民无偿发放救济钱物，叫作赈粮。官府让灾民参与公益事业，特别是兴修水利工程，获得相应的赈济钱物，叫以工代赈。这种赈济形式，源自唐代，清朝普遍实施。嘉庆皇帝说，"救荒之策，莫善于以工代赈"。因为这既可以解救灾民于困顿，又为国家治理河患、修筑海塘等防灾工程提供了劳动力，一举两得。

（2）报灾勘灾。报灾，指向官府报告灾情，宋代称作"诉灾"；勘灾，宋代称为检视或检放，指地方官吏伙同上级乃至朝廷派遣的官员共同勘查核实受灾范围、程度。秦汉以来，地方发生灾荒，都要及时逐级向上直至朝廷如实报告。官员在复查核实时，往往把轻重灾情分十分定级。正如朱熹所说，"救荒之务，检放为先"。明清两朝对此要求尤其严格，若迟报逾限或报灾不实，各级官吏都将受到处罚。严重匿灾不报，更要严惩，直至杀头。

（3）移民移粟。调运粮食、平抑粮价，及时从外地调运粮食支援灾区，转移灾民，即难民迁徙，使之迁往没有受灾的地方，史称"移民移粟"。在国力充盈时，统治者一般不会采用这种方式。如清代中前期由于政治稳定，经济繁荣，就不准百姓随便移民。即使有难民自行迁徙，也要求"俟本处麦收有望，即可速回乡里"，意思是到了麦收的时候，一定要速速回到家乡。

（4）蠲免与减征缓征。凡遇灾年，国家都对灾区实行不同程度的蠲免、减征及缓征赋役。汉代除免征田租外，还免征耕地附加税、戍边代役钱、人头税。唐代有免赋税、徭役、户调，免积欠和缓征的措施。元朝规定，受灾十分之八以上，赋税全免；受灾十分之七、十分之六、十分之五，分别免原征额的十分之七、十分之六和十分之五。明朝弘治三年（公元 1490 年）规定，十分全灾免七分，九分灾及以下依次递减，直至四分灾免一分。清朝沿袭十分计灾法。道光二十年（公元 1840 年）前的 196 年中，清朝蠲免地丁银共一亿两千余万两。如果加上蠲免积欠中的灾欠，灾蠲总数 1.5 亿~2 亿两。另外，清代蠲免还涉及芦课、盐课等杂税。缓征虽和蠲免、减征不同，只是延缓征收年限，但毕竟可以缓解民生压力。

（5）抚恤安置。突发性严重自然灾害，往往造成家破人亡，大批灾民流亡四方，伤病无钱医治，死者没法安葬，处处都是卖儿鬻女的凄凉景象。为此，国家同时采取了诸如赐葬、给医药、发放抚恤金、居养、赎子等抚恤政策。西汉元始二年（公元 2 年），郡国大旱蝗灾，又并发疫灾，青州尤其严重。官府腾出官邸，设置医药救治。一家死亡 6 人以上的，赐葬钱五千；死亡 4 人、2 人以上之家，各赐葬钱三千、二千。清乾隆间，朝廷对各省分别制订了详细的抚恤标准。凡是贫而不能自存的灾民，地方政府大多设临时收容所，并把平时常设的慈善救济机构如居养院、普济院等动员起来收容灾民。中国历来重视天伦亲情，官府有时出资代贫民赎回因饥荒而被迫鬻卖的子女，使其骨肉团聚。

（6）安辑。安辑指对遇灾流亡在外的灾民的安置。由于灾民流亡在外，田地荒芜，影响国家赋税收入，而且流民若不能妥善安置，也易酿成事端。历代政府对逃荒流离的灾民进行安顿，主要措施包括给田、赍送等，即将闲田给流民耕种，并减免租税，或组织流民开荒，耕种自给自足。清代安辑措施主要为收养流民和资送流民回籍。地方遇灾，政府便传谕督抚饬令各州县妥为收留、安顿外来的流民，赈给粮粥，并为之搭棚置屋居住；同时也劝谕富裕人家量力收养恤济，并视周济程度，赏以花红旗匾甚至赐以顶带，以示鼓励。另外，为保证春耕生产，至开春以后，则要将收养的外地流民资送回籍，即由政府按灾民人口大小发给盘费，送回本籍。这种对流外灾民的救济措施，从理论上说，对安定社会以及灾民重回故里以恢复生产有促进作用。

2. 贫困救助

传统中国的农业社会绵延了几千年之久，生产力水平低下，民众生活普遍拮据，加之土地兼并所带来的社会两极分化，造成了大量鳏寡孤独和贫病者之类急需救助的人群。中央集权制封建国家建立以后，受传统的民本主义思想和儒家仁义思想的影响，出于避免社会矛盾激化、维护稳固统治的目的，历代统治者对这些困难人群采取了不少救助措施，除了对鳏寡孤独、废疾贫困之人予以定期或不定期的物质接济之外，还形成了仓储救贫体系。早从汉代开始，中国就有由朝廷兴办、名为"常平仓"的仓储制度；到了隋朝，又有了以地方劝募为主的"义仓"；南宋年间出现了主要由社区管理，居民普遍加入，带有一定社会保险意义的"社仓"；经过长期的发展，清代仓储体系已经形成常平仓、义仓和社仓三足鼎立的局面，对政府的济贫救灾工作起了很大作用。

除了仓储制度之外，中国古代还有慈善事业也在济贫、养老和育幼方面发挥作用。最早可追溯到南北朝的六疾馆和孤独园。更为著名的则是唐宋年间的悲田养病坊，这种慈善机构最初为佛教寺院所兴办，所以采用佛教名词"悲田"命名。后来采取在官方补助下由佛教寺院办理的形式，得到了较大的发展。最后逐渐完全转到官府手中，由官方委托地方名人管理，改称"福田院"或"居养院"。在宋朝年间，出现了完全由民间乃至个人兴办，而且没有宗教背景的慈善事业，最著名的有范仲淹的"义田"和刘宰的"粥局"。前者是一个以庇护和造福宗族为宗旨的"家庭扩大化"模式的慈善事业；而后者则以社区居民为对象，以社区组织的方式进行慈善活动。这些组织主要为乡绅所掌握，并得到官府的认可和支持。到明朝年间，出现了最早的以民间互助为主的慈善社团——同善会。

宋代开始出现了常设的社会性救济机构，使社会救济进一步制度化，创设了居养院、安辑房、漏泽园等社会救济性机构；元朝建立后，进一步发展了宋代的济贫政策，设置了养济院、济众院，以救助鳏寡孤独者和残疾人，还设有惠民药局等，向贫病、孤残者施医施药；到明代，粥厂、养济院、惠民药局更加普遍；清代在各地设立施粥厂、施医局、清节堂（寡妇堂）、栖流所、埋葬局等救助机构。

中国古代传统社会救助体系的形成经历了一个相当长的时间，在此过程中，历代统治者大多比较重视社会救助政策的制定与施行，两汉、唐、宋各代在这方面多有创举。除政府外，民间社会、宗教团体与宗族也发挥了很大作用。国家与社会的合力，促进了传统社会救助体系的形成与发展，从而保证了社会秩序的稳定和社会再生产的正常进行。

三、《伊丽莎白济贫法》与西方现代社会救助制度的初步形成

近代以前，西方由国家主持的社会救助事业并不发达，对贫困者的救助主要是由教会、封建行会等机构实施，尤其是教会组织的慈善事业，在救助贫民方面起到了至关重要的作用，成为社会救助事业的主要办理者。但是近代以来，随着资本主义的兴起，大量失业贫民开始出现，传统的慈善救助已无力解决这个问题，这就迫使近代国家政权采取积极措施担负起救助贫民的责任。随着国家积极介入，社会救助事业逐渐成为国家义不容辞的义务和责任，社会救助经费主要来源也由慈善捐助转变为国家税收，救助手段更为积极有效，现代社会救助制度逐渐形成。英国是世界上历史最悠久的资本主义国家，也是最早形成现代社会救助制度的国家。

在 16 至 17 世纪的英国,圈地运动、疾病流行和农业歉收等造成了严重的流民问题。大批无以为生的农民四处流浪,给社会稳定造成威胁,引起了统治者的关注。英国统治者曾试图采取鞭刑、烙刑乃至死刑等暴力手段来迫使流民停止流浪,但实践证明,严刑峻法并不能解决问题,反而激化了矛盾,引起流民的反抗,导致了大规模的起义。面对这种情况,统治者不得不考虑采用较为温和的方法,这就是 1601 年《伊丽莎白济贫法》颁布的历史背景。

早在 16 世纪中期,英国政府已经开始尝试采用救助的办法解决流民问题。但此时的救助资金来源很不稳定,采取的是政府劝导民众自愿捐纳的办法。由于成效不大,1572 年,英国政府正式颁布法令,要求居民按财产缴纳济贫税,用法制手段保证济贫资金的来源。1576 年,又要求各地为流民提供生产资料,使之能得到劳动机会,主要做法是在各地建立感化院,收容有劳动能力的流民并强制劳动。1597 年,英国政府又对救济贫民的方式和地方官员的责任做了规定。至此,英国政府已形成以救助为主、惩罚为辅来解决贫困流民问题的思路,并开始明确政府对贫民的救助责任。这些政策的制定,为 1601 年《伊丽莎白济贫法》的颁布打下了基础。[1]

1601 年,英国政府颁布《伊丽莎白济贫法》(旧《济贫法》),之后又陆续颁布法令,对济贫制度做了进一步补充,形成了比较系统的济贫模式,在 17 至 18 世纪的英国济贫事业中发挥了重要作用。《济贫法》把受助者分为三类:无助者、非自愿失业者及流浪者。强调提供的帮助应根据受助者需要的不同而有所区别。对值得同情的贫困者提供院外救济,对不值得同情的贫困者提供院内救济。院外救济是指在家(各种救济机构之外)就能得到救济,院内救济是指在固定机构内提供社会福利支持。贫民所、教养所、管教所、青少年感化中心、监狱和精神病院等都是院内救济的典型机构。作为一种社会政策和公共政策,英国《济贫法》的基本观念就是从道德角度谴责流浪乞讨人员,然后在此基础上对城市贫困对象分类救济。流浪人员被认为懒惰、缺乏生活管理的能力、愚昧等,对于身强力壮的流浪乞讨者,可以强制收容,进行劳动改造甚至在监狱中关押,对于真正的残疾、老人、孤儿等进行院内救济,不允许在城市自由行乞,必须经过审查批准等。

《济贫法》以其"惩戒性""恩赐性"闻名于世,它普遍实施之后,不但没有使有劳动能力的贫民自力更生、自食其力,反而使他们沦为永久的贫民,它的弊端引起贫民的不满与反抗。当然,《济贫法》的问世也有其进步意义。它奠定了英国乃至欧美各国现代社会救助立法的基础,开创了用国家立法推动社会保障事业的先例,它标志着一种新的社会化的救助保障制度正在萌芽。[2]《济贫法》所建立的社会救助制度,确立了现代国家干预社会问题的基本立场,即管制、改造和救济相结合,直到 19 世纪这一立场仍深刻地影响着西方国家的社会救济和社会管理。

① 尹虹. 近代早期英国流民问题及流民政策[J]. 历史研究,2001(2).
② 史柏年. 社会保障概论[M]. 北京:高等教育出版社,2004:169.

四、现代社会救助制度的发展

工业化之前，所有的社会救济行为均具有下列特性：（1）恩赐性。宗教慈善事业以及民间其他的互济行为，均带有施恩的色彩，我国古代关于"赐田""施粥""施舍"的记载足以见其居高临下的恩赐性。（2）惩戒性。在工业化社会之前的人类历史中，占主流地位的意识形态和社会观念没有把对贫困者的救济看成是社会不可推卸的责任和贫困者应享有的权利，也没有将这种责任和权利立法并加以实施。甚至，中世纪的受救济者在接受救济的同时，要受到鞭打、切耳、关进牛栏等惩罚。（3）非正式性。古代的社会救助无论是从救济对象还是从救助标准上，都具有随意性、非正式性，面对大面积的贫困，政府和一些慈善者只能提供极为有限的物资。

19世纪，西方社会已经完成了农业社会向城市社会的转变，城市流浪贫困群体主要是城市中的居民。随着失业保险制度、社会养老制度、医疗保险制度等社会保障制度的施行，基本上可以从积极预防的角度解决城市劳工群体的就业、养老和医疗等主要问题，避免了大规模的城市流浪贫困人口的出现。社会救助制度则成为社会保险之外，由国家提供的最后的安全保护，被视为社会保险制度的基础之一。

第二次世界大战之后，西方国家社会政策又提升到福利国家的层次，同时把公民的社会权利作为继人身权利、政治权利之后的第三大权利并且得到社会承认。西方国家普遍建立各种儿童福利制度、家庭津贴、年金制度以及医疗服务、公办教育、社会救济等福利体制，被形容为"从摇篮到坟墓"的全面福利体系。社会承认国家政府有责任和义务对社会弱者予以照顾，公民有权利享受社会福利。整个社会不再认为流浪贫困是个人的道德缺失造成的，也不存在对流浪乞讨人员的谴责和改造，社会对他们更多的是尊重、关怀和救助。随着现代社会保障制度的发展，惩戒性的"济贫"行为逐渐被抛弃，贫民救济在概念上也逐渐被公共援助和社会救助所取代，"保障机会均等""缩小贫富差距""保证最低所得"等现代社会救助观念亦日益深入人心，并贯彻于各国的社会政策之中。需要注意的是，从"贫民救济"到"社会救助"，不是一个简单的概念替换，而是一种观念上的飞跃。其重要意义在于：第一，通过新的权利立法，公开承认贫困现象主要是由于社会原因造成的，一方面，国家和社会对消除贫困负有责任；另一方面贫困者从国家和社会获得救助是自己的权利，不必带有任何附加条件。第二，社会救助强调建立被救助者的个案资料，以对症下药根治贫困。第三，社会救助不但重视应急补救措施，而且尤其强调积极主动的援助扶持，如开发性扶贫等。也就是说，社会救助的目标越来越指向让每个社会成员都能获得生存和发展的最基本的条件。公民因维持不了最低生活水准而获得社会救助，是公民生存权利的体现，每个公民都有权获得。政府不仅有责任关心贫困者的生活，而且有责任消除贫困的根源。

20世纪70—80年代，西方世界的经济进入"滞胀"时期，贫困问题日趋严重，社会救助制度的作用日益突出。因此，目前西方各国所建立的社会保障体系中，无不重视社会救助制度的建设，基本上都设立了专门的社会救助行政管理机构，颁布了专门的社会救助法令。社会救助制度是一张确保最低生活标准的安全网，保护每一个社会成员在因为各种主观的或客观的原因导致生计断绝时不至于陷入无助的深渊。社会救助由此成为一项维护社会稳定的基本的社会措施与社会政策。

第三节　社会救助与反贫困

贫困是个世界性的问题，自从人类社会进入工业化和城市化时期，造成贫穷就不再只是个人原因，而很大程度上是社会原因。作为治疗和消除贫困的社会救助制度，是社会保障制度的最低和最基本的目标，承担着保障全体公民基本生存权利的责任，是由国家和社会按照法定的程序和标准，对生活在贫困线以下的社会成员所实施的最后一道安全网和制度安排。

一、贫困的含义

贫困问题作为一种简单而又复杂的社会现象，长期以来困扰着人类社会。说其简单，因为贫困始终以一种朴素而客观的方式存在，反贫困是世界各国面临的重大主题。说其复杂，因为贫困是一个历史的、地域的概念，很难有一个完整而统一的界定。

贫困首先被看作是一种经济现象。从经济学的角度来看，贫困是由于收入不足而导致的生活贫乏状态。英国经济学家本杰明·西伯姆·朗特里（Benjamin Seebohm Rowntree）在其1901年出版的著作《贫困：城镇生活研究》中提出："一定数量的货物和服务对于个人和家庭的生存和福利是必需的，缺乏获得这些物品和服务的经济资源和经济能力的人或家庭的生活状况，即是贫困。"作为一个经典概念，这一定义在很长时间内影响着人们对贫困的认识。

贫困也是一种社会现象，贫困具有一系列经济社会特征。因此，仅仅从经济学意义上来理解贫困是不够的。20世纪40年代以后，人们逐步加深了对贫困问题的认识，贫困不再是个单纯、直观的经济问题，贫困也不是一个静态的概念，贫困问题作为社会经济发展中的一个重要方面，也越来越受到经济学家和社会学家们的重视。印度经济学家阿玛蒂亚·森（Amartya Sen）指出，"贫困意味着贫困人口缺少获取和享有正常生活的能力，或者说贫困的真正含义是贫困人口创造收入的能力与机会的丧失"。[1]他对贫困的分析从收入的范畴扩大到了能力的范畴，拓展了贫困研究的视野和思路，并且成为世界银行研究贫困问题的主要理论基石。

作为一个以发展为宗旨的国际经济组织，世界银行从其成立之日起，就十分关注发展和贫困问题。1980年，世界银行发布的1980—1981年世界发展报告《人力资本开发与减轻贫困》提出，"当某些人，某些家庭或某些群体没有足够的资源去获得那些社会公认的，一般都能享

---

① 阿玛蒂亚·森. 贫困和饥饿[M]. 北京：商务印书馆，2001.

受到的饮食、生活条件、舒适和参加某些活动的机会，就是处于贫困的状态"。贫困即"缺少达到最低生活水准的能力"，它包括四个方面的内容：收入过低、营养不良、健康状况差和文盲。1990 年，世界银行发布 1990—1991 年世界发展报告《机会与能力：减轻贫困的基本战略》，进一步明确了"贫困即缺少达到最低生活水准的能力"。所谓"生活水准"只是作为一种界定，而能否获得这一"生活水准"的能力，则成为对贫困认识的核心。2000 年发布的 2000—2001 年世界发展报告《与贫困作斗争》则从更广泛的角度对贫困的定义进行了阐述。报告认为贫困不仅指物质的匮乏（以适当的收入和消费概念来测算），而且还包括低水平的教育和健康。同时，贫困还包含风险和面临风险时的脆弱性，以及不能表达自身的需求和缺乏影响力。

综合以上观点，我们认为，贫困是以人为主体、与发展相对应的概念，是经济、社会、文化落后的总称，是由低收入造成的缺乏生活所需的基本物质和服务，以及没有发展的机会和手段的这样一种生活状况。贫困的概念是随着时间和空间以及人们的思想观念的变化而变化的，不同的社会制度、不同的思想体系和不同的学科对它的定义和看法大不相同。由于生产力发展水平和社会经济发展水平的差异，不同国家的贫困在性质、表现形式和产生原因上也有很大的区别。对贫困问题的认识也是随着经济的发展、社会的进步、人类文化水平的提高以及一些民族对于社会福利、平等等观点认识的加深而逐步深化的。贫困问题是困扰发展中国家经济和社会发展的一个重要问题，被联合国列为社会发展问题的三大主题之首。消除贫困，实现社会公正和公平，是国际发展活动的核心目标，也是我们建设社会主义和谐社会的战略要求。

二、贫困的类型

根据贫困定义的不同角度，还可以把贫困划分为以下不同的类型。

（一）绝对贫困与相对贫困

根据贫困的程度，可以把贫困分为绝对贫困和相对贫困。

绝对贫困又叫生存贫困，是指在一定的社会生产方式和生活方式下，个人和家庭依靠其劳动所得和其他合法收入，不能维持其基本的生存需要的状况。绝对贫困的特征是：在生产方面，劳动力缺乏再生产的物质条件，难以维持自身的简单再生产；在消费方面，贫困人口未能满足衣食住行等人类基本生存需要，生活达不到温饱水平。

相对贫困是指当一个人或家庭的收入比社会平均水平少到一定程度时所表现出的贫困状况，它是根据低收入者与社会其他成员收入的差距来判定贫困的。相对贫困一方面是指随着不同时期的不同生产方式和生活方式的变化而产生贫困标准的变化，另一方面是指同一时期不同社会成员之间、不同地区之间因收入差距而产生的低于社会认定的某种水平的状况。相对贫困的出发点不是人的生存或人的生理效能所需要的最低标准，而是人们之间收入的比较和差距，即生活水平最低的部分人口或地区称之为相对贫困。如有些国家将低于平均收入 40% 的人口归为相对贫困人口，世界银行认为收入低于平均水平 1/3 的社会成员便可视为处于相对贫困状态。

（二）区域贫困与个体贫困

根据贫困规模的大小，可以把贫困分为区域贫困和个体贫困。

如果按照某种划分贫困的标准，某区域被认定处于贫困状态，则称为区域贫困。如果按照某种划分贫困的标准，某个人被认定处于贫困状态，则称为个体贫困。区域贫困与个体贫困在大多数情况下是联系在一起的，区域贫困一定包含有个体贫困的发生，而个体贫困则未必一定会伴随有区域贫困的存在。

（三）狭义贫困与广义贫困

根据贫困的内涵，可以把贫困分为狭义贫困和广义贫困。

狭义贫困仅指经济意义上的贫困，反映维持生活与简单再生产的最低标准，社会保障制度主要解决狭义的贫困。这种贫困的概念只包括物质生活的贫困，而不包括精神生活的贫困。处于这种贫困状况中的人所追求的是物质生活上的满足，希望得到的是与社会其他成员相等的收入、食品、燃料、衣着、住房以及生存环境，他们注重这些东西在量上的满足。

广义贫困除了包括经济意义上的狭义贫困之外，还包括社会方面、环境方面、精神文化方面的贫困，即贫困者享受不到作为一个正常的"社会人"所应该享受的物质生活和精神生活。他们不仅处于分配的最底层，而且在一个社会中所处的地位低下，无权无力控制自己所处的生活环境，面临着来自社会上有权势的群体压力，受到社会的歧视和不尊重；不仅在收入方面被"社会剥夺"，而且在就业、教育、发展机会、健康、生育、精神、自由等个人发展和享受方面的权利也被"社会剥夺"。

对于个人或家庭来说，贫困主要是指狭义的贫困。而对国家或地区而言，贫困主要是指广义的贫困。由于经济水平和社会发展水平是相互影响和相互制约的，社会发展水平主要取决于经济发展水平，因而经济意义上的贫困，即狭义贫困是贫困的最主要内容。

（四）普遍性贫困、制度性贫困、区域性贫困和阶层性贫困

根据贫困的成因，可以把贫困分为普遍性贫困、制度性贫困、区域性贫困和阶层性贫困。

普遍性贫困是由于经济和社会的发展水平低下而形成的贫困。

制度性贫困是由于社会经济、政治、文化制度所决定的生活资源在不同社区、区域、社会群体和个人之间的不平等分配，所造成的某些社区、区域、社会群体、个人处于贫困状态。

区域性贫困是由于自然条件的恶劣和社会发展水平低下所出现的一种贫困现象。我国农村贫困人口的分布就具有明显的区域性，集中分布在若干自然条件相对恶劣的地区。

阶层性贫困则是指某些个人、家庭或社会群体由于身体素质比较差、文化程度比较低、家庭劳动力少、缺乏生产资料和社会关系等原因而导致的贫困。

三、贫困的标准及测定

（一）贫困线（贫困标准）

社会救助是保障公民生活安全、抵御贫困的最后一道安全线。在以低于或等于国家法定最低生活水平的贫困群体作为接受社会救助的对象时，如何界定最低生活水平，就成为社会救助的标准问题。

以贫困线作为参照标准来衡量贫困与否是目前国际上的通行做法。所谓贫困线，亦称贫困标准、最低生活水平线或最低收入保障线，从政策的角度也称为最低生活保障线，是指一个国家（地区）或组织确定一个人或家庭在一定时期、一定地区、一定的经济发展水平下，为了取得维持生存所必需的生活必需品或取得社会认为体面的生活所必需的全年费用，一般量化为货币形式。贫困线的划分跟贫困一样，分为绝对贫困线和相对贫困线。从理论上讲，处于绝对贫困和相对贫困的个人和家庭，都属于现代社会的救助对象。由于相对贫困线受多个指标影响，量化起来比较复杂，在具体操作上，贫困线的定位就较为困难，通常采用一个或几个与贫困程度相关，同时又可观测、可比较的社会经济指标来表示贫困的程度。世界银行在《1990年世界发展报告》中曾指出，"家庭的收入和人均的支出是衡量生活水准的合适尺度"。因而，实际中比较常见的做法是用个人或家庭的货币收入或支出来衡量一个人或一个家庭是否贫困。

（二）贫困线的测定方法

贫困的标准是社会救助的标准，然而如何确定维持最低限度的生活需求的贫困线，是个难题。贫困线标准定立过高，会将相当一部分生活窘迫的人排除于救助范围之外，标准过低，涵盖的范围过广又会加重国家的财政负担，所以必须采用科学的测定方法，并结合一定时期社会的经济发展水平和物价水平，适度确定保障标准，这就成为保障社会救助制度有效实施的关键。国际上通用的测定贫困线的方法主要有以下几种：

1. 恩格尔系数法

这种方法是观察和测量贫困的一种常用的方法。19世纪德国统计学家恩格尔根据统计资料，对消费结构变化总结出一个规律：一个家庭收入越少，家庭收入中（或总支出中）用来购买食物的支出所占的比例就越大，随着家庭收入的增加，家庭收入中（或总支出中）用来购买食物的支出则会下降。推而广之，一个国家越穷，每个国民的平均收入中（或平均支出中）用于购买食物的支出所占比例就越大，随着国家的富裕，这个比例呈下降趋势。

这种食物支出占全部生活支出的比例就叫恩格尔系数。通常，人们认为个人或家庭的恩格尔系数超过 59%，就表明这个人或家庭处于严重贫困状况，在 50%～59%的人为温饱，在

40% ~ 50%的人为小康，在 40%以下的人为富裕，低于 30%的为最富裕。在实际操作中，人们在了解到贫困家庭食物消费情况后，将食物消费的支出除以低收入家庭的恩格尔系数（为方便按 0.6 计算），这样得到的数值就是贫困线。

恩格尔系数法在操作上简便易行，但在应用上仍存在一些问题。首先，该法仅适用于计算绝对贫困线，因为恩格尔系数所强调的是绝对贫困，没有考虑相对贫困，用此法计算得出的贫困标准往往偏低；其次，用国际公认的恩格尔系数为 60%作为世界上任何一个国家或地区的标准过于粗疏，在具体确定时，还是应该立足于详细的调查与可靠的数据，确定出符合各个国家和地区实际情况的衡量标准。尽管如此，恩格尔系数法在测定贫困线中仍然是一个主要方法，其原因在于这种方法提出了"适量饮食费用"的概念，这就使我们可以利用营养科学的研究成果来研究适量饮食的费用，然后用适量饮食费用除以修正的恩格尔系数，从而得出贫困线。

2. 市场菜篮子法

市场菜篮子法又叫标准预期法，这是测定贫困标准方法中最早的方法，由英国社会学家朗特里在 1901 年提出。它的基本假设是人的生存必须拥有一定的生活资源，这些资源从市场中获得必须支付一定费用。在现代社会，这笔费用就是政府与社会必须保障的，费用的数量就相当于贫困线。使用这种方法的一个关键环节就是确定满足人之基本生活需求所必需的商品和服务清单，然后根据市场价格对购买这些商品和服务的费用进行测算。在实际工作中，有的人按照营养学标准来确定商品和服务清单，有的人根据对低收入户的家庭调查来确定，更多的做法是兼顾两者，既考虑营养学标准，又考虑实际的生活习惯。

采用市场菜篮子法计算贫困线需要根据满足人的生活需求的最低日营养摄入量标准，来确定食品消费的项目和数量，并按照市场上这些食品的价格估算出食物费用，再用它除以相应的恩格尔系数，所得的金额即为贫困标准。由于它与人们的日常生活用品消费息息相关，所以形象地称之为菜篮子法。

以市场菜篮子法来测算贫困线，优点是集中了人们的基本生活需求中最重要的部分——食物消费，同时以合理的比例考虑了其他生活和服务等消费需求，程序简单，操作容易，且其测定结果与其他比较复杂的方法所估计的结果很接近。但是应考虑三个因素的影响：其一是生活必需品品种选择的准确性；其二是生活必需品价格指数的可靠性；其三是贫困家庭及其消费特征选择的可代表性。

3. 马丁法

马丁法是由美国经济学家马丁·雷布林（Martin Raybrin）提出的一种计算贫困线的方法，依据这种方法测出的贫困线由高、低两条组成：一条是低贫困线，即食品贫困线加上最基本的非食品必需品支出；一条是高贫困线，是那些达到食品贫困线的一般居民的支出。食品贫困线通过一组食品组合，在一定的价格水平上获得食品能量需求来确定。非食品贫困线就是看那些刚好有能力达到营养需求的居民在非食品商品上的支出是多少。这样，食品贫困线加上最低的非食品支出可作为贫困线的一个合理的底线，即低贫困线。还有那些实际达到食品贫困线的居民（不是因削减非食品支出才能达到食品贫困线的居民），非食品支出水平是多少，假定那些实际已达到食品贫困线的居民也将满足他们的非食品需求，这样就需计算一个较高的贫困线，即高贫困线。

4. 收入比例法

一些发达国家或地区用相对的方法来衡量贫困，通常以一个国家或地区社会中位收入或平均收入的 1/3 到 1/2 作为这个国家或地区的贫困线。1976 年，经济合作与发展组织（OECD）提出：将一个国家或地区中等收入或社会中位收入的 50%～60%，作为这个国家或地区的贫困线。这种方法具有以下优点：（1）简单、易操作，只要知道社会平均收入或社会中位收入，再乘以 50%或 60%，就可以得出贫困线；（2）救助对象得到的救助金额可以与社会平均收入水平同步增长，得以分享经济和社会发展的成果。采用这一方法便于进行国际比较。同时也要注意这一方法存在缺点，即用此方法计算出的贫困标准往往是根据发达国家的统计数据和贫困状况制定的，发展中国家如果机械地套用其既定的比例，就会脱离实际。

5. 支出法

这是传统的反映贫困标准的方法。世界银行认为，消费是反映福利状况的首要指标，因为该指标比较可靠，同时也是因为人们认为消费比现有收入更能反映人的长期福利水平。这种方法主要是以食物和非食物贫困线之和来确定贫困线。它的优点是直观、便于操作、贴近贫困者实际。目前世界银行发布的绝对贫困线国际标准是人均日消费支出不低于 1.9 美元。

总体而言，以上测定贫困线的几种方法各具特色、各有优缺点。具体到一个国家或地区采用何种方法来划定贫困线，要视具体实际情况而定。实际上，每一种方法都是按照某种标准对人们生活水平的衡量，都是对人实际生活水平的比较，归根结底其目的在于为采取措施消除贫困、实施社会救助制度提供可用的衡量标准。中国是个人口众多的发展中国家，社会经济发展水平不平衡，受制于现实国情和财力，不能效仿西方发达国家采用高起点的救助标准，而应以解决绝对贫困为主，兼顾相对贫困，量力而行。

四、反贫困与社会救助目标

（一）反贫困的意义

贫困的广度和深度是测度社会进步程度的主要指标，反贫困不仅是社会经济发展的主要目标，也是经济与社会发展的主要动因之一。经济增长是积累消除贫困的物质力量，而消除贫困会使整个社会原来处于闲置状态的劳动力变成创造财富、提升经济增长所必需的人力资本存量。因此，消除贫困的手段与目标，或者说经济增长与消除贫困是一种良性的互相促进关系。同时，消除贫困有利于缓和社会矛盾，为市场经济发展提供一个稳定的社会环境，给每一个人提供均等的经济机会和公平的竞争条件。各类贫困的"医治"方案会使贫困人口提高其谋生的能力和增加谋生的机会，会使其获得参加生产活动和市场经济竞争的各种人力资本和物质资源，其收入的增长又会扩大市场容量和加速市场发育。考察一下世界各国的发展历程不难发现，凡是贫困问题解决得比较好的国家，其市场经济的发育也就越趋于完善。故从某种意义上说，贫困是经济、社会、政治和文化等一系列复杂的因素相互作用的结果。

联合国和世界银行等国际性组织都把缓解和消除贫困作为自己的重要目标和任务之一。1986 年第 41 届联合国代表大会以压倒性多数通过《发展权利宣言》，确认发展权是一项不可剥夺的人权，"所有的人单独地和集体地都对发展负有责任，这种责任本身就可以确保人的愿望得到自由和充分的实现，他们因而还应增进和保护一个适当的政治、社会和经济秩序以利发展"，还责成各国制定国家发展政策，不断改善全体人民和所有个人的福利；制定国际发展政策，以期促成充分实现发展权利。在 2000 年联合国千年峰会上，各国领导人通过了"千年发展目标"的路线图，其中第一项就是消除极端贫困和饥饿，即以 1990 年的数字为参照，到 2015 年使每天不到 1 美元维持生存的人口比例减半，使遭受饥饿的人口比例减半。"千年发展目标"提供了一个新的目标和提高责任的行动框架，但政治意愿要发挥作用，还必须转化为各国的发展战略，并遵循合适的经济理论以及透明、负责的治理原则。针对世界性贫困问题，历次世界性会议和论坛都强调了消除贫困的迫切性。各国政府都将消除贫困的目标作为"一种人类道德、社会和政治的必要"，承担了各自的责任，并确定了"以人为本"的发展战略作为到达这一目标的主要途径，消除贫困也成为国际行动的目标。从 20 世纪中叶以来，世界各国和有关国际组织先后提出和实施过不少反贫困战略，包括经济增长战略、再分配战略、绿色革命战略、社会服务战略、"双因素"发展战略等。这些战略在一些国家和地区的反贫困计划中得到了实际的运用，也取得了一定的成效，但均没有能够从根本上消除贫困，这也说明，反贫困将是长期的和艰巨的。消除贫困，经济增长是必要因素，但还不是充分条件，因为在人均收入差不多的地方也可能有很不一样的贫困率，还存在某些利益集团作梗、官僚主义无效率导致的贫困。一些发展中国家，包括中国，减贫进展相当可观，但仍然有部分地区和人群没有充分受益，仍然存在一些顽固性贫困，这就需要关注形成这些问题的制度原因，关注如何分配资源的公共政策。当地政府的工作和政策重点必须放在消除贫困的根源上，优先考虑满足处境不利和缺乏代表的群体的需要，帮助其实现权利。

（二）社会救助目标与反贫困

任何成功的反贫困战略，都离不开经济发展。发展意味着消除贫困，并改善最需要帮助的人的福利状况。经济发展就其本质而言是自由的增长，实质自由包括免受困苦——诸如饥饿、营养不良、可避免的疾病、过早死亡之类的基本的可行能力，以及能够识字算数、享受政治参与等的自由。它还包括各种政治的权益，比如说，失业者有资格得到救济，收入在标准线之下者有资格得到补助，每一个孩子都有资格上学受教育，等等。权利是一种保证，权利救济赋予弱势群体改善自身地位和处境的力量。正如联合国开发计划署《2000 年人类发展报告》

指出，资源分配和经济增长模式必须是有利于贫困者、有利于人类发展并有利于人权的，由经济增长所创造出来的资源需要投向消除贫困、促进人类发展和保障人权。

贫困往往和低收入联系在一起。从社会救助的含义看，实行社会救助的目的是保障公民享有最低生活水平，包括：（1）绝对意义上的最低生活水平，就是保证维持生命所需最低限度的饮食和居住条件，不至于受冻挨饿；（2）相对意义上的最低生活水平，指享有当时当地生产力水平下相对来讲属于数量最少的消费资料和服务。随着生产力水平的逐步提高，绝对贫困现象总会越来越少乃至消失，现代社会救助主要针对相对贫困者。从社会救助的本质来看，其整体上反映了一种社会财富的分配关系，而且主要是在再分配的层次上完成的，其目的是为了克服贫困，其形式区分为普通救助和紧急救助（或长期救助和临时救助），其义务主体是国家和社会，其权利主体是全体公民，其权利义务的内容主要是一定物质利益的给付和享有，其客体是代表一定利益的物质，其范围随着社会文明的进步日益扩大，其水平主要受经济发展程度的制约。

因此，社会救助的目标至少包括以下三个：（1）反贫穷目标；（2）生存权目标；（3）积极救助目标。它们无一例外地指向贫困这一目标。自 20 世纪 80 年代以来，一些发展中国家都开始对社会救助予以高度重视，这些国家的反贫困战略及社会救助措施的内容是十分相似的。人们越来越意识到，任何救济和援助都只能"救急"，而不可能"救穷"。一个成功的、旨在摆脱贫困的社会救助策略应包含以下要素：从贫困者的现实出发，投资于贫困者的组织能力，变革社会规范，支持那些能够带领贫困者发展的领导者。概括来说，目前各国社会救助具有以下共同的特点：

（1）以帮助贫困者增加收入和扩大就业为目标，它包括提供自我就业的贷款，一般是贴息的，往往得到政府机构和其他来源的支持。

（2）为贫困者集中的地区提供有利于提高生产力和改善生活条件的基础设施建设，特别是要针对少数民族居住的山区和不发达地区的发展项目，强调贫困农户生产力的基础设施的发展。

（3）社会救助应能促使贫困者能力和素质的提高，包括使他们认识到摆脱贫困主要靠自己获得各种基本的技术与管理技能，学会使用政治手段，争取实施法律赋予的权利，让社会倾听他们的声音等。

（4）良好的扶贫项目设计及其运作系统。扶贫项目必须专项为贫困者服务，通过最简洁的途径直接将资源传递到贫困者那里，鼓励那些负责对贫困阶层分配资源和服务的政府机构自下而上地做好计划和协调工作。

（5）建立有效的贫困者组织。将贫困者组织起来更有利于他们参与反贫困活动，不仅便于相互支持，相互监督，合理有效率地使用资源，而且也是维护贫困者权益的最重要手段。

各国社会救助的实践表明，国家的扶持是决定性的。国家要大力重视教育和人力资源的开发，尤其是初等教育和技术培训。从长远看，这是提高贫困者能力、减轻贫困的根本性措施。国家和政府的扶持，除了直接救济外，还应通过各种渠道，以多种方式增加对贫困地区的基础设施投资和生产性投资，在财政、金融等方面实行优惠政策。国际援助（包括国际组织援助及国家间的双边援助）是否真正起到了积极作用，除了项目类型和援助规模外，在很大程度上还取决于受援国的管理和使用。这一方面促使各国建立更开放的政治经济体制，加强政府行动的责任性和透明度；另一方面，对政府、私营部门、非政府组织的反贫困合作提出了新的要求。

（三）中国当前的反贫困战略①

在过去 40 年间，我国在反贫困方面所取得的成就为世界所公认，全球深度贫困人口的减少主要体现在中国深度贫困人口的减少上，这无疑是中国发展对人类发展的重大贡献。贫困问题仍然是我国发展进程中客观存在的重大现实问题。

新时期的贫困问题具有显著特点：

1. 绝对贫困现象在绝对减少，而相对贫困现象在相对上升，贫困人口总量仍然规模庞大

根据 2011 年国家确定的人均年收入 2300 元人民币（相当于人均日收入 1 美元）的贫困线标准，全国还有近 10% 的人口生活在这一贫困线下；如果按照世界银行人均日收入 2 美元的贫困线标准计算，则还有 2 亿多人口生活在这一贫困线下；这些生活在贫困线下的城乡居民，虽然温饱问题已经解决，但因收入偏低仍然可能陷入相对贫困状态而难以自拔。因此，新时期的反贫困任务依然十分繁重。

2. 因改革带来的新增贫困人口现象在绝对减少，而贫困人口的代际传递现象却在相对上升，两极分化的社会风险在不断积累

由于城乡之间、区域之间发展失衡的格局并未从根本上得到扭转，收入分配领域与一些制度安排存在着权益不公与失范，当今社会亦在一定程度上呈现出一种强者愈强、弱者恒弱的现象，一些城乡低收入家庭在教育、就业、收入、发展机会等方面处于越来越不利的地位，贫困代际传递现象已经出现，这是一种值得高度重视的贫困现象，也是急切需要采取有效行动来加以解决的问题。否则，整个社会就会走向两极分化，这不仅将撕裂不同社会阶层的关系，而且将难以避免贫富之间的尖锐对抗。

3. 一般意义上的县域贫困现象在不断缩减，而集中连片的区域贫困问题依然很深刻，要真正解决绝非易事

在中西部有一些连片的贫困地区，这些地区的共同特点是经济基础薄弱、产业支撑乏力、公共设施落后、基本公共服务供给缺乏。即使是最低生活保障制度，也因为当地财政困难，

---

① 郑功成. 我国新时期的反贫困战略[J]. 决策探索（下半月），2014（6）：10-11.

其受助人口的贫困深刻程度虽然明显高于其他一般贫困地区，但获得的低保援助却非常有限。因此，中央确立重点推进 14 个集中连片地区的扶贫战略是非常正确的政策取向，也是有针对性的，但要真正解决起来亦非易事，因为集中连片贫困地区都是难啃的"硬骨头"。

4. 乡村贫困问题已经得到了极大缓解，而城镇贫困问题却日益突出，非贫困的农村人口可能变成贫困的城镇人口

伴随农村承包责任制的推行和农村劳动力到非农领域就业的大规模化，农村居民收入保持了持续大幅增长势头，加上近十年来奉行"少取、多予"的惠农政策，免税、补贴加社会保障制度的普及，乡村贫困问题确实得到了极大缓解。然而，农村人口大规模地向城镇转移后，却可能成为城镇新增贫困人口的主要来源，因为这部分进城务工人员的收入普遍偏低，要承担起较乡村更为昂贵的城镇生活成本绝非易事；而年轻一代的城市人也可能因房价与其他生活成本的持续攀升而陷入贫困状态。

5. 物质贫困问题在快速化解，而精神贫困问题却越来越成为严重的社会问题

物质贫困的化解并不意味着精神贫困问题在同步缓和。事实上，精神文化生活的匮乏、艰苦奋斗和自力更生的式微、公益责任和互助意识的弱化，再加上政策歧视与社会排斥的客观存在，既导致了整个社会价值多元化和以自利为追求目标的取向，也带来了公众对社会公平的认可度偏低、不安全感与焦虑情绪蔓延等。所有这些，均显示了当前社会的精神贫困问题值得高度重视。因此，国家的反贫困战略不仅要继续向物质贫困宣战，同时还要向精神贫困宣战。

综上，面对已经发生深刻变化的贫困现象，新时期的反贫困战略亦需要与时俱进。切断贫困的代际传递，还需要更科学的统筹规划，并尽快完善各种制度安排。

第一，应当在提供公正、有效的制度供给上下大功夫。在中国经济已经具备日益雄厚实力的条件下，新时期的贫困问题及其解决程度将越来越取决于相关制度安排的公正与有效。因此，有必要全面评估现行制度安排与政策措施，而推进城乡一体化的社会保障制度建设、深化收入分配改革并确保分配正义、促进区域之间与群体之间基本公共服务均等化、促进平等就业、实现同工同酬、提高公共资源的扶贫与济贫精准度、建立扶贫退出机制、尽快消除一切制度安排或政策中的歧视现象，无疑应当成为新时期反贫困战略的关键组成部分，也是应当优先考虑的部分。只有确保相关制度供给的公正与有效，才能从根本上解决贫困问题。

第二，必须充分调动社会资源与市场资源，不断壮大反贫困的物质基础。反贫困离不开相应的物质基础，不仅需要有相应的政策引领，还迫切需要有合理的机制来利用公共资源撬动社会资源与市场资源。如果能够形成公共资源、社会资源、市场资源三种资源并举，做到在公共资源的牵引下各显其长、各施其能，则反贫困的效果将会更加明显。当务之急是要强化社会资源的动员机制，充分利用税收优惠、购买服务等方式，助推社会资源参与反贫困；同时，为市场资源投向反贫困领域设计更加合理的牵引政策，包括合理规划产业布局、细化税收优惠政策、明确金融政策支持等，以便为市场主体参与反贫困提供行动指南和稳定预期。

还应当为市场主体、社会组织乃至个人参与反贫困行动建立相应的褒奖机制。

第三，需要多管齐下，真正形成立体型的反贫困新格局。根据针对贫困地区与困难家庭的调查，新时期的反贫困需要的是立体型的应对机制。因此，除了加大资金投入、加快基础设施建设等外，还特别需要产业扶贫、金融扶贫、技术扶贫、信息扶贫、教育扶贫、就业扶贫、文化扶贫、减灾扶贫、医疗扶贫等。特别是在新型城镇化与新农村建设中，更要尽快形成立体型的反贫困新格局。用普惠性政策解决普遍性问题，用个性化服务解决特殊性问题，双层并行、多管齐下，应当成为新时期实施反贫困战略的基本取向。如果确立了立体型的反贫困格局，就能够为各界、各方参与反贫困提供更加适宜的途径，进而广泛调动各种资源，共同促进中国贫困问题得到解决。

第四，应当在反贫困政策推进中实现城乡协同、救扶结合。只有城乡协同地推进扶贫开发，并赋予新时期扶贫工作以新使命，才有利于全面解决我国的贫困问题。现行社会救助体系的框架虽然得以建立，包括最低生活保障、教育救助、医疗救助等在内的各项救助措施确实惠及上亿人口，但各种专项救助迄今仍只简单地叠加在低保制度之上，大多数低收入家庭并不能得到相应的公共援助，这样极易形成贫困陷阱与贫困的代际传递。

第五，新时期的反贫困还必须将保护生态环境、改善生态环境纳入其中，尽最大可能避免以牺牲环境为代价。在一些贫困地区，物质生活虽然艰苦，但生态环境却较为优良，如果在实施新一轮扶贫开发时以牺牲环境为代价，结果可能是带来短期收益而让当地居民丧失最为珍贵的自然"福利"，发达地区与城市已经出现的严重环境污染以及为此正在付出的高昂代价，应当作为深刻教训。因此，有必要将保护生态环境、改善生态环境纳入新时期的反贫困战略中，并采取切实有效的行动确保其得到贯彻落实。

【课后思考】

1. 什么是社会救助？与其他社会保障制度相比，社会救助有哪些特点？
2. 社会救助的内容包括哪些工作？
3. 我国的社会救助模式是什么？
4. 与西方相比，我国古代社会救助工作有何不同之处？
5. 什么是贫困？绝对贫困线如何确定？
6. 社会救助的目标包括哪些？

第二章 社会救助体系建设与社会救助管理

【本章概览】

建立完善的社会救助体系，有利于最大限度地调节和校正初次分配的不公平，增强困难群体对政府、对社会的认同和信任，缓解社会矛盾，消除社会不安定因素，促进社会公正公平，对构建和谐社会发挥积极作用。社会救助管理作为政府的一项基本管理职责，其实施目的在于确保社会救助制度维护社会安定、帮助救助对象脱贫解困目标的实现。本章分析了我国城乡社会救助体系的构建情况及社会救助管理体制与相关的管理内容。

【学习目标】

1. 掌握社会救助体系的含义。
2. 掌握我国现行社会救助体系内容。
3. 了解社会救助体系建设的原则及思路。
4. 掌握社会救助管理的含义。
5. 认识社会救助管理的手段及内容。
6. 了解不同的社会救助管理部门及工作职责。
7. 认识社会救助资金管理工作。

【案例导入】

社会救助体系日益完善　政府投入持续增加

困难家庭平时可领取低保金，患病时可获得医疗救助，孩子上学可享受分类施保，遭遇特殊困难时还可申请临时救助……5年来，针对困难群众生活的方方面面，党和政府高度重视底线民生保障的顶层制度设计，颁布《社会救助暂行办法》，不断加大财政投入。日益完善的社会救助体系，让越来越多的困难群众得到了及时帮扶。

南京大学社会保障研究中心林闽钢认为，中国是近10年来全球社会救助改革成果最突出的国家，其体系建设速度之快，托底人数总量之多，对经济和社会影响之大，为世人所瞩目。

农村低保和扶贫开发，是国家扶贫战略的两个重要支点。2016 年 9 月，国务院办公厅转发民政部等六部门《关于做好农村最低生活保障制度与扶贫开发政策有效衔接的指导意见》，提出了加强农村低保与扶贫开发在政策衔接、对象衔接、标准衔接和管理衔接方面的重点任务，进一步完善了农村低保制度。

截至目前，全国有扶贫任务的省份都出台了农村低保与扶贫开发衔接的配套政策措施。

河北省强化低保兜底保障能力，将各地农村低保标准提升至国家扶贫标准 2952 元/年以上。湖南省对政策性兜底对象进行精准认定，明确工作重点，给予特殊照顾。

广西壮族自治区桂林市平乐县沙子镇强化低保对象的动态管理，对全镇建档立卡贫困人员名单等基本情况进行核查，符合条件的全部纳入低保，严格落实"按户施保"，做到该进则进，该退则退。

民政部、国务院扶贫办根据中央要求，指导各地按照国家扶贫标准综合确定农村低保的最低指导标准，使农村低保标准持续提高。截至 2016 年底，全国共有城乡低保对象 6066.7 万人（截至 2011 年底为 7582.5 万人），其中农村低保对象 4586.4 万人（截至 2011 年底为 5305.7 万人），2016 年全年支出城乡低保资金 1702.4 亿元（2011 年为 1327.6 亿元）。

5 年来，在推进受灾人员救助、住房救助、教育救助、就业救助以及社会力量参与等方面，我国提出了诸多具体的政策措施。

中共中央、国务院印发《关于推进防灾减灾救灾体制机制改革的意见》，国务院办公厅印发《国家综合防灾减灾规划（2016—2020 年）》、修订印发《国家自然灾害救助应急预案》，要求建立健全重特大自然灾害救助体系和运行机制，确保受灾人员基本生活。十八大以来，国家减灾委、民政部共针对各种自然灾害启动国家救灾应急响应 107 次，累计向灾区下拨中央财政自然灾害生活补助资金 434.26 亿元，调拨帐篷 50 多万顶、棉衣被 200 多万件（床）、折叠床 20 多万张等中央救灾物资。

经国务院同意，财政部、教育部印发意见，从 2016 年秋季学期起，免除公办普通高中农村建档立卡等家庭经济困难学生学杂费。

（资料来源：节选自《人民日报》2017 年 07 月 17 日 13 版，《低保对象 5 年少了 1500 万人（纵横对比看民生·救助①）》，作者：潘跃）

第一节 社会救助体系建设

一、社会救助体系的含义

社会救助体系，是指政府为保障社会成员的基本生活，帮助他们解决生活中遇到的特殊困难而设计的一系列制度，以及为保证这些制度的实施而形成的管理体制、运行机制、组织网络、物质技术条件等要素有机结合而成的整体。它的建立和完善是一项长期的系统工程。随着城市化进程的加速和经济社会的发展进步，社会救助体系的各个方面都会随之发生变化。另外，个人和家庭的社会救助需求是多种多样的，不仅仅是收入的低下，包括医疗、教育、住房、受灾等一些不可避免的巨额支出，也都可能导致个人和家庭陷入贫困。所以，社会救助应该是一个综合性的救助，社会成员在收入、医疗、教育、住房等方面遭受严重困难时，都可以向政府和社会寻求不同程度的社会救助。

在党中央、国务院的高度重视和正确领导下，近年来，我国社会救助事业发展很快，初步构建了以最低生活保障、受灾人员救助以及医疗救助、教育救助、住房救助、就业救助和临时救助为主体，以社会力量参与为补充的社会救助制度体系，基本实现了救助范围覆盖城乡、操作程序明确规范、困难群众应保尽保、救助水平逐步提高的制度目标。中华人民共和国国家统计局发布的《2017 年国民经济和社会发展统计公报》，2017 年我国共有 1264 万人享受城市居民最低生活保障，4047 万人享受农村居民最低生活保障，467 万人享受农村特困人员救助供养。全年资助 5203 万人参加基本医疗保险，医疗救助 3536 万人次。[①]此外，教育救助、住房救助、就业救助等救助制度有序推进，救助水平和覆盖面不断提高，困难群众得到的实惠越来越多。

二、我国社会救助体系建设的原则

实现社会救助的公正性、积极性和高效性，是社会救助制度能否可持续发展和不断完善的关键。结合社会救助对象的特殊性，以及社会救助中工作量大、内容复杂等实际情况，社会救助中应遵守以下几个基本原则。

（一）依法救助原则

结合党的十八届四中全会提出的法治建设、道德建设、诚信建设等，加快社会救助立法进程。适应社会救助工作发展的新形势，及时制定相关法律法规，做到依法行政。同时，通过立法，完善收入审核制度，加大对不诚信行为的惩处力度。针对一些救助政策的"断层"现象，如一些收入略高于低保线的边缘困难家庭，在医疗、子女教育等专项方面的困难尤为突出，应从解决基础民生的要求出发，加强制度建设，将医疗教育等专项救助政策的覆盖范围从绝对贫困群体拓展到相对贫困群体，在政策设计上体现"斜坡效应"，改变过去救助政策只聚焦低保群体的"悬崖效应"，弥补政策的断层。同时，充分发挥社会互助帮困的作用，积极推进经常性捐赠工作，建立长效帮困和应急帮扶相结合的工作机制，让更多未纳入低保的低收入困难群众能够得到及时有效的救助。

① 中华人民共和国国家统计局网站．[2018-02-28]．http://www.stats.gov.cn/tjsj/zxfb/201802/t20180228_1585631.html.

（二）救助机构的精简与救助管理的效率并重原则

建立政府领导、民政主管、部门尽责、社会参与、街道（乡镇）实施、政事分离的管理体制。民政部门作为社会救助工作的主管部门，在社会救助的政策衔接、信息管理、对象确定、资源协调等方面，要发挥好职能作用。各相关部门分工协作，各尽其责，在不同专项救助方面对困难群众实施有效救助。综合运用政策、法律、经济、行政等手段和教育、协商、调节等方法，依法、及时、合理地处理群众反映的问题，建立社会舆情汇集和分析机制，畅通社情民意反映渠道。建立健全社会利益协调机制，引导群众以理性合法的形式表达利益要求、解决利益矛盾，自觉维护安定团结。建立健全社会预警体系，形成统一指挥、功能齐全、反应灵敏、运转高效的危机管理机制，提高保障公共安全和处置突发事件的能力。在出台有关政策、措施时，应坚持公开、公平、公正的原则，广泛听取各方意见，防止因决策不当损害人民群众的利益。

（三）积极救助原则

现代社会救助不仅要求给予物质性的救济，更要提供精神援助，特别是要积极挖掘救助对象的潜能，培养其能力，促进其就业和人格健康发展。低保制度的"消极性"带来了人格萎缩等新的问题，如低保对象在被动领取"低保金"一段时间之后，他们逐渐放弃了重新参与社会劳动的愿望和能力。社会救济的根本目的不在于物质性的资助，而在于提高受救助者的改变自身命运的能力。所以，要变消极的救助为积极的救助，把救助的工作重点转移到挖掘受助者的潜能和培养受助者的能力，促进其人格健康发展，具体做法包括增加对受救助者实行心理干预、组织参加社区服务、实施专业社工指导和职业技师辅导等政策，鼓励、引导和督促受救助者自强自立。

（四）尊重救助对象的公民身份和权利原则

以自愿的接受救助制度取代强制性的收容遣送制度，主张身陷困境者的平等公民身份和权利，体现了我国社会救助制度建设的民主化、法制化进程。同样的进步亦已在国务院颁布的《城市居民最低生活保障条例》中得到了体现。目前民政系统在最低生活保障资格认定上采取了家庭收入调查和对初检符合条件者在社区张榜公示（接受群众监督）的程序。这种张榜公示的做法有侵袭公民个人隐私之嫌，现在越来越多的国家出于对公民平等身份的考虑，也不再调查申请者的家庭经济收入，而是采用受助者定期陈述家庭经济状况变化、参加劳动技能培训和寻找就业的努力，及完成义务性社区服务等方式来进行互动管理。

（五）发展和规范社会组织参与社会救助原则

解决弱势群体的问题，是政府的责任，也是社会的义务。即使在发达国家，也是在政府主导的基础上，动员社会力量来促进这一问题的解决。以慈善为代表的社会组织在社会救助中具有补充作用，形成政府与社会组织优势互补、良性互动的社会救助格局，有助于建立民主、科学的新型社会管理体制。如在美国的一些地方福利机构里，工作人员很少，需要服务的对象却很庞大，他们在管理中通过委托、购买服务等方式，把大量的社会服务移交给社会组织去做。社会组织也能很好地反映社会对社会救助的制度诉求，具有化解矛盾、起到桥梁纽带作用。我国的工青妇等群团组织还具有引领、示范作用，作为国家政权的重要社会支柱，多年来在社会组织发展中发挥着重要的作用，带动整个社会组织健康发展。

（六）依托社区原则

机关只有政府资源，如果机关直接面对规模不断扩大、需求复杂的受助对象，必然会不断扩大机构、增加预算，由此导致行政低效率。而依托社区，政府则可以避免"陷入其中而不得不自我膨胀"的尴尬，有利于更准确地把握全局，进行政策调控。工作思路主要有两条：一是建立社会救助的社区平台，政府只需在提供基本的救助津贴的同时，通过政策倡导和鼓励企业、公益机构及社区居民等多方面、多种类资源的注入，就可以为贫困群体提供低成本的物资、信息、培训、组织等全方位的服务。如目前只要在社区把已经实施的低保制度、经常化捐赠制度、社会化养老方案以及其他多种社区服务整合起来，就能达到资源互补和相互促进，低保对象不但能够得到更多的物质帮助，而且可以为社会养老等社区服务提供人力资源，从而显著提高低保救助的效率。二是给受助者提供组织和社会活动空间，一方面促进受助对象在社区中自我组织、自我管理、自我教育、自我服务，另一方面引导他们合作互助、开展自助。与其成立一个级别森严、规模庞大的机关团队对贫困者进行管理和监督，不如让他们自己管理自己，这是控制救助管理成本的有效途径。如果受助者能够依托社区、相互支持、合作发挥其能力，积极参与社区服务和其他经济活动，将直接减少政府对救济资源的投入，促进自强自立之良好社会风气的形成。充分依托社区平台，不仅可以实现财务、信息、组织、监控等多方面的资源整合，还能通过救助对象的自我组织和自我管理来不断降低社会救助的行政管理成本，杜绝救助资金的无限膨胀。

（七）救助对象的义务回馈原则

在国际上，对受助者和受益人的义务和责任强调越来越明确，普遍要求受助者对受到的救助"有所回报"。所以，在救助管理中，可以在救助中或救助后，引导救助对象参与社会公益活动，用自己的行动回馈社会。

三、我国传统城乡社会救助制度回顾

我国社会救助制度模式的选择及其发展，既与特定时期的社会条件、经济发展状况有关，也受到经济体制、用工方式以及社会保障制度的制约。中华人民共和国成立初期的社会救助主要通过紧急救助的形式，为战后大量贫民提供临时性救助，帮助他们渡过难关。进入全面建设社会主义时期后，单位体制成为我国最主要、最基本的社会组织方式，社会救助的主体转变为孤老病残、无单位人员以及一些具有特殊社会身份的困难人员，拾遗补缺的作用明显。改革开放前期，我国的社会救助先是恢复计划经济时期的救助模式，维持城乡分野的救助格局，并在救助范围、救助方式、救助资金投入等方面有所发展。进入 20 世纪 90 年代以后，社会救助与社会主义市场经济体制相适应，逐步构建了以低保救助、五保供养为核心，以专项救助为辅助，覆盖城乡的新型社会救助体系，初步实现了新型社会救助制度的定型化、规范化和体系化，实现了济贫理念由"救济"向"救助"的转变，为今后我国社会救助事业的稳步发展奠定了基础。①

（一）中华人民共和国成立初期到社会主义改造时期的社会救济（1949—1955 年）

由于连年战乱，民生凋敝，中华人民共和国成立初期的社会经济面临崩溃。加之从 1949 年到 1952 年接连发生全国性的水、旱、风暴等自然灾害，造成这一时期城乡贫困人口众多，需要救济的人群包括灾民、难民、贫民、散兵游勇、失业人员和无依无靠的孤老残幼等十余种。新生的人民政权在积极发展生产、强化社会调控能力的同时，迫切需要安抚贫民，解决他们最为紧迫的生存问题，维护基层社会稳定。据统计，1949 年底全国有灾民 4550 多万人、数百万孤老病残人员，全国急需救济的群众总数在 5000 万人以上，占当时全国总人口的 10%。此外，大量失业人员生活也陷入困境。据 1950 年 9 月底的不完全统计，"全国失业工人共有 1 220 231 人，失业知识分子 188 261 人，共计 1 408 492 人。此外，尚有半失业者 255 769 人，将失业者 120 472 人"。解决这部分群众的生活困难，保障他们的基本生活，对解放战争的彻底胜利和新生人民政权的巩固具有重要意义。

新成立的中央政府对困难群众救济工作十分重视。1950 年 4 月，中央人民政府组织召开中国人民救济代表会议，会议确定了"在政府领导下，以人民自救自助为基础开展人民大众的救济福利事业"的基本救济原则。会后成立中国人民救济总会，并确立救灾救济的工作方针是"在自力更生原则下，动员与组织人民实行劳动互助，实行自救、自助、助人"。1950 年 7 月，第一次全国民政会议将救灾救济确定为内务部的重点工作之一，并设立社会司主管全国社会救济工作。1953 年 7 月，内务部增设救济司，主管农村救灾和社会救济事务。各级政府也相应设立了专门的职能机构，社会救济工作随之在全国范围内广泛展开。这一时期的社会救济具有明显的突击性紧急救助特征，针对不同人群采取不同救助政策，主要救济形式有：一是为困难群众发放救济款物。1950 年到 1954 年，国家共发放 10 亿元农村救灾救济款，同时还发放了大量的救济物资。针对城市无依无靠的孤老病残人员以及其他生活困难人员，主要通过经常性救济或临时性救济方式保障其基本生活。据不完全统计，从 1954 年到 1957 年国家共支出城市社会救济费 1 亿多元，救济了 1000 多万人。二是发动慈善募捐，组织群众互助互济。通过开展捐赠"一把米""一件衣""一元钱"等群众互助活动，维持困难群众基本

① 刘喜堂. 建国 60 年来我国社会救助发展历程与制度变迁[J]. 新华文摘，2010（22）：19.

生活。1956 年 9 月，内务部专门向中央提出募捐寒衣救济灾民的请示，经中央批准后，部分省份在县级以上机关、团体、企业干部等中间开展募捐工作，对化解自然灾害对农村困难群众的影响发挥了重要作用。一些地方还组织互助组、合作社等合作组织，展开生产自救。三是通过遣散、教育、改造等方式，解决游民、娼妓等问题。对于流散在大小城市的国民党军队散兵游勇，除一小部分经短期集训教育后安置到厂矿就业外，大部分发给钱粮资遣回乡。全国共资遣俘虏和散兵游勇约 400 万人。对一般流氓分子和娼妓则采取教育和救济相结合的方式，成立专门的生产教养院、妇女教养院和新人习艺所等机构进行教育改造。截至 1953 年 11 月，全国共创立 920 所生产教养院，收容改造妓女、乞丐、小偷、游民等 44.8 万人。四是妥善安置农村流入城市的难民、灾民和贫民。采取的安置措施主要是疏散、收容、遣送等。据南京、上海、武汉、广州等 8 个城市的粗略统计，到 1950 年底，共遣送回乡 110 多万人。这对于稳定城市社会起到了重要作用。五是解决失业人员基本生活问题。一方面，积极发展生产，吸引就业；另一方面，"以工代赈为主，而以生产自救、转业训练、还乡生产、发给救济金等为补助办法"，进行救济和安置。截至 1950 年 9 月底，以工代赈 78 955 人，生产自救 74 798 人，还乡生产 62 922 人，发放救济金 405 775 人，转业训练 23 157 人，介绍就业 81 458 人，共计 726 635 人，即有半数以上的失业工人已经得到救济。

中华人民共和国成立初期大规模的紧急救济，不仅使数千万挨冻受饿、挣扎在死亡线上的人员有吃有住有衣穿，摆脱了死亡威胁，而且对于妥善解决旧社会的遗留问题、恢复发展国民经济、巩固新建立的人民政权起到了至关重要的作用。这一时期确立的社会救济方针、原则和方式，成为我国社会救助制度的雏形，同时也为今后我国社会救助事业的发展奠定了基础。

（二）全面建设社会主义时期的社会救济（1957—1977 年）

1957 年，随着"三大改造"任务的基本完成，我国进入全面建设社会主义时期。此时，战争创伤已经医治，国民经济全面恢复，公有制主导地位确立，人民的物质生活有了明显改善，城乡困难人员大量减少，社会救济的对象、内容和方式都发生了新的变化，救助模式由紧急性救济转向经常性救济，城乡救济也开始呈现二元经济结构特征。

在农村，五保供养制度初步建立，集体经济组织开始承担社会救济责任。1956 年，一届全国人大三次会议通过的《高级农业生产合作社示范章程》中首次指出："农业生产合作社对于缺乏劳动力或者完全丧失劳动力、生活没有依靠的老、弱、孤、寡、残疾的社员，在生产上和生活上给以适当的安排和照顾，保证他们的吃、穿和柴火的供应，保证年幼的受到教育和年老的死后安葬，使他们生养死葬都有依靠"；1958 年 12 月，中共八届中央委员会六次会议通过的《关于人民公社若干问题的决议》中提出，"要办好敬老院，为那些无子女依靠的老年人（五保户）提供一个较好的生活场所"。农村人民公社体制建立后，贫困以及丧失劳动能力的农户，其生老病死都由生产队负责。1960 年 4 月，二届全国人大二次会议通过的《1956 年到 1967 年全国农业发展纲要》，明确要求农村集体经济组织要对缺乏劳动力、生活没有依靠的鳏寡孤独社员在生活上给以适当的照顾，使他们的生养死葬都有指靠。农村五保供养制度的建立和发展是这一时期最突出的制度创新。对其他农村困难户的救济，则主要采取农村集体经济组织为主、国家保障为辅的救济方式。60年代初期，受自然灾害影响，农村贫困户大增。国家一方面组织农民生产自救，另一方面加大了农村救济力度。从1960年到1963年，国家共拨付农村社会救济款和灾民生活救济款23亿元，超过了1950年到1959年农村救灾救济款的总和。

在城市，伴随着计划经济体制的实施，我国建立了一整套就业与社会保障一体化的单位保障制度。社会救助在整个国家社会保障体系中的作用大大削弱，主要发挥"拾遗补缺"的作用。从救助对象上看，主要可分为孤老病残人员救济和特殊人员救济两类；从救助形式上看，可分为定期定量救济和临时救济两种。孤老病残人员是指无固定收入、无生活来源、无劳动能力，基本生活发生困难，需要依靠国家和集体给予救济的居民家庭，对他们的救助主要采取定期定量的经常性救济。此外，国家还对一些特殊救济对象采取按规定标准进行定期定量救助的政策。在1953年召开的第三次全国社会救济工作会议上，内务部公布了城市社会救济标准：以户为单位，按人口递增，大城市每户每月一般不超过5～12元，中小城市每户每月一般不超过3～9元。1956年内务部提出应以能够维持基本生活为原则，不再规定统一的救济标准。享受定期定量救济的特殊救济对象主要包括原国民党起义投诚人员、错判当事人家属、归侨侨眷侨生、工商业者遗属、特赦释放战犯、外逃回归人员、摘帽右派人员、下乡返城知青、麻风病人、外国侨民、企业职工遗属、因计划生育手术事故造成死亡和丧失劳动能力人员等。临时救济主要针对遭遇临时性、突发性变故致使生活出现暂时困难的居民家庭，是一种非定期、非定量的生活救济。60年代初期，国民经济再次出现严重困难，城市中生活困难需要救助的人数显著增加。为应对这一局面，政府通过生产自救、收容遣送、安置闲散劳动力、增加财政投入等方法不断加大社会救济力度。据统计，1961年全国城市救济51.7万人次，1962年增加到266.8万人次，1963年进一步上升到332.5万人次。据北京、天津、广州、包头、安阳等14个城市统计，1961年平均每月救济3.2万人，比1960年增加60.5%，1963年需要救济的人数继续上升，仅6月一个月就救济24.1万人，比1962年同期增加1.2倍。另据沈阳、天津、杭州、重庆等59个城市统计，1963年上半年有21万人参加了生产自救，占可生产自救人数的50%。

1966—1976年，党和国家的各项工作受到严重冲击。社会救济一度处于混乱停滞状态，各项救济政策无法全面落实，很多按规定应该享受救济的人员得不到救济。此时的农村社会救济主要依托农村人民公社开展，城市社会救济主要依靠企事业单位组织实施。

（三）改革开放前期的社会救济制度（1978—1992年）

党的十一届三中全会以后，我国社会主义现代化建设事业进入新的历史时期，同其他民政工作一样，对困难群众的社会救济得到党和政府的高度重视。1978年5月民政部正式恢复成立，在设置的 7 个司局级单位中，农村社会救济司主管农村社会救济工作，城市社会福利司主管城市社会救济工作。各级民政部门也迅速建立了社会救济专门工作机构，这为社会救济各项政策的制定和实施提供了组织保障。1983 年 4 月召开的第八次全国民政会议明确新时期我国社会救济工作的基本方针是"依靠群众，依靠集体，生产自救，互助互济，辅之以国家必要的救济和扶持"。

农村贫困救济是这一时期社会救济工作的重点。随着家庭联产承包责任制的推行，集体经济组织的统筹保障功能日益弱化，迫切需要政府改革救济方式。针对改革开放初期农村贫困面较大的情况，农村救济采取的主要措施有：一是探索定期定量救济。救济对象主要是农村常年生活困难的特困户、孤老病残人员和精减退职老职工，一般按照一定周期（按季节或按月）给予固定数额的救济金或救济粮等实物，以保障其基本生活；对其他贫困人口，则通过灾民荒情救济的方式给予临时救济。1985 年农村享受国家定期救济的人数达到百万余人，临时救济的人数更多。二是继续完善农村五保供养救助。中央明确从村提留和乡统筹（即"三提五统"）经费中列支资金用于农村五保供养。1985 年起，全国逐步推行乡镇统筹解决五保供养经费的办法，以保证五保对象的基本生活来源。1994 年国务院颁布的《农村五保供养工作条例》，再次明确五保供养经费由"村提留或乡统筹"中列支。据不完全统计，从 1978 年到 1996 年，农村集体用于五保供养和贫困户补助的资金总计达 200 多亿元。三是通过开发式扶贫改善农村贫困状况。针对农村绝对贫困人口主要集中在"老、少、边、穷"地区的现状，国家开展了有计划、有组织、大规模的农村扶贫开发。扶贫工作的深入开展使农村绝对贫困人口逐年减少，到 1994 年，我国农村没有解决温饱的贫困人口由 1978 年的 2.5 亿人减少到 7000 万人，贫困人口占农业总人口的比例下降到 7.6%左右，基本实现了到 20 世纪末解决农村贫困人口温饱问题的战略目标。

城市社会救助工作也得到快速恢复和发展。1979 年 11 月，民政部召开全国城市社会救济福利工作会议，明确城镇救济对象主要是"无依无靠、无生活来源的孤老残幼和无固定职业、无固定收入、生活有困难的居民。对中央明文规定给予救济的人员，按规定办理"。从救济对象看，享受社会救济的特殊人员范围扩大到"文化大革命"受迫害人员、平反释放人员、返城知青、台胞台属以及宽大释放的原国民党县团级以下人员等，之后又将释放托派头子、错定成分人员、被解散文艺剧团生活无着人员、高校毕业生有病人员、解除劳动教养人员、刑事罪犯家属等纳入特殊救济范围。到 20 世纪 80 年代中期，全国特殊救济对象大约有 20 多种。从救济标准看，从 80 年代初开始，各地民政部门在深入调查的基础上，根据当地经济发展和物价上涨情况分别调整了定期救济标准。从资金投入看，国家不断增加城市社会救济费的支出额度。据不完全统计，1979 年全国城市享受定期救济的人数 24 万人，支出社会救济费 1785 万元，平均每人每年 75 元；1989 年全国城市享受定期救济的人数为 31 万人，支出社会救济费 8450 万元，平均每人每年 273 元。1992 年城镇困难户得到救济和补助的人数是 908 万人，和 1985 年的 376.9 万人相比，前者是后者的 2.4 倍多。

这一时期的社会救济工作虽然得到比较快的恢复和发展，但并未突破原有体制和框架，城乡社会救济分别按各自路径发展。救助经费的投入缺乏必要的保障机制；救助工作的随意性较大，救助对象认定、救助标准和救助程序有待进一步完善。从总体上看，这一时期的社会救济制度具有过渡性特征，无论是制度设计、具体操作，还是资金投入都与困难群众的救助需求存在较大差距，城乡贫困问题依然十分突出。我国传统城乡社会救济制度发端于 20 世纪 50 年代，是在一种低水准生产力的基础上产生和发展起来的，带有浓厚的计划经济色彩，存在着救助范围狭窄、救助水平偏低、城乡救助不平等、救助手段落后等特点，传统的社会救助制度已经难以适应新形势的需要，只有建立一套适应社会发展的新型的社会救助体系，才能有效地保障困难群体的基本生活。

四、我国现行社会救助体系的内容

经过多年不断的完善，目前我国社会救助分为城乡居民最低生活救助、特困供养、灾害救助、医疗救助、就业救助、住房救助、司法援助、教育救助等几个方面的内容，这是从国家、政府和社会对依靠自身努力难以满足其生存基本需求的公民给予的物质帮助和服务的角度来划分的。我国现行社会救助体系已形成以生活救助为主体、专项救助为支柱、社会互助为补充的完整体系，具体内容如下。

（一）最低生活保障

最低生活保障是指国家对家庭人均收入低于当地政府公告的最低生活标准的人口给予一定现金资助，以保证该家庭成员基本生活所需的社会救助制度。最低生活保障线也即贫困线，即对达到贫困线的人口给予相应补助以保证其基本生活的做法。最低生活救助的特点体现在三个方面：一是是保证基本生活的生活费用补贴；二是为贫困人口提供的一种救助；三是具有临时性，原先享受最低生活保障的人口或家庭，如果收入有所增加，超过了规定的救助标准，则不再享受最低生活保障救助。

获取最低生活保障是公民的一项基本权利，我国宪法第四十五条明确规定："中华人民共和国公民在年老、疾病或者丧失劳动能力的情况下，有从国家和社会获得物质帮助的权利。"最低生活保障制度提供的仅仅是满足最低生活需求的资金或实物，目的是在公平与效率之间寻求适度，是社会保障制度中的最后一道安全网。最低生活保障制度体现了人道主义精神，不问致贫的原因，只看受助者是否真正贫困，也没有什么资格限定，体现了人人平等的原则。这项制度采取普遍性的全面保障原则，不需要个人承担任何缴费义务，体现的是公民基本的生存权利、国家责任和社会的文明进步。

（二）特困人员供养

在我国，国家对无劳动能力、无生活来源且无法定赡养、抚养、扶养义务人，或者其法定赡养、抚养、扶养义务人无赡养、抚养、扶养能力的老年人、残疾人以及未满 16 周岁的未成年人，给予特困人员供养。特困人员供养的内容包括提供基本生活条件、对生活不能自理的给予照料、提供疾病治疗、办理丧葬事宜等四个方面。特困人员供养标准，由省、自治区、直辖市或者设区的市级人民政府确定、公布。特困人员供养应当与城乡居民基本养老保险、基本医疗保障、最低生活保障、孤儿基本生活保障等制度相衔接。

（三）受灾人员救助

受灾人员救助通常被称为灾害救助工作或救灾，是国家或社会对因遭遇各种灾害而陷入生活困境的灾民进行抢救与援助的一项社会救助制度，其目的是通过救助，使灾民摆脱生存危机，同时使灾区的生产、生活等各方面尽快恢复正常秩序。

受灾人员救助是国家对基本生活受到自然灾害严重影响的人员提供的生活救助，其目的是通过救助，使灾民摆脱生存危机，同时使灾区的生产、生活各方面情况尽快恢复正常秩序。我国自然灾害救助实行属地管理，分级负责。自然灾害发生后，县级以上人民政府或者人民政府的自然灾害救助应急综合协调机构应当据情况紧急疏散、转移、安置受灾人员，及时为受灾人员提供必要的食品、饮用水、衣被、取暖、临时住所、医疗防疫等应急救助。

救灾工作是一项复杂的系统工程，需要各方面力量的密切配合，因而实施救助的主体必然要涵盖多方面的因素。在我国的救灾制度中，对救灾主体的基本要求是广泛发动、分工负责、相互协作。根据在救灾活动中的职责、角色和作用等方面的差异，救灾主体可分为党政组织、非政府组织和其他主体三大类。

国家救助是灾害救助的主要形式，这是由灾害发生的不确定性、灾害后果的严重性等因素决定的，只有国家才能整合大量的社会资源进行及时救助。随着经济体制的转变，我国的国家救灾体制也发生了相应变化，主要体现在：（1）财政分级负责。这是与国家财政体制改革和分税制相配套的制度，这一制度要求地方政府在财政预算中必须设立专项救灾拨款科目。（2）救灾分级管理。救灾分级管理的前提是准确划分灾害等级，用以明确中央政府和地方各级政府应当承担的救灾责任。灾害一般划分为特大灾、大灾、重灾和小灾等。（3）救灾经费包干。这是针对甘肃、宁夏、贵州、青海、西藏、新疆六省区的救灾经费而言的，在经过科学合理的测算之后，中央给其划拨一定量的救灾款，一般不再追加拨款。（4）中央经费无偿救助与有偿使用并存。这样做的目的是救灾与扶贫相结合。无偿救助的资金用来紧急抢救灾民，保证其最低生活；有偿使用的资金主要用于灾民灾后恢复生产等。

中华人民共和国成立初期，救灾工作的方针是"生产自救，节约度荒，群众互助，以工代赈并辅之以必要的救济"；农村公社化以后，由于存在农村集体经济体制，救灾工作方针是"依靠群众，依靠集体，生产自救，辅之以国家必要的救济"；改革开放使我国进入新的历史时期，1983 年，全国民政会议提出了"依靠群众，依靠集体，生产自救，互助互济，辅之以国家必要的救济和扶持"的救灾工作方针，2006 年，第 12 次全国民政会议明确指出"要坚持

'政府主导、分级管理、社会互助、生产自救'的救灾工作方针"。可见，我国救灾工作的指导思想是首先强调生产自救，同时加以群众互助和国家救助，这是由我国人口众多、灾害频发、生产力水平较低等具体国情所决定的。

（四）医疗救助

医疗救助是指国家和社会针对那些因为贫困而没有经济能力就医的公民实施专门的帮助和支持。它通常是在政府有关部门的主导下，社会广泛参与，通过医疗机构针对贫困人口的患病者实施的恢复其健康、维持其基本生存能力的救治行为。医疗救助有以下特点：（1）由于救助对象是贫困或优抚者之中的疾病患者，即贫病交加者，所以很容易得到社会尤其是慈善者的捐助。（2）由于救助对象是病人，救助途径必经医疗机构，因此，医疗机构的医术、服务、价格等因素会直接影响医疗救助资金的使用及救助效果等。医疗救助对象须同时符合以下条件：（1）须为贫困人口；（2）须为伤病患者；（3）须无力支付医疗费用。

疾病和贫困往往是共同存在的，有着较强的纽带关系。贫困人员由于营养不良、卫生环境恶劣、缺乏自我保健意识和医学常识、心理压抑和超负荷体力劳动等原因，非常容易患病。贫困人口看病难是我国现阶段比较突出的社会问题，因此，做好贫困人口的社会保障工作，也必须做好医疗救助工作，二者密不可分。同时，建立和完善医疗救助制度，解决贫困人群的医疗问题，是维护人民群众的切身利益和完善社会救助体系的重要举措。

（五）就业救助

就业救助是国家对最低生活保障家庭中有劳动能力并处于失业状态的成员，通过贷款贴息、社会保险补贴、岗位补贴、培训补贴、费用减免、公益性岗位安置等办法给予的救助。我国《社会救助暂行办法》规定："最低生活保障家庭有劳动能力的成员均处于失业状态的，县级以上地方人民政府应当采取有针对性的措施，确保该家庭至少有一人就业。"最低生活保障家庭中有劳动能力但未就业的成员，应当接受人力资源社会保障等有关部门介绍的工作；无正当理由，连续 3 次拒绝接受介绍的与其健康状况、劳动能力等相适应的工作的，县级人民政府民政部门应当决定减发或者停发其本人的最低生活保障金。吸纳就业救助对象的用人单位，按照国家有关规定享受社会保险补贴、税收优惠、小额担保贷款等就业扶持政策。

就业救助强调国家对就业困难人员的责任，经过一定的程序确定就业救助对象。就业救助与下岗职工基本生活保障、失业保险和最低生活保障制度不同，它是一项从根本上解决就业困难人员家庭困难的措施；它也与计划经济时期安置就业不同，而是通过财政、税收等政策扶持，既促进就业困难人员再就业，又减轻企业负担，降低企业人工成本，增强企业活力，促进经济发展。就业援助在不同的发达国家中具有不同的实践模式。英、美、日三国实施就业援助的经验，给我国推进就业救助制度改革提供了一些有益的启示：一是要发挥政府在就业援助服务宏观管理方面的作用；二是要加强失业保险的法制建设；三是要健全失业保险制度；四是要完善再就业培训体系。

（六）住房救助

住房救助是指政府向低收入家庭和其他需要保障的特殊家庭提供现金补贴或直接提供住房的一种社会救助项目。其实质和特点就是由政府承担住房市场费用与居民支付能力之间的差额，解决部分居民对住房支付能力不足的问题。

2014年2月21日，中华人民共和国国务院令第649号公布《社会救助暂行办法》。该《办法》关于住房救助的规定包括：

第三十七条　国家对符合规定标准的住房困难的最低生活保障家庭、分散供养的特困人员，给予住房救助。

第三十八条　住房救助通过配租公共租赁住房、发放住房租赁补贴、农村危房改造等方式实施。

第三十九条　住房困难标准和救助标准，由县级以上地方人民政府根据本行政区域经济社会发展水平、住房价格水平等因素确定、公布。

第四十条　城镇家庭申请住房救助的，应当经由乡镇人民政府、街道办事处或者直接向县级人民政府住房保障部门提出，经县级人民政府民政部门审核家庭收入、财产状况和县级人民政府住房保障部门审核家庭住房状况并公示后，对符合申请条件的申请人，由县级人民政府住房保障部门优先给予保障。

农村家庭申请住房救助的，按照县级以上人民政府有关规定执行。

第四十一条　各级人民政府按照国家规定通过财政投入、用地供应等措施为实施住房救助提供保障。

（七）司法救助

司法救助可称司法援助，又称诉讼救助，是指人民法院在诉讼中，通过对当事人缓交、减交或免交诉讼费用的救济措施，减轻或者免除经济上确有困难的当事人的负担，保证其能够正常参加诉讼，依法维护其合法权益的法律制度。

司法救助的方式，即人民法院实施司法救助时所采取的措施。救助方式的多寡与实现可能性大小决定着司法救助实现的广度与深度。但由于司法救助是由人民法院对弱者进行的一种保护，从法院的"中间裁判者"的法律地位和诉讼的"公正、平等"的精神实质分析，法院不可能对弱者保护得面面俱到，罗列弱者可能遇到的困难并针对其提出具体的救助措施，如果这样，弱者一方由于法院这个国家机关的支持，可能变成强者，双方当事人的地位会失衡。因此，我们有必要在设计司法救助的方式时把握好一个度，使本来地位失衡的当事人地位实质上接近平衡，不能"矫枉过正"。司法救助主要有以下几种救助方式：

（1）减、缓、免交诉讼费。这是司法救助的最基本方式。人民法院对经济确有困难的当事人给予诉讼费上的减、缓、免，使得经济有困难的当事人也能打得起官司，从而使诉讼权的平等保障成为真正意义上的平等保障。

（2）民事、行政案件中指定诉讼代理人。在民事、行政诉讼中亦可引入指定诉讼代理人的做法，在符合司法救助的条件下，可为当事人提供法律知识的司法救助，使其无论在"物质"上或"精神"上都不再匮乏。

（3）在决定胜诉与否的重要决定因素——证据的取得方面，在符合条件的前提下法院依职权调取证据也是可以纳入司法救助的方式。

（4）法官在诉讼当中释明指导。但法官的释明也要有度，要注意避免审判秘密的泄露。

（5）人民法院建议公安机关调查取证的方式。这是针对受害人为弱势群体的刑事自诉案件而言的。法律上赋予人民法院有权建议公安机关为弱势群体的刑事自诉案件调查取证。

（八）教育救助

教育救助是指国家或社会团体、个人为保障适龄人口获得接受教育的机会，在不同阶段向贫困地区和贫困学生提供物质和资金援助的制度。其特点是通过减免、资助等方式帮助贫困人口完成相关阶段的学业，以提高其文化技能，最终解决他们的生计问题。

我国义务教育阶段教育救助的对象包括：城乡低保家庭的学生；国有企业特困职工家庭学生；烈士子女、孤儿；困难家庭残疾学生；社会福利机构监护的学生；残疾人特困家庭子女；没有经济来源的单亲家庭子女；因受灾、疾病等导致不能维持基本生活家庭的子女。

中等职业教育阶段教育救助的对象包括：经市（州）及以上教育行政部门或劳动保障行政部门注册、取得中等职业教育正式学籍的中等职业学校全日制在校一、二年级所有农村户籍的学生和县（含县级市、农业区）镇非农户口的学生以及城市家庭经济困难学生（含城市残疾学生）。

高等教育阶段教育救助的对象包括：城镇低保特困家庭以及无收入来源和能力支付首次入学费用的家庭子女；农村家庭人均年收入在贫困线以下以及无收入来源和能力支付首次入学费用的家庭子女；因天灾人祸，家庭丧失劳动能力，失去生活来源的学生；家庭困难的烈属子女及没有经济来源的孤儿；残疾人特困家庭子女。

对于符合条件的义务教育阶段的救助对象减免学杂费，对其中特困家庭学生免费提供教科书。对特殊教育学校的学生减免学杂费，并免费提供教科书，对特困家庭住宿学生补助生活费。对于农村特别是西部贫困地区农村义务教育的资助，国务院提出了从2006年开始全部免除西部地区农村义务教育阶段学生学杂费，2007年扩大到了中部和东部地区。据统计，全国农村中小学每年可取消学杂费达150亿元，分摊到每名中、小学生身上，分别为180元和140元。

对于符合上面条件的高中教育阶段的救助对象，由学校根据实际情况对符合上述条件的学生进行资助，资助标准原则上不超过计划生学费标准，对特殊困难的学生可适当补助生活费。

对于非义务教育阶段也就是普通本科高校、高等职业学校和中等职业学校家庭经济困难学生的救助，目前，形成了以国家奖学金、国家励志奖学金、国家助学金、国家助学贷款、师范生免费教育、勤工助学、学费减免等多种形式并存的高校家庭经济困难学生资助政策体系。如，国家助学金由中央和地方政府共同出资设立，主要资助学生的生活费开支，资助标准全国平均为每生每年 2000 元。

教育救助的作用体现在：

（1）具有很强的反贫困功能。无论是对个人还是国家，教育都是减轻甚至消除贫困的最有效方法之一。人力资本不足的个人因为受教育程度低、工作能力差、就业经验不足，往往会削弱其在劳动力市场的竞争力。因此，消除贫困应以提升贫困人口的人力资本为主，提供经济支援和医疗救助等现金支持、职业训练或就业辅导的服务支持来补充贫困家庭的收入不足，并增进家庭中个人的人力资本，促进其脱贫自立。

（2）体现了教育公平。由于教育能够显著地改善人的生存状态，增进社会公平，因而被视为实现社会平等"最伟大的工具"。许多国家的法律都明确规定公民享有教育机会均等的权利，接受教育已经成为现代社会公民的基本人权。

（3）促进国民经济发展。一个国家的经济要发展，归根结底需要高素质的国民。此处国民不仅仅指社会精英，而是全体公民；素质则是指包括技能在内的文化素质和各种能力的提高。然而，随着经济的发展，贫富差距将扩大，这就意味着每个公民在接受教育的机会上并不是完全平等的，弱势群体急需教育救助。只有社会整体素质提高了，国民经济才能够可持续发展。

（九）临时救助

国家对因火灾、交通事故等意外事件，家庭成员突发重大疾病等原因，导致基本生活暂时出现严重困难的家庭，或者因生活必需支出突然增加超出家庭承受能力，导致基本生活暂时出现严重困难的最低生活保障家庭，以及遭遇其他特殊困难的家庭，给予临时救助。临时救助制度的建立，对遭遇突发事件、意外伤害、重大疾病或其他特殊原因导致生活陷入困境，其他社会救助暂时无法覆盖或救助之后基本生活仍有严重困难的家庭或个人，给予应急、过渡性救助，做到兜底线、救急难，填补社会救助体系"缺项"。临时救助实行地方政府负责制，救助资金列入地方预算，中央财政给予适当补助。引导大中型企业、慈善组织等设立公益基金，发挥好社会服务机构、志愿者的积极作用。

（十）社会力量参与

国家鼓励单位和个人等社会力量通过捐赠、设立帮扶项目、创办服务机构、提供志愿服务等方式参与社会救助。社会力量参与社会救助，按照国家有关规定享受财政补贴、税收优惠、费用减免等政策。县级以上地方人民政府可以将社会救助中的具体服务事项通过委托、承包、采购等方式，向社会力量购买服务。社会救助管理部门及相关机构应当建立社会力量参与社会救助的机制和渠道，提供社会救助项目、需求信息，为社会力量参与社会救助创造条件、提供便利。

政府在鼓励引导社会力量参与社会救助中要做好四项工作：一是完善社会力量参与社会救助的优惠政策，对社会力量参与社会救助工作起到鼓励和引导作用，使社会力量参与社会救助工作能够享有财政补贴、税收优惠和费用减免等政策；二是发展政府向社会力量购买社会救助服务，通过委托、承包、采购的方式，把适合社会力量提供的社会救助服务转移给社会力量承担；三是建立健全社会救助机构和社会力量参与社会救助工作的信息对接、项目发布的工作联系机制，形成政府和社会力量的有机结合；四是培育承接主体，积极发展能够参与社会救助工作、提供社会救助服务事项的社会组织，提高其承接能力。

五、我国现行社会救助体系存在的问题

（一）社会救助法律不够完善

目前我国社会救助立法还停留在条例、办法、决定和通知的层次，没有出台统一的、系统的社会救助法，与其相配套的单项救助法律也相对贫乏，尚未形成完善的社会救助法律体系。这使得我国社会救助工作在很大程度上依赖于地方政府决策或领导个人决策，存在着不规范性、政策不连续性等弊端，社会救助的制度化建设比较滞后。从国外的立法实践来看，社会救助立法是给予优先考虑的，如英国在 1601 年就颁布了世界上第一部《济贫法》，美国在 1935 年颁布并实施了《社会保障法》。社会救助立法是国家的一项重要工作，只有通过国家立法，才能使社会救助工作有法可依、顺利开展。

（二）社会救助资源的供需矛盾仍然突出

近年来，我国社会救助支出逐年增加，但其占国家财政支出的比例仍然偏低，供需矛盾依然突出。城乡低保制度在实施中面临较大的资金支付压力，部分城市低保标准偏低，不能满足分类施保的要求。医疗救助、教育救助、住房救助等困难群体急需的专项救助资源严重不足。仅靠以政府财政投入为主体的救助资源，对社会救助工作来说还有相当大的缺口。

（三）社会救助管理各部门协调合作度不高

社会救助工作内容多，涉及多个职能部门，既有民政、教育、卫生部门实施的救助，也有劳动、司法、工会、共青团、妇联、计生等部门提供的救助。但各部门在具体实施救助时，往往以部门为单位各自为政，缺乏信息的沟通和标准的统一。而且各部门救助的时机不一致，救助的额度随意性较大，不可避免地造成漏救和重复救助，导致救助资源浪费。

（四）社会救助资源利用效率不高

救助资源是社会救助体系的物质基础，缺少充分的资源保证，救助体系就不能发挥实际效用。救助资源包括政府救助资源、社会救助资源、个人救助资源等，现阶段我国应用的救助资源大多还停留在政府救助资源板块，政府资源相对贫乏，还有部分人员认为救助工作只是政府的工作；某些社会组织出现负面新闻，社会救助资源的筹集量等相对减少，人们对社

会组织的信任度有所降低，导致社会救助资源停留在个人或单位手中，没有更好地发挥其应有的作用。

（五）社会救助专业性不够强

社会救助源于对贫困者的帮助和施舍，在我国的社会救助中，也存在着一些不好的现象，比如救助者与被救助者地位失衡，双方对救助工作认知有偏差等，导致社会救助工作无法顺利展开，被救助者的生活质量也难以提升。

社会救助不是政府或其他救助人员的施舍，也不是被救助者索取物质资源。要更好地促进社会救助的良性运作，必须正确树立社会救助的价值观，正确地应用救助的方法，所以必须采取专业救助。

六、进一步完善我国社会救助体系的基本思路

（一）完善我国社会救助体系的基本理念

社会救助基本理念是为需要救助者提供物质帮助，以保障其基本生活需求。这种救助理念是把受救助者看成是被动的、消极的、单向的、唯一物质性的接受者，把受救助者置于被救助的位置，忽视了受救助者本人的意愿及改变其现状的内在主动性和积极性。社会救助体系必须把社会工作的以人为本、助人自助理念作为新型社会救助体系的基本理念，重点促进变消极救助为积极救助，要注重受救助者的能力提升、资产建设与资本积累，并培育其公益意识，倡导自强、参与、发展与分享改革成果的社会救助理念。运用专业的社会工作方法，从生理、心理及社会层面，着重应用他助和自助相结合的，以受救助者的精神激励和能力培养为主的救助。新型社会救助体系的基本理念为：从补救型救助到预防型和发展型救助。传统的救助一般是消极意义上的事后补救性措施，不能从根本上解决被救助者的贫困状况。造成贫困的原因具有多方面因素，解决贫困的手段和措施也有多种方式，其重点是改变社会救助的基本理念，即从消极、单一的补救型社会救助向积极、多元的预防型、发展型社会救助转变。把社会救助看作是预防社会问题和发展型福利的有机组成部分，提高社会救助水平，把社会救助与人的发展和社会发展结合起来。

发展型救助是一种较高层次的福利目标追求。卡恩和罗曼尼克因认为，应该从更为广泛的意义上来讨论社会福利，这就是发展型社会福利（Developing Welfare）。即使是制度性社会福利的观点，也仅仅是把社会福利作为预防或矫正社会问题的制度，而发展型社会福利的观点，则是要求社会建立起一套旨在提高人们的生活质量和满足人类发展需要的福利制度，而不仅仅是去解决社会问题。1968 年，联合国第一届国际社会福利部长会议在纽约召开，其最为重要的议题就是认识到并强调发展型社会福利的观点，认为发展型社会福利的原则和目标是以提高全民生活水准来加强人类福利；确保社会正义及公平分配国家的财富；增强人们的能力，以便更好地参与健康、教育和社会发展。1979 年，联合国经济及社会委员会通过了加

强发展型社会福利政策活动方案，重申了发展型社会福利这一新理念，并制定了相关的实施战略。发展型福利超越了具体福利实施方法设计，避开了社会福利是剩余性还是制度性的操作性理念争论，把福利定义为人类永恒追求的目标，把社会福利包括社会救助和社会发展与人类进步联系起来，这是当代社会发展的核心指标和重要的目标追求。

从单纯物质救助到多元化救助，传统的社会救助对象往往是三无人员和少数特殊人群，救助内容和救助方式往往以单一的现金和实物为主，其基本理念或目标是维持这些人的基本生存。随着社会转型时期社会问题和社会矛盾的日益凸显，人们在救助实践中逐渐认识到，仅靠单纯的物质救助并不能从根本上解决贫困问题，更不能改变被救助者自身的能力，因而，必须改变基本救助理念和基本目标，把单纯的物质救助发展成为多元化救助，如精神救助、能力救助、权利救助等新的救助类型。在保证被救助者基本生活的同时，注重人的发展，变输血为造血。例如：日本的公共扶助政策以国家的税收为财政来源，是整个社会保障体系的最后一道防线。第二次世界大战后，日本逐步将社会救助政策由扶贫转变为防贫，重视帮助被救助者自立，救助范围扩展到教育和住房领域，呈现出多元化趋势。

从微观层面救助到宏观层面救助，社会救助涉及社会、经济、文化以及政治等各个领域，是横跨多领域的一种综合性机制，这就决定了社会救助本身具有复杂性和多样性的特征，也决定了社会救助是横跨社会、政治、经济、管理、人口等多个领域的宏观制度。微观层面主要是指对于具体救助对象实施的救助，宏观层面则包括整个社会救助的理念、社会救助政策的制定、社会救助的管理等方面的协调和提升。最早的救助是教会或者慈善人士主办的，一般是零星、不成体系的，往往从贫困者个人的微观角度解决贫困；现在的反贫困政策则关注宏观层面和微观层面的共同发展。从宏观层面推行社会救济，是大多数国家的通行做法。通过社会救助，保障个体的生存和尊严，达到救助贫困、实现社会团结、促进社会公平的目的。

（二）完善我国社会救助体系的具体思路

完善我国社会救助体系需要参照国际社会已有的先进经验，结合我国国情，针对我国现有的社会救助体系现状，其具体思路有以下几个方面：

1. 完善社会救助制度立法

从国外社会救助发展历史经验看，社会救助立法在社会保障的各项立法中是最为基本的，不少国家的社会保障法都是从社会救助法发展而来的。在我国，如果要充分发挥新型社会救助体系在社会保障中的突出作用，就必须尽快推动社会救助法及专项救助法律的出台，对社会救助的实施主体、对象、标准、范围、期限、条件、监督、责任、义务等方面进行规范，使救助工作有法可依、有章可循，从而保证社会救助公开、公平、公正，发挥社会救助工作的最后一道防线的兜底功能。我国的社会救助法已经通过征求意见稿的方式在酝酿之中，相信会很快颁布实施，促进我国社会救助的法制化运行。

在立法的同时，还必须强调建立救助制度的实施机制，尤其对社会救助实施过程进行严格监督，包括对社会救助机构及其从业人员的监督、对救助资金与实物管理的监督、对社会救助的公正度进行监督、对社会救助的效益进行监督等。另外，要通过立法确认陷入困境的公民的受救助权，认真倾听救助对象的声音，鼓励他们通过各种形式参与到社会救助工作过程中去，包括加强救助对象的自我组织。事实上，这种主动参与和组织的过程，不仅有利于社会救助体系的完善，而且有利于救助对象自身的能力建设。

2. 建立社会互助机制，促进社会救助社会化

就我国目前经济发展水平而言，政府不可能包揽所有的社会救助资金，任何社会福利政策在对象覆盖范围上都有一个临界点，在福利项目设置上都有一个限度，不可能照顾到所有对象的个体需求，对于接近政府救助临界线的边缘群体，需要挖掘社会资源加以解决。救助工作的社会化是在欧美发达国家的救助历史中逐渐形成的，它代表着现代社会救助的发展方向。因此，政府应积极支持社会力量参与救助事业，创造条件开发社会救助资源，推进非政府组织和社会成员之间的社会互助，形成以政府为主导、非政府组织为补充的多层次立体式的社会救助体系。

第一，完善经常性社会捐赠体系。相对于财政税收机制而言，该体系可以看作是非正式的互助机制。要形成公众捐赠的激励机制，充分发挥捐赠款物的救助作用；对社会捐赠实行免税或允许税前列支，以促使高收入阶层关注慈善事业。

第二，借鉴发达国家和地区的经验，通过政策杠杆的作用，引导社会力量自觉参与社会救助活动，扶持非政府组织的发展，为他们的发展壮大提供良好的法律政策环境和社会环境。国外经验表明，有资质的、专业的民办社会服务机构的服务，要比政府直接提供救助服务更加有效。

第三，各级政府应鼓励和支持社会公益事业的发展，积极倡导机关、企事业单位、社区、个人开展扶贫济困及社会服务活动。

第四，要在全社会范围内倡导社会互助，提倡我为人人、人人为我的互助理念，形成关注弱者、救助穷人的社会氛围。

3. 突出社会救助主体，构建一体化社会救助管理体制

目前我国社会救助制度的实施往往涉及多个部门，不同层级、不同地区的政府部门在联合开展救助工作时难免会产生矛盾，因此，建立新型社会救助体系，就必须建立与之相适应的统筹协调机制、沟通顺畅的现代管理体制。在我国，国务院民政部门主管全国的社会救助工作，财政、教育、卫生、住房和城乡建设等部门在各自职责范围内管理相应的社会救助工作。县级以上地方各级人民政府有关部门在各自职责范围内管理本行政区域的社会救助工作，这就明确了民政部门及其他相关职能部门在社会救助中的职责。新型社会救助体系是复杂的系统工程，不仅包括物质救助，还包括精神救助、能力建设等，涉及多方面的资源调动和工作协调，为此，还需要明确劳动部门、工、青、妇、残联等社会团体的职责，协调各部门、各种社会力量的救助工作，建立健全由政府、社会组织、社区、家庭和个人构成的服务网络，

完善政府宏观管理、社会力量主办、福利机构自主经营的管理体制。

4. 形成社会救助资源的配置机制，提高救助资源利用效率

救助资金是社会救助体系的物质基础，缺少充分的资金保证，救助体系就不能发挥实际效用。要确保社会救助经费的稳定投入，保证各项救助政策的落实，提高社会救助资源的配置效率，就必须形成社会救助资源的配置机制。首先设计一个能够对各级地方财政的支付能力进行如实评估的指标体系，以这个指标体系为基准，对各级地方财政，尤其是基层（区、县）财政的支付能力进行评估，评估的结果作为社会救助资金分担或配套的依据。其次需要通过操作部门的自我监督、人大政协的监督、社会的监督，保证社会救助经费的透明运作。最后进一步加强捐赠款物的管理和使用，最大限度地发挥其社会效益。通过畅通的渠道使一些闲置不用但潜力较大的资源在贫困家庭得到充分使用。

5. 应用社会工作的价值观、方法与技巧介入社会救助工作

社会工作对于社会救助的意义在于它的价值观和科学方法与技巧，坚持社会工作的价值观，运用社会工作方法与技巧，能够更加贴近救助对象，了解其需要并为其服务，从而取得更好的救助效果。现行政府职能部门的救助工作虽然也具有服务性质，但总体上看更立足于管理。现代社会救助工作强调以人为本和服务的理念，因此社会工作的价值观与方法对更好地开展社会救助具有积极的意义，一些地区流浪儿童救助保护工作的经验就证明了这一点。我国的新型社会救助体系无论是在社会行政方面还是在具体服务方面，都应该进一步吸收社会工作的方法，政府部门也应意识到这一点，对社会救助人员进行社会工作培训也是十分必要的。

建构现代社会救助新体系，保护社会弱势群体的权益，帮助社会弱势群体摆脱生存危机，是一个文明社会的基本要求。我国宪法、残疾人保障法、老年人权益保障法、儿童权益保障法等一系列法律，都明确规定了公民有从国家和社会获得物质帮助及其他形式援助的权利。随着政府职能的转变，运用社会政策维护社会公正，努力消除贫困和不平等现象，建构一个更加完备的、确保每一个公民最基本的生活需求和尊严的新型社会救助体系，既是实现社会公正的必要途径，也是维护社会稳定的需要，是我国现行社会保障体系中的基础性工程和最后一道安全网。

第二节　社会救助管理

社会救助管理随着社会保障制度和社会救助制度的建立而诞生，是现代社会管理专业化分工的必然产物。它不同于一般的生产管理，而是一种社会事务管理和社会政策管理，致力于提供公共服务和产品。在市场经济条件下，作为政府的一项基本社会管理职责，社会救助

管理主要依靠构建一整套健全完备的管理体制，借助多样化的管理手段来实现。

一、社会救助管理的含义及内容

社会救助管理，是由国家和政府以及社会组织根据国家的政策与法规，通过一定的机构与程序，采取一定的方式、方法和手段，对各种社会救助事务进行计划、组织、协调、控制与监督的过程。社会救助是一项非常庞大的工程，需要方方面面、各个部门的共同努力，需要一个能科学运作、富有效率的管理体系。由于我国社会救助体系尚在不断完善之中，一些社会救助内容甚至尚在试点阶段，结合我国实际，社会救助在管理上需要重点做好以下几个方面的工作。

（一）强化政府的主体地位

社会救助对象是社会最为贫困的群体，可以说，没有政府和社会的救助，他们就无法生存。因此，保障他们的基本生存权是政府义不容辞的责任。目前，我国政府在一些救助项目方面的主体作用发挥不够。要强化政府在社会救助组织、管理、监督和财政投入等方面的主体作用，逐步形成政府投入为主、集体补助为辅、社会共同参与的救助机制。

（二）建立科学的管理机制

可实行普遍性和专门性相统一的社会救助双层体系，将社会救助对象分为两个层次：一是救助对象为城乡所有贫困者，为因各种原因而陷入贫困者提供救助，以涉及面广为特征，有普遍性特点；二是救助对象为已经完全丧失劳动能力、没有家庭收入和其他收入来源的人，以受益对象的专门性为特征，具有专门性特点。这样划分，既能对所有贫困者进行救助，又能对特困人员进行重点救助。

（三）建立起规范的社会救助款物管理机制

各级政府要建立社会救助基金，强化财政预算，加大财政投入，增强社会救助的资金保障能力；社会救助资金要实行专户管理，确保资金不被挤占、挪用、贪污等；在资金的发放上，引入民主决策机制，由群众代表评定困难户，提高资金发放的透明度，防止优亲厚友等问题的发生；进一步探索和完善低保金社会化发放途径，推广由银行、邮局等网点发放低保金的做法；做好政府有关职能部门、社会舆论和新闻媒体对社会救助资金的监督工作。

（四）加大社会救助工作的科技含量

建立比较完善的贫困指标监测和评估网络，运用现代技术手段，经过严格的家庭收入调查和计算，准确核实贫困家庭的经济状况和实际生活水平，制定科学的最低生活保障线和救助标准，为准确实施社会救助提供保障。建立灾害管理系统和救灾辅助决策支持系统，制定灾害评估、统计、紧急救援办法，探索灾情科学预报、评估，合理分配救灾款物的新途径，不断提高灾害救助的科学化管理水平。

（五）建立有效的社会支持体系

对属于贫困中的人员，单靠政府救助解决不了他们的所有困难，必须发动社会力量，开展社会帮扶活动，为他们提供必要的服务。政府在社会救助对象就业、职业培训、自谋职业等方面制定优惠政策；积极引导、鼓励慈善团体等非营利组织参与社会救助工作；组织、提倡开展多种形式的帮扶解困活动，如社区救助服务、志愿者活动、扶贫济困送温暖活动等。发动社会力量搞好救助对象在医疗、教育、住房、司法援助等方面的专项救助。在教育方面，通过减免学杂费、提供奖学金、教育贷款和勤工俭学等方式，解决贫困家庭学生的上学问题；在医疗方面，建立起专门服务于贫困群众的医疗补助、费用减免制度，确定医疗救助定点医院，确保他们能够获得最基本的医疗服务；在居住方面，要通过实施"安居工程"，为贫困群众提供廉价住房、廉租住房，使其居有住所；在司法救助方面，认真落实法律、法规和政策，为贫困群众提供法律服务，并免收、减收费用，切实维护其合法权益。通过社会各方面的支持，筑起一道牢固的社会安全网。

二、社会救助管理原则及手段

（一）社会救助管理原则

实现社会救助管理的公正性、积极性和高效性，是社会救助制度能否可持续发展并不断完善的关键。基于社会救助制度服务对象的特殊性，以及社会救助中工作量大、内容复杂等实际情况，社会救助管理中应遵守以下几个基本原则：

1. 法制原则

社会救助是通过国家立法和行政手段推行的，具有鲜明的强制性和法制性。社会救助制度在各个环节上都理应由相关法律、法规和政策约束，在具体的落实推行过程中还应该存在公开的社会监督。社会救助管理体制的法制性原则主要表现为：社会救助管理机构和管理职位的设置，要依据相应的法律、法规，做到依法设置，并且对责、权、利做出严格而明确的规定，防止"有事有职但无人"或者"有职有人但无事"的发生，同时也可以防止组织之间、个人之间权责不清、相互推诿。既可以避免因为管理职责的混乱而导致社会救助制度运行中出现非正常状态，也能确保社会救助管理的权威性。

2. 公正公开、效率原则

社会救助管理体制的公正性，即指社会救助管理机构既要负责社会救助制度的运行，又要维护社会救助制度的公正。它应当严格依法保护社会贫困人群的社会权益，做到在法律面前人人平等；在解决社会救助纠纷时，要以事实为依据，以法律为准绳，做到不偏不倚。

社会救助管理体制的公开性，即指面向社会成员公开社会救助机构及其职责，增强社会救助管理的透明度，确保社会成员在社会救助方面的知情权。坚持该原则有利于明晰自身的社会救助权益和化解社会救助过程中出现的纠纷和冲突。

社会救助管理体制的效率性，是指效率是社会救助管理最主要的目标之一，它包括管理机构职责分明，政令统一，管理成本的最低化和管理资源的最优配置。

3. 统一领导，分级管理原则

社会救助制度追求的目标是社会稳定与社会公平，主要通过在一定区域内设机构来完成项目实施任务，实现的也是一定区域内社会成员之间的共济或互济互助。在当今世界绝大多数国家，中央政府制定统一的社会救助法律和法规，然后由当地的社会救助管理机构负责管理和监督。在我国则具体表现为，中央和地方要划分各级预算收支的范围，确定各自的职责和权限，实行分级管理，层层负责，即每一级政府都应有相应的一级预算保证足够的财政支持来实现救助职能。

（二）社会救助管理手段

社会救助作为国家社会政策的重要内容，管理任务艰巨，管理内容复杂，因此，必须综合运用各种手段，主要有：

1. 法律手段

国家通过制定、颁布有关社会救助的法律法规来达到管理的目标，这一手段具有规范性、强制性、稳定性等特点，它是国家意志的体现。

2. 行政手段

通过国家主管社会救助工作的职能部门——民政部以及财政、审计、监察等部门的日常管理，来确保国家社会救助法律、法规、方针、政策的贯彻实施，它以社会救助法律、法规为依据，亦可在法律的规范下制定具体的社会救助政策，作为具体操作的依据。

3. 经济手段

运用经济杠杆，如财政补贴、税收减免、扶贫开发、社会化筹资、扶助民间社会救助机构等来达到调节的目的。

4. 民主管理

让群众评议、群众监督，如低保对象、特困供养对象的评定需要由群众评议、张榜公布等。

三、社会救助管理机构

社会救助管理机构是指负责社会救助法令、规章的贯彻监督和审查，维持社会救助制度正常运行而设立的权力和办事机构。社会救助事务纷繁复杂，需要较高的专业水准和技术水平，因此必须设置相应的管理机构来负责和指导。在市场经济条件下，社会救助管理机构是政府管理机构中必不可少的重要组成部分。目前我国社会救助管理部门及工作职责主要设置如下。

（一）国务院民政部门及相关政府部门的社会救助职责

社会救助是国务院民政部门的一项重要职责。《国务院办公厅关于印发民政部主要职责内设机构和人员编制规定的通知》（国办发〔2008〕62号）规定，国务院民政部门牵头拟订社会救助规划、政策和标准，健全城乡社会救助体系，负责城乡居民最低生活保障、医疗救助、临时救助、生活无着人员救助工作。实践中，国务院民政部门积极探索加强和改进社会救助管理体制和运行机制的政策措施，不断健全完善社会救助制度体系，注重各项救助制度之间的有效衔接。由国务院民政部门负责统筹全国社会救助体系建设，既是民政部职责的需要，也能够最大限度地实现社会救助资源统筹，提高救助效率，推动社会救助事业科学、健康发展。

同时，社会救助又是一项涉及多项具体救助制度的综合性救助制度体系，包括最低生活保障、特困人员供养、受灾人员救助、医疗救助、教育救助、住房救助、就业救助、临时救助八项具体救助制度，涉及民政、卫生计生、教育、住房城乡建设、人力资源社会保障多个政府部门。国务院各有关部门应当各司其职、分工负责、协调配合、齐抓共管，共同推进社会救助体系建设。

（二）县级以上地方人民政府民政部门及相关政府部门的社会救助职责

县级以上地方人民政府民政部门及相关政府部门，负责本行政区域内社会救助的政策制定及管理服务工作，具体工作职责如下：

（1）县级以上地方人民政府民政部门负责统筹本行政区域内的社会救助体系建设，具体负责最低生活保障、特困人员供养、医疗救助、临时救助的政策制定、审批及日常管理等工作。负责定期核查获得最低生活保障家庭的人口状况、收入状况、财产状况；发生自然灾害时，负责核实本行政区域内居民受灾情况，确定住房恢复重建补助对象，并发放救灾资金、物资，组织开展灾后住房恢复重建等工作；根据申请或者已获得社会救助家庭的请求、委托，通过户籍管理、税务、社会保险、不动产登记、工商登记、住房公积金管理、车船管理等单位和银行、保险、证券等金融机构，代为查询、核对其家庭收入状况、财产状况；负责建立申请和已获得社会救助家庭经济状况信息核对平台。

（2）县级以上地方人民政府住房城乡建设部门负责本行政区域内住房救助的政策制定、审批及管理等工作。

（3）县级以上地方人民政府卫生计生部门负责本行政区域内疾病应急救助的政策制定、基金管理、审批等工作。

（4）县级以上地方人民政府教育部门负责本行政区域内教育救助的政策制定、日常管理等工作。

（5）县级以上地方人民政府人力资源社会保障部门负责本行政区域内就业救助的政策制定、实施及日常管理等工作。

（6）县级以上地方人民政府财政部门、审计机关负责对社会救助资金、物资的筹集、分配、管理和使用实施监督。

（三）社会救助的受理渠道、调查审核单位

《社会救助暂行办法》规定，有关社会救助的申请受理、调查审核由乡镇人民政府、街道办事处负责，具体工作由社会救助经办机构或者经办人员承担。乡镇人民政府、街道办事处，负责社会救助的申请受理，是指乡镇人民政府、街道办事处负责接受困难群众提交的社会救助申请。为此，乡镇人民政府、街道办事处应当建立统一受理社会救助申请的窗口，及时受理、转办社会救助申请事项。

乡镇人民政府、街道办事处，调查审核社会救助申请，是指乡镇人民政府、街道办事处负责通过入户调查、邻里访问及信函索证、群众评议、信息核查等方式，对申请最低生活保障、特困人员供养、医疗救助、临时救助以及其他社会救助的困难群众的家庭收入状况、财产状况等进行调查核实。

《社会救助暂行办法》规定，乡镇人民政府、街道办事处应当成立社会救助经办机构，或者指定社会救助经办人员承担具体工作。关于社会救助经办机构，有条件的地区，应当单独成立经办机构，条件不具备的可以依托民政所、社会保障所、社会事务办公室、公共服务中心等机构。

社会救助的申请受理、调查审核由乡镇人民政府、街道办事处负责，一方面有利于方便人民群众，解决困难群众"求助有门"的问题，体现以人为本的理念，另一方面，乡镇人民政府、街道办事处是最基层的行政机关，与人民群众接触最为密切，由其调查审核申请人的家庭收入状况、财产状况，提出初审意见，既能够保证调查审核工作的效率，也能够确保调查审核结果的准确性。

（四）村民委员会、居民委员会的职责

在我国，农村村民委员会、城市居民委员会，是群众自我管理、自我教育、自我服务的基层群众性自治组织。作为群众自己的组织，村民委员会、居民委员会与村民、居民接触最直接、最密切，最了解困难群众的需求。村民委员会、居民委员会协助做好社会救助工作，既是社会救助工作的内在要求，也是村民委员会、居民委员会的职责所在。村民委员会、居民委员会的具体协助事项包括：接受有困难的申请人的委托，代为提出社会救助申请；协助乡镇人民政府、街道办事处做好邻里访问、信函索证、群众评议等工作；发现特困供养人员不再符合供养条件的，告知乡镇人民政府、街道办事处等。需要注意的是，在代为提出社会救助申请时，村民委员会、居民委员会仅是"转交"角色，无权截扣申请人的社会救助申请。

四、社会救助资金管理

（一）社会救助资金及性质

社会救助是社会保障的一个重要组成部分，它用于满足未被社会保险和社会福利覆盖的社会成员的所有保障需要。社会救助资金，也称社会救助基金，是国家为实施社会救助，通过财政、税收、募捐等国民收入再分配手段集中起来的一部分经济资源的货币形态。具体来说，社会救助资金是为实施最低生活保障、特困人员供养、灾害救助、医疗救助、教育救助、住房救助等各项社会救助制度，通过法定的程序，以各种方式建立起来的，用于特定目的的货币资金。

明确社会救助资金是建立社会救助制度的基础，是实现社会救助政策目标的物质保证。与社会保障系统的社会保险资金和社会福利资金相比，社会救助资金具有多样性、复杂性、基础性、应急性等特征，它的各个组成部分的性质也不尽相同。但从其来源和应用看，社会救助资金属于财政资金的范畴。从来源看，社会救助资金的绝大部分来源于国家财政和地方财政拨款，即使是通过社会捐赠、社会互助、社会慈善等渠道筹集的资金，通常也要纳入社会救助财政专户进行管理；从应用看，社会救助资金用于为全体国民提供保障基本生活的公共物品，而公共物品的责任主体只能是国家。社会救助资金属于财政性资金的理由主要有：

（1）社会救助资金是以国家为主体筹集和使用的，是国家参与国民收入再分配的形式，而财政正是凭借国家的权力并以其为主体对国民收入进行的一种分配。因而，社会救助资金属于财政性资金。

（2）社会救助资金来源于国民收入分配和再分配，对国民收入分配和国家财政收支平衡影响甚大，国家财政必须从宏观上加以调控。

（3）从西方经济发达国家的经验看，绝大多数国家都将社会救助资金视为一种财政性资金，采取在财政预算中安排和组织社会救助基金的办法，使之成为重要的财政宏观调控手段。

（二）社会救助资金的来源渠道

作为一项以保证贫困人口的基本生存权利为主旨的社会保障制度，绝大多数国家的社会救助资金主要由政府财政来承担。但在福利多元主义思想和全球福利发展的潮流主导下，一些国家强调政府福利的重要性的同时，提倡家庭、社区、社会团体、企业，包括个人都要成为社会保障资金的提供方。在社会救助领域，在强调国家承担社会救助主体责任的同时，也要实现社会救助主体的多元化，广泛发动社会力量。从目前我国的情况来看，社会救助资金主要来源于国家财政拨款、社会筹集、信贷扶持和国际援助。

1. 财政拨款

财政拨款是社会救助基金来源的主要渠道，它包括中央财政拨款和地方各级财政拨款。目前，地方财政拨发社会救助款的比例有增大的趋势。国家财政拨款分定期定量救助和临时性、应急性救助两类，此外，还包括财政扶贫资金。财政扶贫资金是指国家财政部门无偿拨付的，用于扶贫的专项转移支付资金，其目的是使特定的人口摆脱贫困，以获得基本的生产条件与发展权利，具有公共性特征。

2. 社会筹集

我国改革开放以来，通过社会各方筹集社会救助基金的形式得到了很大发展，这项资金在社会救助基金中占的比重不断增大。社会筹集的主要形式有：（1）募捐。即由社会团体或个人无偿捐赠的款物，有的是直接向受灾地区或贫困地区捐赠物资或现金，有的是捐赠给各种救灾扶贫经济实体、救灾扶贫互助储金会、敬老院、福利院等。（2）乡镇统筹。主要指农村由乡镇统一筹集粮款，供养五保户。（3）扶贫经济实体和社会福利企业享受的免税待遇和利润分成。（4）救灾扶贫互助储金会的储金。我国救助事业进入政府全面推进阶段，广泛开展了经常性的社会捐助，积极推进社会捐助经常化、规范化和捐助形式多样化。全国各地建立起大量的经常性的社会捐助工作站，基本形成覆盖全国城市的社会捐助网络。

3. 信贷扶持

通过金融部门筹集融通资金，发放低息或贴息优惠贷款，支持贫困地区经济开发，扶持贫困户发展生产。扶贫贷款项目主要从当地扶贫开发项目库中由农业银行自选选择，项目由当地扶贫开发领导小组成员单位根据当地实际情况推荐，经当地扶贫开发领导小组确定纳入扶贫开发项目库。项目待定后，由农业银行根据"放得出、收得回、有效益"的原则，自主经营决策。扶贫贷款支持的重点放在农业产业化企业，把分散的农户与外面的大市场连接起来，同时改善贫困地区的基础设施，进一步提高农民素质。

4. 国际援助

我国接受多、双边援助，是从救灾领域开始的，而且是伴随着改革开放的步伐发展起来的。到21世纪初，我国共接受国际多、双边援助近56亿美元，实施了1000多个项目。这些项目涉及扶贫救灾、工业技术发行、农业、林业、畜牧业、教育、医疗卫生及艾滋病防治等众多领域，其中的援助资金用于我国中西部地区的发展。

总体来说，社会救助基金实行多渠道、多途径筹集。各地应充分意识到社会的力量，鼓励社会团体和公益性组织参与到社会救助中来，更应该为其提供良好的法律环境、政策环境和社会环境。这样也大大地扩展了社会救助基金的来源渠道，很好地解决了资金筹集的问题。

（三）社会救助资金使用的原则

社会救助资金和物资受法律保护，任何单位或个人无权挪用、侵吞和挥霍。在社会救助基金的使用中，应严格按照政策规定的救助范围、标准发放。发放中一般要经过个人申请——救助机构调查——救助机构审核批准等一整套法定程序，规避弄虚作假、平均主义和优亲厚友等违法违规的行为。

1. 专款专用和重点使用原则

救助资金的专款专用是指救灾款只能用于救灾，五保粮款必须用于对五保户的救助，扶贫资金一定要用于扶贫等。各种社会救助款物，不能搞平均分配，要分清轻、重、缓、急，把有限的救助款物用在最急需者身上。对平均发放、滥支挪用、干部多占、徇私舞弊等现象必须切实加以纠正；对于贪污、盗窃、私分社会救助经费或各种救灾救济捐赠款物的，除必须追回被贪污、盗窃、私分的款物外，还应依法严肃处理。情节严重者须追究责任者的刑事责任。

2. 无偿使用和有偿使用相结合

把救助款物无偿地发给被救助者，是社会救助最主要的使用方式。但是，这种被动的输血型救助方式在一定程度上不利于调动救助对象自力更生、生产自救的积极性。有偿使用方式是把社会救助款中的一部分以低息或无息方式借贷给救助对象，扶持发展生产，限期使用，到期收回，周转使用。社会救助资金中的扶贫周转金、信贷扶贫款、互助储金会储金等的使用，都是采取有偿使用方式，被誉为造血式救助方式。

3. 分散使用与集中使用相结合

社会救助资金直接发放至救助者手中，单独使用，用于救助对象吃、穿、住、医等基本生活需求的被称为分散使用方式，社会救助资金一般都是采用这种方式。将社会各方面筹集起来的社会救助款捆在一起，集中用在扶贫地区或贫困户发展生产上，被称为集中使用方式。

（四）社会救助资金的使用

社会救助资金按其发放形式，可分为现金救助和实物救助以及以工代赈等。

1. 现金救助

现金救助是国家或社会救助机构以发放现金的形式，帮助社会成员摆脱生活困难。现金救助源于古代的赈银救荒，在当代社会则表现为社会救助的主要形式，其特征是直接给被救助者发放现金，由被救助者根据自己的实际困难安排使用。在实际工作中，采用现金救助手段的主要是针对定期救助对象和部分临时救助对象。

2. 实物救助

实物救助指国家或社会救助机构以发放实物的形式帮助社会成员解除生存困难。实物救助的特征是不直接给被救助者发放现金，而是根据其实际情况和需要，用社会救助经费，购买一般生活资料和部分生产资料，无偿发放给被救助者。救助物资包括粮食、衣被、医药以及中小农具、化肥、种子等。实物救助的对象主要包括紧急抢救、转移安置的灾民，灾区受灾户以及非灾区的严重或特殊贫困户。实物救助的原则是专物专用，不可滥发，更不能积压、贪污和挪用。

3. 以工代赈

以工代赈兼有现金救助和实物救助双重支付形式。它是中国历代赈灾济贫的传统措施，为春秋时期齐国的晏子首创，此后为历代统治者采用，至今仍被广泛采用。以工代赈的基本内容是，由政府组织灾民或贫民兴修公共设施，以结算工钱的形式帮助灾民和贫民渡过生活难关。以工代赈的方式既有赈款，也有赈谷，是一条积极的社会救助措施。

（五）社会救助资金监督管理机制

社会救助资金和物资是否充足、社会救助工作经费是否到位是社会救助工作能否有力有效开展的基础。经过多年的发展，我国逐步建立并完善了社会救助资金、物资保障机制，政府安排的社会救助资金和社会救助工作经费也都纳入了财政预算。对此，《城市居民最低生活保障条例》《自然灾害救助条例》《农村五保供养工作条例》均有相应规定。《社会救助暂行办法》延续了相关法规的内容，明确县级以上人民政府应当根据社会救助工作实际需要完善相应的社会救助、资金物资保障机制，将政府安排的社会救助资金、社会救助工作经费纳入财政预算。

社会救助资金属于专项资金，专门用于社会救助工作，是社会制度得以落实的物质基础和保证。社会救助资金的安全，直接关系广大困难群众的生存权和社会秩序的稳定。各地应当按照《社会救助暂行办法》的要求，建立健全社会救助资金、物资保障机制，确保社会救助资金的管理、核算、使用严格按照规定的制度和程序进行，切实做到专项管理、分账核算、专款专用，任何单位和个人不得挤占挪用，确保社会救助资金、物资真正用到社会救助对象身上。

为保证社会救助资金实行专项管理，分账核算，专款专用，县级以上人民政府财政部门、审计机关应当依法对社会救助资金、物资的筹集、分配、管理和使用实施监督；县级人民政府及其社会救助管理部门应当通过便于公众知晓的途径，及时公开社会救助资金、物资的管理和使用等情况，接受社会监督；同时，任何单位或者个人截留、挤占、挪用、私分社会救助资金、物资的行为均构成违法行为，相关责任人员应当承担相应的法律责任。

社会救助资金属财政预算内资金，支付应当按照财政国库管理的有关规定执行。目前，最低生活保障、临时救助等社会救助资金支付，一般采取社会化发放的形式，即民政部门等相关社会救助管理部门负责审批救助对象和救助金额，财政部门负责将社会救助资金直接拨付到救助对象在金融机构开设的账户，救助对象持银行卡或存折到金融机构领取社会救助资金；只有不具备社会化发放条件的，才予以现金发放。

【课后思考】

1. 社会救助体系是什么？建设社会救助体系的原则有哪些？
2. 我国当前的社会救助体系有什么内容？
3. 谈一谈完善我国社会救助体系的思路。
4. 社会救助管理有哪些内容？
5. 谈一谈社会救助管理部门的工作职责。
6. 我国社会救助资金的筹集渠道有哪些？

第三章　最低生活保障

【本章概览】

最低生活保障是社会救助制度体系中的基础性制度安排，我国的最低生活保障制度是中国政府为适应社会经济形势的发展，参照国外社会救助制度经验，结合中国国情，对传统社会救济制度进行改革、创新的成果。本章根据我国现行的最低生活保障工作法规与政策，对最低生活保障制度的建设情况和制度内容进行了详细的分析和说明。

【学习目标】

1. 掌握最低生活保障制度的含义与特征。
2. 认识我国城乡居民最低生活保障制度的建设历程。
3. 掌握最低生活保障的对象范围和资格条件。
4. 掌握最低生活保障审核审批程序。
5. 了解最低生活保障的管理和监督工作。
6. 认识加强和改进最低生活保障管理工作的对策。

【案例导入】

重庆市修订《最低生活保障条件认定办法》

2017 年 3 月 20 日，重庆市人民政府办公厅下发《关于印发重庆市最低生活保障条件认定办法（修订）的通知》（渝府办发〔2017〕33 号），自 5 月 1 日起施行。原《重庆市最低生活保障条件认定办法》（渝府办发〔2013〕205 号）同时废止。

本次修订的目的，一是为了适应我市经济社会的快速发展，改变原认定办法部分内容明显滞后问题；二是落实国务院去年出台的做好农村低保制度与扶贫开发政策有效衔接的指导意见和我市新修订的城乡低保条例对低保对象认定提出的新要求，更好地保障好困难群众的基本生活，实现应保尽保。

据估算，办法修订实施后，全市将新增低保对象 3.2 万人左右，减少 4000 人左右，实际增加 2.8 万人左右，每年将增加支出 1 亿元左右。

新修订的办法主要包括五个方面的内容。

一是家庭成员方面。将"已成年但不能独立生活的未婚子女，包括在校接受本科及其以下学历教育的成年未婚子女和因病因残无法维持正常生活的成年未婚子女"修改为"已成年但不能独立生活的子女，包括在校接受本科及其以下学历教育的成年子女"。

将"复员退役军人、刑满释放和解教人员回到家庭居住生活的，计入共同生活的家庭成员"修改为"复员退役军人、刑满释放、监外执行、保外就医人员回到家庭居住生活的，计入共同生活的家庭成员"。

二是家庭收入方面。明确应扣除项目新增"必要的就业成本"。办法规定：工资性收入可适当扣除必要的就业成本，具体比例由区县（自治县）人民政府制定。

明确核算基数。根据统计口径变化，种植、养殖、采集及加工等农林牧渔业（规模化种植、养殖除外）收入，可以按照当地统计部门公布的农村常住居民经营净收入中的第一产业指标为核算基数，根据家庭成员劳动力系数指标折算核定。

新增不计算收入的情形。法定赡养、抚养、扶养义务人有下列情形的，视为暂无赡养、抚养、扶养能力，不计算赡养、抚养、扶养费：1. 属特困供养人员；2. 家庭中有重特大疾病患者、重度残疾人，造成家庭支出过大，实际生活困难的。

新增不计算家庭收入的项目。精简退职职工定期定量救济金，高龄失能老年人养老服务补贴，贫困残疾人生活补贴，重度残疾人护理补贴，各种教育救助金、住房救助金、就业救助金、救灾救助金、医疗救助资金，政府和社会组织给予的临时性救助款物，节日慰问款物，残疾人机动轮椅车燃油补贴，因重大疾病、重大灾害出卖唯一住房的销售款。

三是家庭财产方面。明确储蓄性保险超过低保标准 12 倍、拥有出租或自营的商业门面、店铺不能获得低保。普通两轮摩托车不纳入机动车辆范围。取消了"拥有注册的企业、公司"。

四是消费支出方面。明确义务教育阶段缴纳低保标准 12 倍（含）以上学费（每人每年）在民办学校读书的，购买商业保险、每人每年缴纳保险费用在低保标准 12 倍以上（含）的，不能获得低保。

取消了实际操作中不好判定的情形，如雇用他人从事经营活动、半年内购买非基本生活必需品、非受雇佣经常使用机动车辆等。

五是明确支出型贫困。申请低保的家庭，其贫困状况以家庭收入、财产作为主要指标，并适当考虑家庭成员因重度残疾、患重大疾病等增加的长期刚性支出因素综合评估。（根据重庆市民政局信息整理）

第一节　最低生活保障制度概述

一、最低生活保障制度含义与特征

最低生活保障，是指国家对家庭人均收入低于当地政府公告的最低生活标准的人口给予一定现金资助，以保证该家庭成员基本生活所需的社会保障制度。最低生活保障是社会救助中生活救助工作的主体内容，为生活困难的社会成员提供最低的生活保障，以维持其基本的生存条件，确保其生存权和人格尊严不因一时的生活困难而受到影响。它对保障社会稳定，安定人民生活，促进生产的发展起着非常重要的作用。

造成生活困难的原因大体有两种，一是收入太低，使得一个家庭难以维持最起码的生活必需品的开支；二是遭遇不可避免的大宗支出，譬如医疗、教育或住房等方面的大宗支出。对此，亚洲银行专家组的研究报告指出："贫困是一种多维的状态""强烈主张在以下三个领域提供补充性的救助：（1）医疗费用；（2）学杂费和培训费；（3）房租"。如果不解决这些问题，将造成严重的"社会剥夺"和"社会排斥"。[①]相应地，国际通行的生活救助也大体有两种思路，其中最常见的思路是设定一条贫困线作为救助标准，凡是收入低于贫困线的都可以从政府那里得到救助，很多国家也把这个模式称为"收入维持"或"收入保护"。目前最低生活保障制度采取的就是这种救助模式；另一条思路考虑的范围更广，同时把上述第二种原因"遭遇不可避免的大宗支出"纳入了政策设计的视野，如 20 世纪中后期，发达国家提出的一种综合救助模式，即按"需要"进行救助。而在我国现行社会救助工作中，除生活救助、灾害救助和扶贫开发外，在教育、住房、医疗等方面也都有一些应急性的措施，这些构成特殊领域的社会救助，也还有一些针对不同群体（如贫困学生、残疾人等）的社会救助措施，大多表现为让具体工作部门对贫困家庭实行以"减免"为特征的优惠政策。

借鉴国际社会救助的主要经验，我国社会救助的一个发展趋势就是将贫困者在教育、医疗、住房等领域"必要的大宗支出"方面的优惠措施，逐步纳入最低生活保障范围之中，由生活救助资金支付。其好处是使贫困者除了在经济上可以切实地得到实惠外，还可以避免社会歧视和社会排斥。因此我国的生活救助在保证了低收入群体的维持生存和最低生活的需求之后，建立了综合性的生活保障目标，这种综合的生活救助分为基本需要和特殊需要，对救助对象提供两个层次的救助：（1）基本需要。这个层次提供的主要是购买日常生活必需品的救助金，大致相当于现在的最低生活保障金。在这一层次可以考虑一部分救助金额可通过食物的方式来实现，例如借鉴美国的食品券制度，这对于保证贫困家庭的生存权利——获得足够的食品供应有很大的好处。还有一个可以考虑的国际惯例，就是按照家庭人口的规模和构成

---

① 唐钧，任振兴. 我国社会救助制度政策建议[J]. 体制改革，2003（7）.

来确定救助金额，不同的规模和构成的家庭的需要是不同的，因此按一个统一的标准来发放是不合适的。（2）特殊需要。这个层次主要包括房租、教育（义务教育阶段）和医疗费用等。这些方面我国现在大多实行的是减免政策。特殊需要中还有两个方面值得考虑，一是非义务教育阶段的教育费用、教育部门收取的其他费用、大病医疗费用（部分提供）等；二是金额较大，但生活中又必不可少的家庭设备，这部分也可以尽量利用社会捐助的物品。

考察社会救助形式，我们可以发现最低生活保障的两个发展趋势：一是当今世界各国的社会救助绝对标准随着基本需求水平的提高而不断相对化；二是最低生活保障的内容随着政府与社会救助能力的提高而不断丰富化。在当前中国的社会救助工作实践中，通常的做法是：根据维持最起码的生活需求的标准设立一条最低生活保障线，每一个公民，当其收入水平低于最低生活保障线并且生活发生困难时，都有权利得到国家和社会按照明文公布的法定程序和标准提供的现金和实物救助。我国的最低生活保障制度，具有以下三个基本特征：

（1）承认获取最低生活保障是公民的一项基本权利。在现代社会中，尤其是在经济、社会转型的变革时期，从总体看，造成贫困的原因中社会因素大于个人因素。所以，对于国家和社会来说，社会救助是其不容推卸的社会责任。在当今世界上，社会救助制度通常被视为纯粹的政府行为，是一种完全由政府运作的最基本的再分配或转移支付制度。这种责任或义务，采用最低生活保障立法的方式加以确认，并且高度透明公之于众；对于每一个公民来说，社会救助是他们应享的受法律保护的基本权利，这同样可以在我国宪法中找到依据，《宪法》第四十五条明确规定："中华人民共和国公民在年老、疾病或者丧失劳动能力的情况下，有从国家和社会获得物质帮助的权利。"

（2）最低生活保障制度的目标是克服现实的贫困，它在公民由于社会的或个人的生理或心理原因致使其收入低于最低生活保障线因而陷入生活困境时发生作用。因此，有一套称为"家庭经济情况调查"的法定工作程序，来审核申请救助的公民的收入状况，程序包括：个人申请、机构受理、立案调查、社区证明、政府批准。能否得到社会救助的关键是申请者个人收入或家庭成员的人均收入是否低于政府事先确定的最低生活保障线，有的国家或地区还要调查申请者的家庭财产和工薪之外的其他经济来源。家庭经济情况调查是公民的权利和国家与社会的义务这一对法律关系是否应该发生的必要前提，这种"选择性"原则是社会救助最为突出的特点，它能保证有限的社会救助经费切实地用到最需要人的身上。

（3）最低生活保障制度提供的仅仅是满足最低生活需求的资金或实物，目的是在公平与效率之间寻求适度。它既体现了人道主义精神，不问致贫原因，只看受助者是否真实贫困，也没有别的什么资格限定，它是社会保障制度中的最后一道安全网，极力使每一个公民不至于在生活困难时处于无助的困境。同时，它的责任仅仅是使受助者的生活相当于或略高于最低生活需求，以避免产生依赖心理乃至不劳而获的思想。只要受助者的收入超过最低生活标准，救助行动即时终止。同时我们应该注意，社会救助制度"能上不能下"的"刚性"比较突出，所以制定最低生活保障线要把握适度。

最低生活保障制度是当今世界各国社会救助体系中最重要的组成部分。与其他社会救助内容和社会保障制度项目相比，最低生活保障制度面向并覆盖全体公民，只要家庭人均收入低于最低生活保障线的即可纳入救助范围，从而为其生活和生存筑起最后一道防线。最低生活保障能有效地弥补其他社会救助形式与社会保障制度没有解决的贫困问题，并与养老、失业等社会保险制度相互衔接、相互联系，共同构成完善的社会保障体系，作为一种保障社会成员基本权利的社会保障形式，在保障贫困人员获得基本的物质生活、克服贫困、稳定社会等方面发挥着重要作用。

二、我国城乡居民最低生活保障制度构建历程

城乡居民最低生活保障制度是改革开放以来我国政府在社会救助事业上最重大的制度创新，它突破了传统社会救济资源分散、效率不高、缺乏公平、水平较低等弱点。基于家庭收入调查的现金转移支付救助模式不仅符合国际通行的社会救助理念，而且体现了政府在保障困难群众基本生活问题上所承担的责任，满足了我国建立健全社会主义市场经济体制的现实需要，为我国新型社会救助体系建设奠定了基础。

（一）最低生活保障制度建立的经济社会背景

改革传统社会救济政策，建立居民最低生活保障制度有着深刻的经济社会背景。一是市场经济体制的确立，导致大量失业下岗人员生活无着，城市贫困人口迅速增加。1986 年我国登记失业人数 264 万人，1990 年达到 383 万人，1996 年上升到 553 万人，2001 年升到 680 万人。另据 1998 年 3 月劳动和社会保障部等部门对国有企业下岗职工情况进行的专项调查统计，1998 年第一季度国有企业下岗职工数量达到 655.7 万人。下岗失业人员剧增，从根本上改变了城市贫困群体的构成。二是收入差距拉大，相对贫困问题日益突出。据《1996 年社会蓝皮书》提供的数据，东部地区城镇居民收入比中西部地区高 40% 以上；非国有制企业职工收入比国有制企业高 1/3。1997 年中国城镇 10% 最高收入户与 5% 最低收入户家庭平均人均收入之比为 4.71 : 1。基尼系数也由 1978 年的 0.180 上升到 2000 年的 0.467。中国社会科学院社会形势课题组 1998 年对 50 个城市的抽样调查显示，贫富之间收入差距为 9.6 倍，比 8 年前扩大了 5 倍。相对贫困问题因收入差距的拉大日益突出，严重影响低收入家庭的生活质量。三是传统社会救济方式不能满足困难群众日益增长的救助需求。据专家估算，20 世纪 90 年代中期全国城市贫困人口的规模在 1500 万 ~ 3100 万人，占城镇人口总数的比重为 4% ~ 8%。而 1992 年，全国城镇社会救济费用（包括临时救济）总共才 1.2 亿元，仅占当年国内生产总值的 0.005%，不到国家财政收入的 0.03%；得到国家定期定量救济的城镇困难户人数只有 19 万人，占城镇人口的 0.06%；救济对象人均月救济金额为 38 元，仅为当年城市居民人均生活费收入的 25%。因此，传统社会救济制度已不能适应经济体制改革和社会发展的需要，也无法维持困难居民最起码的生活权益，最低生活保障制度正是在这样的社会背景下，首先在城市产生，而后扩

大到农村地区。

（二）城市居民最低生活保障制度建设[①]

城市居民最低生活保障制度最先在上海启动。经市政府同意，1993 年，上海市民政局、财政局等部门联合下发《关于本市城镇居民最低生活保障线的通知》，并于当年 6 月 1 日开始实行。这个通知的下发标志着我国社会救助制度改革拉开了序幕。当时，上海市的低保标准为月人均 120 元，保障人口仅有 7680 人。对于家庭收入调查、资格认定、标准测算、资金发放等程序都还处于摸索中。民政部高度肯定上海市改革社会救助制度的经验，并积极推广。1994 年 5 月，第十次全国民政工作会议明确把"对城市社会救济对象逐步实行按当地最低生活保障线标准进行救济"列入"民政工作今后五年乃至本世纪末的发展目标"，并部署在东南沿海地区进行试点。几个月后，厦门市在全国率先发布《厦门市最低生活保障暂行办法》。武汉、重庆、兰州、沈阳等城市也开始着手调研并制定政策。随后几年，在民政部的努力推动下，建立城市低保制度的地区越来越多。到 1997 年 8 月底，全国建立城市低保制度的城市总数已达 206 个，占全国建制市的 1/3。

1997 年 9 月 2 日，《国务院关于在全国建立城市居民最低生活保障制度的通知》（国发〔1997〕29 号）下发。这个通知是从 1997 年初开始，在总结各地经验的基础上起草的。期间李鹏总理作过两次重要指示，他在八届全国人大五次会议上指出："现在全国有 100 多个城市建立了最低生活保障制度，这是保障居民基本生活需要的重要措施，也是符合中国国情的一种社会保障方法，要逐步加以完善。"同时，建立城市低保制度也写进了《中华人民共和国国民经济和社会发展"九五"计划和 2010 年远景目标纲要》，成为"九五"期间国家重点推进的一项工作。国务院的这个通知不仅规定了城市低保制度的救助范围、救助标准、救助资金来源等政策界限，而且明确提出在全国建立这一制度的时限要求，即在 1999 年底之前，全国所有城市和县政府所在地的城镇，都要建立这一制度。在此后两年里，各级党政领导和民政部门对这项工作高度重视，积极推进，有效地保证城市低保制度的不断推广。至 1999 年 9 月底，全国所有 667 个城市、1638 个县政府所在地的镇，全部建立了城市低保制度。全国 260万人进入了低保制度的覆盖范围，这个范围比传统社会救济的范围要大得多。

1999 年 9 月 28 日，国务院正式颁布《城市居民最低生活保障条例》。条例的颁布和实施，标志着我国城市低保制度正式走上法制化轨道，也标志着这项工作取得突破性重大进展。城市低保工作在经历了各地的探索创新和完善推广后，终于进入全面实施和规范管理的新阶段。从 1999 年起，中央财政开始对中西部地区和老工业基地实施城市低保资金专项转移支付，当年安排 4 亿元用于提高各地城市低保标准，这一举措缓解了经济欠发达地区低保金紧张的局面，有力促进"应保尽保"目标的实现。

---

① 刘喜堂. 建国 60 年来我国社会救助发展历程与制度变迁[J]. 新华文摘，2010（22）：21.

表 3.1 各直辖市和省会城市最低生活保障制度创建时间及保障标准

		创建时间	提标前（元）	提标后（元）			创建时间	提标前（元）	提标后（元）
1	北京	1996.7.	200	273	17	武汉	1996.3.	150	195
2	天津	1998.1.	185	241	18	长沙	1997.7.	130	169
3	石家庄	1996.1.	140	182	19	广州	1995.7.	240	281
4	太原	1997.7.	120	155	20	南宁	1995.9.	150	195
5	呼和浩特	1997.1.	110	143	21	海口	1995.1.	170	221
6	沈阳	1995.3.	150	195	22	成都	1997.7.	120	156
7	长春	1996.7.	130	169	23	重庆	1996.7.	130	169
8	哈尔滨	1997.4.	140	182	24	贵阳	1998.1.	120	156
9	上海	1993.6.	215	280	25	昆明	1996.7.	140	182
10	南京	1996.8.	140	180	26	拉萨	1997.1.	130	169
11	杭州	1997.1.	165	215	27	西安	1998.1.	105	156
12	合肥	1996.7.	150	195	28	兰州	1998.1.	120	156
13	福州	1995.1.	170	200	29	西宁	1997.8.	120	156
14	南昌	1997.1.	100	143	30	银川	1998.1.	100	143
15	济南	1996.7.	140	208	31	乌鲁木齐	1998.1.	120	156
16	郑州	1996.8.	120	169					

（资料来源：民政部救灾救济司）

2001 年 11 月，国务院办公厅下发《关于进一步加强城市居民最低生活保障的通知》（国办发〔2001〕187 号），明确要求"尽快把所有符合条件的城镇贫困人口纳入最低生活保障范围"。至 2002 年第三季度，全国享受城市低保的人数达到 1960 万，占当时全国非农业人口总数的 5.6%，基本实现了应保尽保的目标。

（三）农村居民最低生活保障制度建设

在启动城市低保的同时，农村低保制度也开始在一些地区探索建立。1992 年，山西省左权县率先开始了低保试点工作，随后又在阳泉市的 3 个区县扩大了试点。1994 年，上海市政府办公厅批准了在 3 个区县开展农村低保试点工作，探索科学有效的农村贫困群体救济方式。1995 年，民政部结合农村社会保障体系建设试点工作，分别在山西省阳泉县、山东省烟台市、四川省彭州市开展农村最低生活保障制度建设试点。1995 年 12 月，广西壮族自治区武鸣县颁布了《武鸣县农村最低生活保障线救济暂行办法》，是我国出台的第一个县级农村低保制度文件。

1996 年 12 月，民政部办公厅印发《关于加快农村社会保障体系建设的意见》（民办发〔1996〕28 号），明确提出"凡开展农村社会保障体系建设的地方，都应该把建立最低生活保障制度作为重点，即使标准低一点，也要把这项制度建立起来"。1996 至 1997 年间，吉林、广西、甘肃、河南、青海等省先后以省政府名义出台相关文件，规定资金主要从村提留和乡统筹中列支，推进农村低保工作。2001 年，农村低保建制县市达到 2037 个。到 2002 年，全国绝大多数省份都不同程度地实施了农村低保，全国救助对象达到 404 万人，年支出资金 13.6 亿元，其中地方政府投入 9.53 亿元，农村集体投入 4.07 亿元。对于尚无法建立农村低保制度的地区，2003 年 4 月，民政部下发《关于进一步做好农村特困户救济工作的通知》（民办发〔2003〕6 号），要求按"政府救济、社会互助、子女赡养、稳定土地政策"的原则，继续实行农村特困户救助制度，即对达不到"五保"条件但生活极为困难的鳏寡孤独人员、丧失劳动能力的重残家庭及患有大病而又缺乏自救能力的困难家庭，按照一定数额的资金或实物标准，定期发放救济物资。

2006 年 10 月，中共十六届六中全会第一次提出在全国"逐步建立农村最低生活保障制度"的要求。当年 5 月 23 日，国务院常务会议专题研究农村最低生活保障问题；6 月 26 日，国务院召开"在全国建立农村最低生活保障制度工作会议"，研究完善有关政策措施，对在全国建立农村最低生活保障制度进行部署；7 月 11 日，国务院印发《关于在全国建立农村最低生活保障制度的通知》（国发〔2007〕19 号），对农村低保标准、救助对象、规范管理、资金落实等内容作出了明确规定，要求在年内全面建立农村低保制度并保证低保金按时足额发放到户。中央财政当年安排 30 亿元农村低保专项补助资金。至此，农村低保进入全面实施的新阶段。到 2007 年 9 月底，全国 31 个省（自治区、直辖市），2777 个涉农县（市、区）已全部建立农村低保制度。

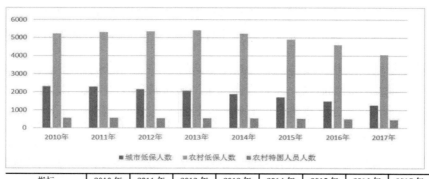

指标	2010 年	2011 年	2012 年	2013 年	2014 年	2015 年	2016 年	2017 年
城市低保人数	2310.5	2276.8	2143.5	2064.2	1877.0	1701.1	1480.2	1261.0
农村低保人数	5214.0	5305.7	5344.5	5388.0	5207.2	4903.6	4586.5	4045.2
农村特困人员人数	556.3	551.0	545.6	537.2	529.1	516.8	496.9	466.9

图 3.1　2017 年困难群众基本生活救助情况①

———————————

① 民政部. 2017 年社会服务发展统计公报.

截至 2017 年底，全国有城市低保对象 741.5 万户、1261 万人。全年各级财政共支出城市低保资金 640.5 亿元。2017 年全国城市低保平均标准 540.6 元/（人·月），比上年增长 9.3%。全国有农村低保对象 2249.3 万户、4045.2 万人。全年各级财政共支出农村低保资金 1051.8 亿元。2017 年全国农村低保平均标准 4300.7 元/人·年，比上年增长 14.9%。

我国已经进入全面建成小康社会的决定性阶段，2017 年 10 月，习近平总书记在十九大报告中提出，提高保障和改善民生水平，加强和创新社会治理。加强社会保障体系建设，全面建成覆盖全民、城乡统筹、权责清晰、保障适度、可持续的多层次社会保障体系。全面实施全民参保计划。建立全国统一的社会保险公共服务平台。统筹城乡社会救助体系，完善最低生活保障制度。2018 年 3 月两会召开期间，民政部部长黄树贤在接受新华网、中国政府网《部长之声》节目采访中谈到，我国党中央、国务院制定和完善困难群众基本生活保障政策，形成了比较健全的低保、医疗救助、特困供养、孤儿保障、残疾人补贴等法规政策，在制度上已经实现了对各类困难群众的应保尽保。把民生保障的底线兜住兜牢，实现从制度的全覆盖到实际工作、实际保障人群的全覆盖，确保全面建成小康社会时困难群众不落一户、不落一人。主要是完善城乡低保制度，健全低保对象认定办法，根据国家扶贫标准动态调整农村低保标准。由此可见，我国城乡居民最低生活保障制度对于保障群众的基本生活需求、促进社会和谐发展，发挥着极其重要的作用。

三、最低生活保障原则

（一）坚持应保尽保

把保障困难群众基本生活放到更加突出的位置，落实政府责任，加大政府投入，加强部门协作，强化监督问责，确保把所有符合条件的困难群众全部纳入最低生活保障范围。

（二）坚持公平公正

健全最低生活保障法规制度，完善程序规定，畅通城乡居民的参与渠道，加大政策信息公开力度，做到审批过程公开透明，审批结果公平公正。

（三）坚持动态管理

采取最低生活保障对象定期报告和管理审批机关分类复核相结合等方法，加强对最低生活保障对象的日常管理和服务，切实做到保障对象有进有出、补助水平有升有降。

（四）坚持统筹兼顾

统筹城乡、区域和经济社会发展，做到最低生活保障标准与经济社会发展水平相适应，最低生活保障制度与其他社会保障制度相衔接，有效保障困难群众基本生活。

四、最低生活保障对象

目前，世界各国的社会救助制度在确定受助人的思路上，主要有两种方法：一是用定量的方式，即划定生活救助标准，凡是收入低于这一标准的人都可以向政府申请救助；二是用定性的方式，即根据各类贫困群体分门别类地确定救助对象。一般来说，生活救助对象的确定首先是用定量方法，即用严格的最低生活标准为基本限制条件；其次是对于生活水平在生活救助标准下的救助对象，根据不同群体的能力和需要，用定性的方法具体制定不同的政策措施。

英国是现代社会救助制度的发源地，在19世纪初期建立起以社会保险、社会福利为主体的现代社会保障体系，1948年《国民救助法》的颁布完善了英国的国民救济制度。该法规定，凡是没有收入或收入太低，没有缴纳国民保险费者，可以领取国民救济。救济资金由议会批准的拨款承担，并且国家专门建立国民救济局为英国民众提供帮助与救济。1976年，该法经过修改，更名为《补充津贴法》，因而生活救助制度也被称为"补充津贴"制度。1975年，《国民救济法》经过修订，更名为《社会保障津贴法》，主要是补充英国《国民保险法》。1986年又对贫困救助进行了较大改革，将贫困补充待遇改成最低收入维持（Income Support）。目前英国的社会救助主要针对生活水平低于法定标准的个人和家庭，规定凡是16岁以上的英国国民，收入来源不足以满足最低生活需要者，都可以申请生活救助；已得到充分就业的人，需要牙科治疗、配眼镜等，但又付不起这些费用，可以申请救助；失业者重新获得工作前，也可获得少数几天的救助，以暂时渡过难关。除此之外，还有一些处在社会保险计划之外的人，如被丈夫遗弃并有小孩抚养、不能出去工作的妇女，被监禁犯人的妻子和儿女，未婚的母亲及其孩子，无权领取退休金的70岁以上的老年人和40岁以上的盲人，以及到处流浪的无业游民。现在，在英国，下列贫困人员都有资格申请生活救助：（1）凡是没有固定职业或就业不充分、无力上缴保险费而领不到社会保险的人；（2）虽然可以领取社会保险金，但数额不足以维持最低生活水平的人；（3）领取社会保险金期限已满仍无其他收入来源的人；（4）未参加社会保险只能领取微薄社会补贴的人。英国社会救助制度关注的重点是低收入的贫困居民，因此其覆盖面在很大程度上取决于贫困线标准，英国的贫困线每年由国会规定，在理论上是按照"需求水平"确定的，"需求水平"的确定主要考虑三个方面的因素，即体现正常需要的基本待遇、特殊需要和体现居住需要的住房补助。

美国社会救助起步虽晚，立法却很完善。罗斯福1933年执行新政通过了《联邦紧急救济法》，明确了社会救助是政府应该承担的责任，1935年《社会保障法》的颁布，标志着美国社会救助制度的正式建立。在美国，生活救助的对象是那些不符合联邦补助方案的贫困者。美国现行社会救助制度主要采用项目救助方式，即现金救助与非现金救助。现金救助主要包括贫困家庭临时援助（TANF）和补充性保障收入（SSI）两个项目。其中贫困家庭临时援助项目主要受益群体是单亲家庭或者父母双方中有一人长期失业或丧失劳动能力的家庭。补充性保障收入则是由政府向低收入或者无收入的 65 岁以上老人和伤残者提供现金援助，来保证他们的基本生活需求的一种收入援助计划。非现金救助主要由医疗援助、食品券和住房补助等项目组成：食品券是由政府向无收入或低收入的老人、残障人士和失业者发放的一种只能在指定食品零售处使用购买食品的票券，其目的是使贫困者能获取基本食物维持生计。医疗援助是保障贫困者能享受基本医疗卫生服务的医疗支持项目，其受益群体分为绝对性救助群体及政府规定必须救助的绝对贫困人群和选择性救助群体即各州政府可自主决策选择救助的贫困群体。住房补贴则是政府为了解决贫困人群住房短缺和居住条件低下问题而设计的救助计划，其主要采用租金补贴方式，使低收入者获得更好的住房条件。

日本政府 1946 年实施的《生活保护法》规定，对所有贫困的国民，无论其陷入贫困的原因，只要在贫困线以下，根据其贫困程度都可以由国家给予必要的社会救助，保障其最低生活需求。而获取救助的条件主要有三个，第一，没有房子、汽车、存款、保险等最基本的生活保障，要偿还住房贷款的人不能领取补贴金。第二，由于疾病等某些原因，无法工作。第三，没有可依靠的亲属。必须同时满足上述三个条件，才能得到政府的生活救助。日本的生活保障制度，主要采取两种形式，一种为现金形式（包括贷款），其中又包括七个方面：生活救助、住宅救助、教育救助、医疗救助、谋生救助、分娩救助和丧葬救助。另一种则是实物和服务形式，如救助设施、医疗保护、助产等设施服务的提供。

（一）属于我国最低生活保障救助范围的人员

最低生活保障是社会救助体系中兜底性的制度安排，低保对象的认定条件是决定救助范围是否科学合理、救助制度能否持续稳定发展的重要前提，必须科学规范。对此，我国最低生活保障制度自创建以来，不断完善救助政策，细化救助途径，实现救助全覆盖。

1999 年实施的《城市居民最低生活保障条例》规定，持有非农业户口的城市居民，凡共同生活的家庭成员人均收入低于当地城市居民最低生活保障标准的，均有从当地人民政府获得基本生活物质帮助的权利。同时还规定了两种具体的保障对象：对无生活来源、无劳动能力又无法定赡养人、扶养人或者抚养人的城市居民，批准其按照当地城市居民最低生活保障标准全额享受；对尚有一定收入的城市居民，批准其按照家庭人均收入低于当地城市居民最低生活保障标准的差额享受。根据国务院 2007 年《关于在全国建立农村最低生活保障制度的通知》的精神，农村最低生活保障对象是家庭年人均纯收入低于当地最低生活保障标准的农村居民，主要是因病残、年老体弱、丧失劳动能力以及生存条件恶劣等原因造成生活常年困难的农村居民。实践中各地逐渐将保障范围进一步扩大，例如 2009 年湖北省农村最低生活保障规模从 140 万扩大到 170 万人，重点是扩大贫困山区、革命老区和新农村试验区的保障规模。又如河南省民政厅要求各地根据实际情况适度扩大农村最低生活保障的覆盖面，将重度残疾人、重病人、艾滋病患者、孤儿、子女无能力赡养的老年人等经济困难家庭纳入扩面的重点人群。

2012 年《最低生活保障审核审批办法（试行）》规定：持有当地常住户口的居民，凡共同生活的家庭成员人均收入低于当地低保标准，且家庭财产状况符合当地人民政府规定条件的，可以申请低保。2014 年颁布的《社会救助暂行办法》第九条规定，国家对共同生活的家庭成员人均收入低于当地最低生活保障标准，且符合当地最低生活保障家庭财产状况规定的家庭，给予最低生活保障。

　　根据现行法律法规，确定最低生活保障对象范围和资格条件的核心要点主要包括三个方面：

　　一是强调以家庭为单位给予低保救助。依据《中华人民共和国民法通则》和《中华人民共和国婚姻法》等民事法律的相关规定，与人们生活保障密切相关的主要法定赡养人、抚养人和扶养人，即配偶、父母、子女、兄弟姐妹、祖父母、外祖父母、孙子女、外孙子女等近亲属。据此，共同生活的家庭成员可以分为四种类型：一是配偶；二是父母和未成年子女；三是已成年但不能独立生活的子女，包括在校接受本科及以下学历教育的成年子女；四是其他具有法定赡养、抚养、扶养义务关系并长期共同居住的人员。当然，有些家庭成员可以视为非共同生活，比如连续三年以上（含三年）脱离家庭独立生活的宗教教职人员，在监狱内服刑的人员等。考虑到重度残疾人的特殊性，困难家庭中丧失劳动能力且单独立户的成年重度残疾人也可以单独提出低保申请。

　　二是明确了低保对象的收入条件。根据《社会救助暂行办法》规定，家庭人均收入低于当地最低生活保障标准，是给予最低生活保障的必要条件之一。如果一个家庭的人均收入高于当地最低生活保障标准，则不应当纳入低保救助范围。家庭人均收入情况是判断救助水平的关键因素。这里所说的家庭人均收入，是指共同生活的家庭成员在规定期限内的全部可支配收入除以家庭总人数。可支配收入是指扣除个人所得税及按规定缴纳的社会保障性支出后，所有的工资性收入、经营性净（纯）收入、财产性收入和转移性收入。其中，工资性收入指因任职或者受雇而取得的工资、薪金、奖金、劳动分红、津贴、补贴以及与任职或者受雇有关的其他所得等。经营性净（纯）收入指从事生产、经营及有偿服务活动所得，包括从事种植、养殖、采集及加工等农林牧渔业的生产收入，从事工业、建筑业、手工业、交通运输业、批发和零售贸易业、餐饮业、文教卫生业和社会服务业等经营及有偿服务活动的收入等。财产性收入，包括动产收入和不动产收入。动产收入是指出让无形资产、特许权等收入，储蓄存款利息、有价证券红利、储蓄性保险投资以及其他股息和红利等收入，集体财产收入分红和其他动产收入等。不动产收入是指转租承包土地经营权、出租或者出让房产以及其他不动产收入等。转移性收入指国家、单位、社会团体对居民家庭的各种转移支付和居民家庭间的收入转移，包括赡养费、扶养费、抚养费、离退休金、失业保险金、社会救济金、遗属补助金、赔偿收入，接受遗产收入、接受捐赠（赠送）收入等。但是，按国家规定所得的优待抚恤金、计划生育奖励补助金以及教育、见义勇为等方面的奖励性补助，一般不计入家庭收入。根据人力资源和社会保障部、财政部、民政部下发的《关于做好新型农村和城镇居民社会养老保险制度与城乡居民最低生活保障农村五保供养优抚制度衔接工作的意见》（人社部发

〔2012〕15 号），在审批或复核低保对象资格时，中央确定的基础养老金"十二五"期间暂不计入家庭收入，具体办法由地方人民政府确定。

三是明确了低保对象的财产条件。《社会救助暂行办法》要求，最低生活保障家庭还应当符合当地有关家庭财产状况的规定，这是相关内容首次在国家行政法规中予以明确。此前，由于仅明确最低生活保障对象的家庭人均收入标准，一些财产较多、收入较低的家庭也能够享受最低生活保障，这显然有违社会公平正义，引起了不少争议。财产条件的提出，弥补了制度漏洞，更能够体现社会救助制度托底线、救急难、可持续的工作方针。鉴于当前居民家庭财产来源的多样性以及认定工作的复杂性，各地可根据工作需要，主要对大额财产进行认定，所谓大额财产，主要包括大额现金、存款、有价证券、机动车辆（残疾人功能性补偿代步机动车辆除外）、船舶、房屋债权、股权和其他财产等。其中金融性资产应规定明确的标准线，非金融性资产则可按照财产类型分别规定。

确定最低生活保障制度的救助对象范围和资格相当重要，各地人民政府应坚决贯彻中央应保尽保的精神，建立健全低保对象的认定制度，按照政策标准确定低保范围和对象，确保动态管理下的应保尽保。

（二）不属于最低生活保障救助范围的人员

不予保障人员包括：

（1）在就业年龄内、有劳动能力、能自食其力，经就业服务机构 1 年内两次介绍就业无正当理由拒绝就业的；

（2）本人侵犯国家法律，经公安、司法机关处罚期限未满的；

（3）家庭日常生活消费明显高于本地区城乡居民基本生活水平的；

（4）拥有价值过高的非生活必需的高档消费品。

在我国有些地区，对救助对象的资格控制更为严格。不能享受生活救助待遇的情况还包括：三年内私建住房、购买商品房或高标准装修现有住房的；家中有小汽车或非经营性机动车辆的；家庭有高档收藏或投资有价证券的；家庭饲养名贵观赏宠物的；安排子女自费择校就读、出国留学或子女在义务教育期间入收费学校就读的；经常出入餐饮、娱乐场所消费的；有赌博、吸毒、嫖娼行为而造成家庭生活困难且尚未改正的；无正当理由两次经介绍拒不就业或不参加社区组织的公益性劳动的；不配合家庭经济状况核查或弄虚作假的；县级政府认定不能享受最低生活保障待遇的。

五、最低生活保障标准

城乡居民最低生活保障标准（简称低保标准），又称最低生活保障线，是指在社会发展的某一时期，由政府制定的，与社会经济发展水平相适应的，在衣、食、住、行等方面保障居民生存的最低限度的基本生活标准。一般用家庭人均收入或支出来衡量其家庭是否贫困，当城乡居民家庭人均收入低于这一标准就将被认定为贫困者，并享受两者之间的差额救助。

从 19 世纪末英国社会学家朗特里的贫困研究开始，最初的贫困研究者都倾向于向贫困者提供让他们能够生存下去的生活必需品，即计算出维持基本生理功能所需要的营养量，然后将这些营养量转化为食物数量，再根据其市价算出相等的金额，这也就是所谓的"绝对贫困"的主张。在约克郡贫困居民生活调查中，朗特里与他的助手以营养学家的建议为基础列出了一份关于个体贫困者一周饮食的"菜单"，包括：大米 10 盎司，5.5 便士；芜菁甘蓝 6 磅，1英镑 3 便士；鸡蛋 1 个，3.5 便士；茶 0.5 磅，1 英镑 8 便士。①这就是最早的绝对贫困线标准。但是后来的研究者也注意到，这个标准一开始就不那么绝对，而是蕴含着一定的相对意义。瑞典的《社会福利法案》明确规定，无法满足生活需要的人有权从社会福利办公室申请社会救助以求得生存，政府提供用于维持生活的资助费用包含：（1）食物、衣服和鞋子、娱乐和休闲消费物品、健康和卫生用品、每日的报纸、电话和电视许可。（2）住房、电、交通、家庭保险以及工会和失业保险协会的会员费。瑞典生活救助的总额包括了日常生活的许多支出项目，瑞典国家健康和社会福利委员会提供了按照标准覆盖的社会救助生活费用的细目。②现代世界各国提倡生活救助标准的制定，既要保证公民的基本生存条件又要有利于鼓励就业。美国在 20 世纪 30 年代"罗斯福新政"时期已开始将贫民的救助加入"工作"的概念，希望通过工作方案来救助贫困的家庭。1967 年美国实行工作促进方案，鼓励领取救济金的贫民去政府机构登记就业。到了 1980 年，美国修订了工作促进方案，使州政府在安排福利就业方案方面具有了更多弹性。90 年代之后，政府进一步加大了激励力度，为促进贫困者就业，政府通过政策制度要求企业进一步提升最低工资水平。美国的贫困家庭临时援助（TANF）项目对贫困家庭接受贫困救助设立了义务，要求只要接受贫困救助就必须参加工作，并且对接受贫困救助的单亲父母参加工作的时间进行严格规定：在接受贫困救助的两年内，每周工作至少20 个小时；2000 年调整到每周 30 个小时，核心家庭每周至少工作 35 个小时。2015 年，TANF项目联邦拨款 153 亿美元，联邦配套资金 140 亿美元，有 161 万个家庭接受了救助。补充性保障收入（SSI）项目旨在为那些年龄在 65 岁及以上的贫穷老人以及不分年龄大小的贫困盲人和残疾人提供救济金以满足他们在吃、穿和住等方面的基本生活需求。2013 年，SSI 项目支出 540 亿美元，受助者达 840 万人；2015 年，受助者的补助每月最高达到 1145 美元，平均913 美元。③

我国的最低生活保障制度经历了从初创、建立到逐步完善的过程。与此相适应，我国最低生活保障标准的完善也经历了比较长期的过程：在实施地域方面，经历了从"城市"到"农村"再逐步到"城乡统筹"；法律制度表现形式上，经过了《通知》到《条例》再到《办法》的变化。1999 年 9 月国务院颁布《城市居民最低生活保障条例》（以下简称《条例》），标志法

---

① 唐钧．中国城市居民贫困线研究[M]．上海社会科学院出版社，1998：40．

② 丁建定．瑞典社会保障制度的发展[M]．北京：中国劳动社会保障出版社，2004．

③ 袁立超，王三秀．美国贫困救助精细化管理的检视与镜鉴[J]．理论探索，2016（6）．

律意义上的低保制度的正式确立。对于当时执行的城市低保标准，《条例》规定："城市居民最低生活保障标准，按照当地维持城市居民基本生活所必需的衣、食、住费用，并适当考虑水电燃煤（燃气）费用以及未成年人的义务教育费用确定。"2007年国务院颁布了《关于在全国建立农村最低生活保障制度的通知》（以下简称《通知》），从此我国城乡低保制度分别建立。《通知》规定农村低保标准为："农村最低生活保障标准由县级以上地方人民政府按照能够维持当地农村居民全年基本生活所必需的吃饭、穿衣、用水、用电等费用确定，并报上一级地方人民政府备案后公布执行。"2014年国务院颁布《社会救助暂行办法》（以下简称《办法》），标志着我国开始朝城乡统一的最低生活保障制度迈进。《办法》规定，"最低生活保障标准"按照"居民生活必需的费用"确定。删除了我国原来低保制度中规定的"居民基本生活必需的费用"中的"基本"二字，修正了过去低保标准过低的不足，使我国最低生活保障标准发生了重大变化，实现了低保标准确定依据由原来的以绝对贫困线向相对贫困线的重大转变，能更加有效地保护低收入人群的合法权益。

（一）我国最低生活保障标准的制定依据

最低生活保障标准是最低生活保障制度的核心内容，是衡量低保救助水平的重要标志，直接关系到广大最低生活保障对象的切身利益。基于低保标准在低保制度中的重要性，《社会救助暂行办法》第十条明确规定：最低生活保障标准，由省、自治区、直辖市或者设区的市级人民政府按照当地居民生活必需的费用确定、公布，并根据当地经济社会发展水平和物价变动情况适时调整。由此可见，低保标准应按照当地居民生活必需的费用来确定。早在2011年，民政部会同国家发展改革委员会、财政部、国家统计局下发了《关于进一步规范城乡居民最低生活保障标准制定和调整工作的指导意见》（民发〔2011〕80号），列出基本生活费用支出法、恩格尔系数法和消费支出比例法三种测算方法。其中对于消费支出比例法的计算，指导意见提出，已按基本生活费用支出法或恩格尔系数法测算出城乡低保标准的地区，可将此数据与当地上年度城乡居民人均消费支出进行比较，得出低保标准占上年度城乡居民人均消费支出的比例。在今后一定时期内，再次计算城乡低保标准时，可直接用当地上年度城乡居民人均消费支出乘以此比例。作出这样的规定主要有三方面考虑：首先，从低保标准内涵上讲，消费支出反映的是个人或家庭的生活水平，低保标准反映的是对困难群众基本生活消费支出需求的满足程度，因此用消费类指标衡量低保标准，最能反映最低生活保障制度的目标。其次，从操作层面来讲，消费支出数据由统计部门发布，客观权威，其数据构成相对简单，易于操作，公众也更为理解、接受。最后，将低保标准与消费支出挂钩，以全部人口的全部消费支出为基础，一定程度上反映了让包括困难群众在内的全体人民共享经济社会发展成果的制度理念。当然，从全国层面讲，在研究出台具体政策时，应考虑东、中、西不同区域，确定不同的指导比例。各地人民政府在实际操作中，也应充分考虑不同类型地区和城乡之间经济社会发展水平，制定不同类型的指导比例。

《社会救助暂行办法》有关"按照当地居民生活必需的费用"确定低保标准的规定，一方面提高了低保保障水平，为地方政府确定低保标准提供了准则和依据；另一方面"居民生活必需的费用"包括哪些具体构成项目（构成要素），应该如何测定与计算等，《办法》并没有明确。为了给地方政府制定低保标准提供明确指引，规范、统一全国的低保标准的制定工作，防止出现新的不平衡，真正让人民更多享受经济社会发展成果，建议民政部统一制定有关低保标准制定的基本规范，其中要具体明确居民生活必需的费用的主要项目，统一其内涵与外延。

低保标准的测算，主要是居民生活必需费用的测算。制定一个科学合理的低保标准，不仅有利于节约社会资源，也有利于维护低收入阶层的权益。如果标准过低，难以满足低保人群的生活需求；反之，如果标准过高，则政府财政压力较大，且可能使某些低保对象滋生懒惰行为。建议首先在省级行政区域内建立统一的低保标准测算方法，既可以缩小地区差异，又可以统一管理。

（二）最低生活保障标准的调整机制

按照消费支出比例法确定低保标准后，各地低保标准原则上应参照当地上年度城乡居民人均消费支出，每年调整一次，低保标准要根据当地经济社会发展水平和物价变动情况适时调整。2011 年，国家发展改革委、民政部、财政部、人力资源和社会保障部、国家统计局联合下发《关于建立社会救助和保障标准与物价上涨挂钩的联动机制的通知》（发改价格〔2011〕431 号），部署建立低保标准与物价上涨挂钩的联动机制。2014 年 1 月，五部委再次下发《关于完善社会救助和保障标准与物价上涨挂钩联动机制的通知》（发改价格〔2014〕182 号），就进一步完善低保标准与物价上涨挂钩的联动机制提出要求。联动机制的具体内容是：当居民基本生活费用价格指数或居民消费价格指数月度涨幅达到临界条件时，启动联动机制，发放价格临时补贴；价格指数连续一定时期回落至临界条件下时，停止发放价格临时补贴；连续发放价格临时补贴一定时期以上时，按照正常程序调整城乡低保标准，停止发放价格临时补贴，以保障困难群众生活水平不受物价上涨因素影响。目前所有省（区、市）均已建立这项机制，并实现良性运行。价格联动机制是低保标准动态调整的重要根据之一。适时、科学调整低保标准，这既是法律赋予地方政府的权力，也是地方政府必须履行的"保障公民的基本生活"职责。

（三）最低生活保障标准的制定权限

《城市居民最低生活保障条例》将城市低保标准的制定权限赋予县级人民政府和设区的市级人民政府，《国务院关于在全国建立农村最低生活保障制度的通知》将农村低保标准的制定权限赋予县级以上地方人民政府。为加强低保标准制定的科学性，减少人为因素影响，加强城乡和区域统筹，《国务院关于进一步加强和改进最低生活保障工作的意见》（国发〔2012〕45 号）要求，省级人民政府可根据区域经济社会发展情况，研究制定本行政区域内相对统一的区域标准，逐步缩小城乡差距、区域差距。《社会救助暂行办法》在此基础上进一步规定，由省、自治区、直辖市或者设区的市级人民政府制定或调整最低生活保障标准。

最低生活保障标准制定和调整权限层级的上移，是对最低生活保障制度最为突出的政策调整，也是解决一些地方在标准制定过程中，科学性不足的治本之策。一方面，这一调整有利于缩小区域低保标准差距。以往低保标准主要由县级人民政府制定，每个县（市、区）公布一个标准。受各种人为因素影响，有些地理位置相邻、经济社会发展相近的县（市、区）之间的低保标准差距非常大，特别是少数县级人民政府，没有建立科学的标准制定、调整工作机制，随意性较大，科学性明显不足。有些地区的低保标准盲目攀高，有些地区受财力制约人为压低，这些都影响了低保标准制定的科学性，进而影响了低保制度的执行效果。另一方面，这一调整有利于缩小城乡差距。省级和设区的市级人民政府可以根据当地经济社会发展水平和城镇化发展需要，统筹研究制定、公布城市低保标准和农村低保标准，从而逐步缩小低保标准和实际补助水平的城乡差距，最终实现最低生活保障制度公平可持续发展。

（四）最低生活保障标准的城乡统筹

据统计，2017 年，全年各级财政共支出城市低保资金 640.5 亿元；全国城市低保平均标准为 540.6 元/（人·月），较上年增长 9.3%；全年各级财政共支出农村低保资金 1051.8 亿元；全国农村低保平均标准为 4300.7 元/（人·年）[（平均 358.4 元/（人·月）)]，较上年增长 14.9%。从上述数字可以看出，城乡低保标准差距依然较大，逐步整合并实现统一城乡居民低保标准是我国低保制度的主要目标之一。

中共十八届六中全会提出要"推进城乡最低生活保障制度统筹发展"，城乡不同的困难人群都能享受到最低生活保障是公平型城乡低保制度的应有之义，而城乡低保标准的高低不仅取决于地方经济发展水平，也取决于低保资金的统筹层次。一是通过政策法规，逐步提高统筹层级，推动同一地域城乡低保在制度、管理、资金、标准、政策等五个方面的统筹和衔接。二是按照公平性要求，同一地域城乡同类困难人群应当执行同一低保标准，对城乡不同类型困难人群实施同一低保标准下群体有别的低保待遇。三是通过规范实施城乡差别性低保标准实现整合。随着经济社会不断发展，广州市在没有中央转移支付低保资金的情况下，完全依靠地方财政将低保障标准先后提高了 12 次，从 1995 年建立时设定的每人每月 200 元到 2015 年每人每月 650 元，2015 年 1 月 1 日，广州市城乡最低生活保障标准统一上调，实现一体化，广州是全国最早实现城乡低保一体化的城市。上海市于 2015 年 4 月 1 日起，将城乡居民低保标准统一调整为每人每月 790 元，高于北京、广州等发达城市低保标准。2015 年，上海市政府明确了上海市城市低保和农村低保将使用统一标准，实现了低保制度在低保标准、保障方式上的城乡统筹。近年来，北京市按照城乡统筹、公平平等的救助理念，注重加大农村低保标准的调整幅度，缩小城乡差距，2015 年 7 月 1 日，北京市 13 个涉农区县全部实现城乡低保标准一体化，低保标准达到了每人每月 710 元，仅次于上海，在北方城市中率先实现了低保制度的城乡统筹。近两年来，南京、长沙等多地相继统一了城乡低保标准，对于打破城乡二元壁垒、保障民生底线公平、让更多困难群众享受到经济发展成果具有重要意义。但如果不顾地方客观条件，简单推行城乡低保标准的统一，与我国经济社会发展现状和社会保障制度发展规律不相符，也不是真正的公平。承认城乡不同的经济发展水平，保证在同一地域的城乡经济发展水平下实施同一的最低生活保障水平，才是低保制度公平性的体现，也才能有效保障城乡低保人群公平享有基本生活保障的权利。因此，整合并规范城乡低保标准的实施，保证低保制度覆盖人群和地区的均衡，并使得该同类人群和地区享有一致或相近的保障水平，是目前构建统一城乡居民低保标准的关键。四是稳步提高农村居民的低保标准。整合城乡低保标准，首先要科学制定同一地域农村居民低保标准，其次在现有制度下要优先提高农村居民的低保标准，缩小地区之间农村低保标准差距以及与城镇居民的低保标准差距，经济社会发展好的地区可以逐步统一城乡居民低保标准，促进社会公平与社会和谐。

表 3.2　2018 年 1 季度分省城乡低保标准

地区	城市低保标准（元/月）	农村低保标准（元/年）
北京市	1 000.0	12 000.0
天津市	860.0	10 320.0
河北省	589.7	4 191.0
山西省	474.3	3 727.7
内蒙古自治区	612.9	5 133.1
辽宁省	566.3	4 353.8
吉林省	483.4	3 739.5
黑龙江省	551.5	3 858.9
上海市	970.0	11 640.0
江苏省	647.6	7 198.5
浙江省	730.3	8 543.9
安徽省	535.3	4 508.1
福建省	602.1	5 942.7
江西省	572.8	4 080.6
山东省	514.7	4 189.3
河南省	472.9	3 456.2
湖北省	570.0	4 774.0
湖南省	449.4	3 741.4
广东省	679.1	6 368.6

续表

地区	城市低保标准（元/月）	农村低保标准（元/年）
广西壮族自治区	518.0	3 341.0
海南省	485.8	4 340.0
重庆市	500.0	4 287.7
四川省	487.1	3 778.9
贵州省	569.5	3 814.5
云南省	516.7	3 347.8
西藏自治区	783.3	3 627.1
陕西省	534.2	3 767.8
甘肃省	473.0	3 869.0
青海省	450.6	3 393.1
宁夏回族自治区	536.8	3 814.4
新疆维吾尔自治区	414.1	3 584.8

（资料来源：民政部社会救助司）

六、最低生活保障资金

城乡最低生活保障资金是指按照国家有关规定用于保障城乡低保对象基本生活的专项资金，包括城乡低保金和城乡低保对象价格补贴、节日补贴等临时或一次性的生活补助资金。据民政部统计，2017年各级财政共支出城市低保资金640.5亿元，农村低保资金1051.8亿元。充裕的低保资金是低保制度正常运行的前提和基础，是低保工作得以开展和脱贫目标得以实现的经济基础和物质保障。

《城市居民最低生活保障条例》规定：城市居民最低生活保障所需资金，由地方人民政府列入财政预算，纳入社会救济专项资金支出项目，专项管理，专款专用。国家鼓励社会组织和个人为城市居民最低生活保障提供捐赠、资助；所提供的捐赠资助，全部纳入当地城市居民最低生活保障资金。《国务院关于建立农村居民最低生活保障制度的通知》规定：农村最低生活保障资金的筹集以地方为主，地方各级人民政府要将农村最低生活保障资金列入财政预算，省级人民政府要加大投入。地方各级人民政府民政部门要根据保障对象人数等提出资金需求，经同级财政部门审核后列入预算。中央财政对财政困难地区给予适当补助。地方各级人民政府及其相关部门要统筹考虑农村各项社会救助制度，合理安排农村最低生活保障资金，提高资金使用效益。同时，鼓励和引导社会力量为农村最低生活保障提供捐赠和资助。农村最低生活保障资金实行专项管理，专账核算，专款专用，严禁挤占挪用。

（一）管理原则

为贯彻落实《国务院关于加强和改进城乡最低生活保障工作的意见》（国发〔2012〕45号），财政部、民政部制定了《城乡最低生活保障资金管理办法》，进一步加强城乡最低生活保障资金管理。城乡低保资金管理应遵循以下原则：（1）预算管理科学精细。合理编制城乡低保资金预算，提高低保资金预算的科学性、完整性；加强预算执行管理，注重绩效考评，完善资金分配办法，提高预算支出的均衡性和有效性。（2）保障标准动态调整。根据物价变动情况和经济社会发展变化适时调整城乡低保标准，切实保障低保对象基本生活。（3）管理信息公开透明。加强低保资金管理的信息公开工作，依法公开相关政策、数据等信息，严格执行低保对象审批和资金发放的公示制度，确保补助资金用于符合条件的困难群体，实现低保对象的"应保尽保、应退尽退"。（4）资金管理规范安全。规范城乡低保资金管理程序，健全监督机制，确保城乡低保资金专项管理、分账核算、专款专用。完善资金支付和发放管理，简化环节，提高效率，确保城乡低保资金及时足额地发放到低保对象手中。

（二）资金筹集

城乡低保资金的筹集渠道包括各级财政预算安排的资金、社会捐赠收入等。各级财政部门应将城乡低保资金纳入同级财政预算。同时，通过财税优惠政策，鼓励和引导社会力量提供捐赠和资助，多渠道筹集城乡低保资金。

各级民政部门应按照预算编制要求，根据低保对象人数、低保标准、补助水平和滚存结余等有关数据，认真测算下年度城乡低保资金需求报同级财政部门。经同级财政部门审核后，列入预算草案报本级人民代表大会批准。上级财政部门应按规定及时下达城乡低保补助资金预算指标，以提高下级财政部门预算编制的完整性。各级民政、财政部门应规范城乡低保基础管理工作，加强基础数据的搜集和整理，确保相关数据的准确性和真实性，为城乡低保资金预算的编制提供可靠依据。

在年度预算执行过程中，如需调整城乡低保资金预算，应由各级民政部门根据实际情况向同级财政部门提出申请，经财政部门审核并按规定程序报批后实施。

城乡低保资金年终如有结余，可结转下一年度继续使用。城市低保资金和农村低保资金年终滚存结余一般均不得超过其当年支出总额的10%。

各级财政部门应当将城乡低保工作经费纳入财政预算，综合考虑城乡低保工作量等因素予以合理安排。基层城乡低保工作经费不足的地区，省市级财政给予适当补助。城乡低保工作经费不得从城乡低保资金中列支。

（三）资金分配

县级以上财政部门应当会同民政部门按照公开、公平、公正的原则，采取因素分配等方法，科学合理地分配城乡低保补助资金，强化"以奖代补"机制，以加强最低生活保障管理工作。因素分配方法主要依据城乡低保对象数量、地方财政困难程度、城乡低保资金安排情况等因素；以奖代补主要依据城乡低保资金绩效评价结果。中央财政城乡低保补助资金重点向贫困程度深、保障任务重、工作绩效好的地区倾斜。

各级财政、民政部门应建立健全城乡低保资金绩效评价制度，对制度实施和资金使用的效果进行评价。绩效评价的主要内容包括资金安排、预算执行、资金管理、保障措施、组织实施和实际效果等。

中央财政应当于每年 9 月 30 日前按当年扣除一次性补助之外的城乡低保补助资金实际下达数的一定比例（不低于 70%、不超过当年预算数），将下一年度城乡低保补助资金预算指标提前通知地方。中央财政提前通知地方预算指标后的剩余部分，应当在次年全国人民代表大会批准预算后 90 日内尽快下达。

各省级财政部门应相应建立城乡低保补助资金预算指标提前通知制度。在接到中央财政提前通知预算指标后的 30 日内，连同本级安排的下一年度城乡低保补助资金预算指标提前通知部分一并下达各地市县，提前通知文件同时报送财政部、民政部。

（四）资金发放

城乡低保资金原则上实行社会化发放，通过银行、信用社等代理金融机构，直接发放到户。县级财政、民政部门应当以低保家庭为单位为其在代理金融机构开设专门账户，代理金融机构不得以任何形式向城乡低保对象收取账户管理费用；实行涉农资金"一卡（折）通"的地方，应当将农村低保资金纳入"一卡（折）通"，统一发放。

县级民政部门应当及时将低保对象花名册及当期发放的低保资金数额清单报同级财政部门，财政部门应当按照财政国库管理制度有关规定及时审核并支付资金。

城乡低保金应当按月发放，于每月 10 日前发放到户。个别金融服务不发达地方的农村低保金可以按季发放，于每季度初 10 日前发放到户。城乡低保对象价格补贴、节日补贴等临时或一次性的生活补助资金，应当按照有关要求及时足额发放到户。

年度终了，地方各级民政部门应按照规定认真做好城乡低保资金的清理和对账工作，并按要求向同级财政部门报送城乡低保资金年度执行情况及相关说明。

（五）监督管理

各级财政、民政部门和经办人员应严格按规定使用城乡低保资金，不得擅自扩大支出范围，不得以任何形式挤占、截留、滞留和挪用，不得向低保对象收取任何管理费用。对违规使用低保资金的，按有关规定严肃处理。各级财政、民政部门应当建立健全财务管理制度，健全城乡低保资金发放台账，做好与金融机构的定期对账工作。

各级财政、民政部门应建立健全城乡低保资金信息公开制度，对资金的管理办法、分配因素和使用情况等，积极主动向社会公开并接受监督。各级财政、民政部门应建立健全对资金安排、预算执行、资金管理、保障措施、组织实施和实际效果等的资金监督检查制度，定期或不定期地进行检查，及时发现和纠正有关问题。

财政部驻各地财政监察专员办事处在规定的职权范围内，依法对城乡低保资金的使用管理进行监督检查。各级财政、民政部门应自觉接受审计、监察等部门和社会的监督。

第二节 救助程序

对于国家来说，向贫困者给予救助是其义不容辞的责任；对于政府来说，保障公民基本生活是其基本职能之一；对于每个公民来说，得到生活救助是他们的一项基本权利。一些国家在生活救助制度中明确规定，生活救助工作人员从接受申请到待遇发放过程中，应该用友善、帮助的态度对贫困者予以物质支持和精神鼓励，不得过分怀疑、挑剔、盘查，以免发生歧视受助者的行为。尽管如此，为了规避生活救助中的道德风险，所有的生活救助制度中都附有严格的资格审查与相关管理规定。审核审批程序是最低生活保障工作规范管理的具体体现，直接关系到保障权利的公平性、实施过程的公开性和落实结果的公正性。《社会救助暂行办法》对最低生活保障申请、审核、评议、审批、公示和发放程序均作出了严格规定。我国的最低生活保障待遇按照个人申请、社区居委会核查、街道办事处（乡镇人民政府）审核、县级民政部门审批的程序办理。

一、申请

《城市居民最低生活保障条例》第七条规定："申请享受城市居民最低生活保障待遇，由户主向户籍所在地的街道办事处或者镇人民政府提出书面申请，并出具有关证明材料，填写《城市居民最低生活保障待遇审批表》。"《社会救助暂行办法》第十一条规定："由共同生活的家庭成员向户籍所在地的乡镇人民政府、街道办事处提出书面申请；家庭成员申请有困难的，可以委托村民委员会、居民委员会代为提出申请。"《办法》明确了乡镇人民政府、街道办事处的受理主体责任，这意味着乡镇人民政府、街道办事处的社会救助经办机构和经办人员应当及时受理困难群众提出的低保金申请，仔细核查每一份申请材料，没有正当理由不得拒绝受理。在申请人申请困难的情况下，申请人可以委托村（居）民委员会这样的基层群众性自治组织，代其向乡镇人民政府、街道办事处提交申请。

（一）提交申请书

申请家庭由户主以家庭为单位提交申请书和申请材料，申请人有下列情况之一的，可以单独提出申请：（1）困难家庭中丧失劳动能力且单独立户的成年重度残疾人。（2）脱离家庭、在宗教场所居住三年以上（含三年）的生活困难的宗教教职人员。

申请人或者其家庭成员的户籍有下列情况之一的，可以按以下方式办理：（1）在同一市县辖区内，申请人经常居住地与户籍所在地不一致的，根据市县人民政府的规定，申请人凭户籍所在地县级人民政府民政部门出具的未享受最低生活保障的证明，可以向经常居住地乡镇人民政府（街道办事处）提出申请。（2）户籍类别相同但家庭成员户口不在一起的家庭，应将户口迁移到一起后再提出申请。因特殊原因无法将户口迁移到一起的，可选择在户主或者其主要家庭成员的户籍所在地提出申请，户籍不在申请地的其他家庭成员分别提供各自户籍所在地县级人民政府民政部门出具的未享受低保的证明。（3）共同生活的家庭成员分别持有非农业户口和农业户口的，一般按户籍类别分别申请城市低保和农村低保。

（二）证明材料

申请人在提出申请时，应当提供相应的证明材料，填写《最低生活保障待遇审批表》。申请人出具的证明材料主要有两类：一类是证明身份的材料，如居民户口簿、居民身份证、下岗证、离退休证、结婚证、离婚证或判决书、残疾证、学生证或入学通知书等。另一类是证明收入的材料，如就业境况证明、收入状况证明、劳动力状况证明、养老保险证明、失业保险证明、下岗职工基本生活费用证明、按政策领取一次性补助费的数额及用途证明等。具体包括：

（1）申请书、居民户口簿、居民身份证、户主照片；

（2）结婚证或离婚证（法院判决书等）；

（3）户主及家庭成员从事工作的有关证件及证明材料（在职职工提供近 6 个月工资收入的单位证明）、近期无收入的人员提供近 3 个月家庭电费和电话费缴费单等资料；

（4）下岗证、养老保险证明、失业保险证明、离（退）休证、下岗职工基本生活费证明、按有关政策领取一次性补助费的数额及用途证明；

（5）劳动能力状况证明、伤残证等；

（6）符合就业条件而未就业人员，需首先到有关部门进行求职登记，并由有关部门提供求职登记证明。

（7）民政部门认为需要提供的其他材料等。

（三）申请人义务

申请人应当履行以下义务：

（1）按规定提交相关材料，书面声明家庭收入和财产状况，并签字确认；

（2）履行授权核查家庭经济状况的相关手续；

（3）承诺所提供的信息真实、完整。

二、受理

乡镇人民政府（街道办事处）应当对申请人或者其代理人提交的材料进行审查，材料齐备的，予以受理；材料不齐备的，应当一次性告知申请人或者其代理人补齐所有规定材料。乡镇人民政府（街道办事处）应当及时受理低保申请，农村地区可以实行定期集中受理。

申请低保时，申请人与低保经办人员和村（居）民委员会成员有近亲属关系的，应当如实申明。对已受理的低保经办人员和村（居）民委员会成员近亲属的低保申请，乡镇人民政府（街道办事处）应当进行单独登记。

"低保经办人员"是指涉及具体办理和分管低保受理、审核（包括家庭经济状况调查）、审批等事项的县级人民政府民政部门及乡镇人民政府（街道办事处）工作人员。

"近亲属"包括配偶、父母、子女、兄弟姐妹、祖父母、外祖父母、孙子女、外孙子女。

三、核查

乡镇人民政府（街道办事处）应当自受理低保申请之日起 10 个工作日内，在村（居）民委员会协助下，组织驻村干部、社区低保专干等工作人员对申请人家庭经济状况和实际生活情况逐一进行调查核实。每组调查人员不得少于 2 人。

（一）核查内容

社区居委会对申请人所填写的家庭收入和家庭实际生活情况进行审查，并对申请人提出必要的询问和调查，查证申请人家庭经济状况和实际生活情况。《最低生活保障审核审批办法（试行）》第四条规定："户籍状况、家庭收入和家庭财产是认定低保对象的三个基本要件。"

1. 家庭成员

《最低生活保障审核审批办法（试行）》第五条规定："共同生活的家庭成员包括：

（1）配偶；

（2）父母和未成年子女；

（3）已成年但不能独立生活的子女，包括在校接受本科及其以下学历教育的成年子女；

（4）其他具有法定赡养、扶养、抚养义务关系并长期共同居住的人员。

下列人员不计入共同生活的家庭成员：

（1）连续三年以上（含三年）脱离家庭独立生活的宗教教职人员；

（2）在监狱、劳动教养场所内服刑、劳动教养的人员；

（3）省级人民政府民政部门根据本条原则和有关程序认定的其他人员。"

2. 家庭收入

家庭收入主要指共同生活的家庭成员在规定期限内获得的全部现金及实物收入，即扣除家庭经营费用、生产性固定资产折旧、个人所得税和社会保障支出后，家庭现金收入和实物收入之和。家庭收入主要包括：

（1）工资性收入，指因任职或者受雇而取得的工资、薪金、奖金、劳动分红、津贴、补贴以及与任职或者受雇有关的其他所得等。

核算方法可以参照劳动合同或通过调查就业和劳动报酬、各种福利收入，以及社会保险、个人所得税的缴纳情况进行认定。农村外出务工人员不能提供以上证明的，可采取以下方式计算：① 以务工地区最低工资标准计算；② 以本地区农村劳动力人均收入计算；③ 以务工地区相同行业平均收入计算。

（2）家庭经营净（纯）收入，指从事生产、经营及有偿服务活动所得。它包括从事种植、养殖、采集及加工等农林牧渔业的生产收入，从事工业、建筑业、手工业、交通运输业、批发和零售贸易业、餐饮业、文教卫生业和社会服务业等经营及有偿服务活动的收入等。

种植业收入以本地区同等作物的市场价格与实际产量核算；不能确定实际产量的，以当地去年同等作物平均产量核算。养殖业、捕捞业等收入以本地区同等养殖（捕捞）品种市场价格与实际出栏数核算；不能确定实际出栏数的，以当地同行业去年平均产量核算。其他家庭经营性收入，能够出示有效经营性收入证明的，按证明的收入计算；无收入证明，但有合同规定或固定价格的，按合同规定或固定价格计算。其他情形按当地评估标准和计算方法计算。

（3）财产性收入，包括动产收入和不动产收入。动产收入是指出让无形资产、特许权等收入，储蓄存款利息、有价证券红利、储蓄性保险投资以及其他股息和红利等收入，集体财产收入分红和其他动产收入等。不动产收入是指转租承包土地经营权、出租或者出让房产以及其他不动产收入等。

财产租赁、转租等收入，参照双方签订的相关合法有效合同、协议认定；个人不能提供相关合同、协议的，参照当地同类资产的实际价格计算。储蓄存款利息、有价证券红利、投资股息红利等可以按照金融机构出具的证明计算，集体财产收入分红按集体出具的分配记录计算。

（4）转移性收入，指国家、单位、社会团体对居民家庭的各种转移支付和居民家庭间的收入转移。它包括赡养费、扶养费、抚养费，离退休金、失业保险金，社会救济金、遗属补助金、赔偿收入，接受遗产收入、接受捐赠（赠送）收入等。

有实际发生数额凭证的，以凭证数额计算；有协议、裁决或判决法律文书的，按照法律文书所规定的数额计算。赡（抚、扶）养费无法确定具体数额的，按照设区的市级以上人民政府确定的核算办法进行核算。

（5）其他应当计入家庭收入的项目。

农村低保申请人家庭按国家规定所获得的优待抚恤金、计划生育奖励与扶助金以及教育、见义勇为等方面的奖励性补助，不计入家庭收入。"十二五"期间新型农村社会养老保险中央基础养老金暂不计入家庭收入。其他不计入家庭收入的项目，由设区的市级以上地方人民政府确定。

3. 家庭财产

家庭财产主要包括：

（1）银行存款和有价证券；

（2）机动车辆（残疾人功能性补偿代步机动车辆除外）、船舶；

（3）房屋；

（4）债权；

（5）其他财产。

现金、银行存款按照申请人及其家庭成员账户金额认定；股票类金融资产按照股票市值和资金账户余额或净值认定。住房按照产权证、使用证等的登记人认定；机动车辆、船舶和大型农机具（收割机、拖拉机、机动脱粒机等）等按照登记人认定；其他非生活必需的高值物品等财产，按现值认定。各地人民政府可按照上述方法及原则，进一步细化规定，明确相关事项的具体核算办法。

（二）核查主体

乡镇人民政府（街道办事处）是低保申请家庭经济状况核查的责任主体，应当指导申请家庭真实、完整地填写家庭成员、家庭收入和家庭财产申报表，履行个人申报程序，并在村（居）民委员会协助下入户实地调查，详细核查收入、财产等事项。县级人民政府民政部门应当全面审查乡镇人民政府（街道办事处）上报的调查材料和审核意见，并通过居民家庭经济状况核对平台进行收入、财产核对。各地要认真总结推广通过政府购买服务等方式委托社会工作服务机构等独立第三方组织开展农村低保申请家庭经济状况核查的经验做法，不断提高经济状况核查工作的透明度和社会参与度。

（三）核查方式

在申请人书面声明其家庭收入、财产情况和家庭实际生活状况后，乡镇人民政府（街道办事处）的社会救助经办机构应当根据农村低保申请家庭经济状况核查内容、项目及其特点，综合考虑适用范围、人员力量、成本效率等因素，采取信息核对、实证调查、评估测算等方式开展核查。

1. 信息核对

经低保申请人及其家庭成员授权，乡镇人民政府（街道办事处）通过县级以上人民政府民政部门与公安、人力资源社会保障、国土资源、住房城乡建设、农业、金融、保险、工商、税务、住房公积金等部门和机构，对低保申请家庭的户籍、机动车、就业、保险、住房、农机、农业补贴、存款、证券、纳税、公积金等方面信息和个体工商户信息进行核对，并根据信息核对情况，对申请人家庭经济状况声明的真实性和完整性提出意见。

经家庭经济状况信息核对，对符合条件的低保申请，乡镇人民政府（街道办事处）应当依程序开展入户调查。不符合条件的，乡镇人民政府（街道办事处）应当书面通知申请人并说明理由。申请人对家庭经济状况信息核对结果有异议的，应当提供相关证明材料；乡镇人民政府（街道办事处）应当对申请人提供的家庭经济状况证明材料进行审核，并组织开展复查。

2. 实证调查

通过入户调查、邻里走访、信函索证、群众评议等方式对低保申请人声明的家庭经济状况进行调查，侧重查看实物或凭证，做到有据可查、有凭为证，全面了解农村低保申请家庭的收入、财产和实际生活情况，以及其申报材料的真实性和完整性。相关佐证材料应当全部存档。

入户调查指调查人员到申请人家中了解其家庭收入、财产情况和吃、穿、住、用等实际生活状况；根据申请人声明的家庭收入和财产状况，了解其真实性和完整性。入户调查结束后，调查人员应当填写家庭经济状况核查表，并由调查人员和申请人（被调查人）分别签字。邻里访问指调查人员到申请人所在村（居）委员会和社区，走访了解其家庭收入、财产和实际生活状况。信函索证指调查人员以信函方式向相关单位和部门索取有关证明材料。乡镇人民政府（街道办事处）要对低保申请家庭进行100%入户调查核实，逐项填写调查项目，做到不漏填、不虚报、不瞒报，经办人员要对核查结果进行签字确认。采取多种措施，努力打通服务群众的"最后一公里"。引导支持社会力量参与核查工作，发挥其专业特长，确保核查工作独立、客观、公正开展。

3. 评估测算

对申请人家庭收入、财产中无实际发生凭证、难以确定实际数额的，可以依据当地确定的行业参照标准等，结合实证调查所得信息，按照当地规定的核查办法进行评估测算。各地要积极探索实施典型案例评估的做法，为相似家庭的贫困状况评估提供参照。

四、民主评议

《最低生活保障审核审批办法（试行）》第二十一条规定："家庭经济状况调查结束后，乡镇人民政府（街道办事处）应当在5个工作日内，在村（居）民委员会的协助下，以村（居）为单位对申请人家庭经济状况调查结果的客观性、真实性进行民主评议。"

（一）评议参与人

《最低生活保障审核审批办法（试行）》第二十二条规定："民主评议由乡镇人民政府（街道办事处）工作人员、村（居）党组织和村（居）委会成员、熟悉村（居）民情况的党员代表、村（居）民代表等参加。村（居）民代表人数不得少于参加评议总人数的三分之二。有条件的地方，县级人民政府民政部门可以派人参加民主评议。"

（二）评议程序

《最低生活保障审核审批办法（试行）》第二十三条规定："民主评议应当遵循以下程序：
（1）宣讲政策。乡镇人民政府（街道办事处）工作人员宣讲低保资格条件、补差发放、动态管理等政策规定，宣布评议规则和会议纪律。

（2）介绍情况。申请人或者代理人陈述家庭基本情况，入户调查人员介绍申请家庭经济状况调查情况。

（3）现场评议。民主评议人员对申请人家庭经济状况调查情况进行评议，对调查结果的真实性和完整性进行评价。

（4）形成结论。乡镇人民政府（街道办事处）工作人员根据现场评议情况，对申请人家庭经济状况调查结果的真实有效性作出结论。

（5）签字确认。民主评议应当有详细的评议记录。所有参加评议人员应当签字确认评议结果。"

《最低生活保障审核审批办法（试行）》第二十四条规定："对民主评议争议较大的低保申请，乡镇人民政府（街道办事处）应当重新组织家庭经济状况调查核实。"

五、审核审批

在低保工作中，一般按照下列程序进行审核审批。

（一）乡镇人民政府（街道办事处）审核

乡镇人民政府（街道办事处）应当根据家庭经济状况信息核对、入户调查、民主评议等情况，对申请家庭是否给予低保提出建议意见，并及时在村（居）民委员会设置的村（居）务公开栏公示入户调查、民主评议和审核结果。公示期为 7 天。公示结束后，乡镇人民政府（街道办事处）应当将申请材料、家庭经济状况调查结果、民主评议情况等相关材料报送县级人民政府民政部门审批。

（二）县（市、区）民政局审批

县级人民政府民政部门应当自收到乡镇人民政府（街道办事处）审核意见和相关材料 5 个工作日内提出审批意见。拟批准给予低保的，应当同时确定拟保障金额。对于符合条件、审批通过的低保申请家庭，要在申请人所在村、社区公示；对不符合条件、不予批准的，应当在作出审批决定 3 日内，通过乡镇人民政府（街道办事处）书面告知申请人或者其代理人并说明理由。县级人民政府民政部门还应当进一步完善异议复核制度，调查核实、认真处理群众对于审批结果提出的异议，提出维持或变更审批意见的决定。

县级人民政府民政部门在提出审批意见前，应当全面审查乡镇人民政府（街道办事处）上报的申请材料、调查材料和审核意见（含群众评议结果），并按照不低于30%的比例入户抽查。对单独登记的低保经办人员和村（居）民委员会成员近亲属的低保申请，以及有疑问、有举报或者其他需要重点调查的低保申请，县级人民政府民政部门应当全部入户调查。不得将不经过调查核实的任何群体或者个人直接审批为低保对象。

有条件的地方，县级人民政府民政部门可以邀请申请人户籍所在地乡镇人民政府（街道办事处)、村(居)民委员会派人参与低保审批,对申请家庭是否符合低保条件提出审批意见。

六、公示

公示是确保低保制度公平、公正实施的重要保证。《最低生活保障审核审批办法(试行)》第二十九条规定:"县级人民政府民政部门应当对拟批准的低保家庭通过乡镇人民政府(街道办事处)、村(居)民委员会固定的政务公开栏、村(居)务公开栏以及政务大厅设置的电子屏等场所和地点进行公示。公示内容包括申请人姓名、家庭成员、拟保障金额等。公示期为 7天。公示期满无异议的,县级人民政府民政部门应当在 3 个工作日内作出审批决定,对批准给予低保的,发给低保证,并从批准之日下月起发放低保金。对公示有异议的,县级人民政府民政部门应当重新组织调查核实,在 20 个工作日内作出审批决定,并对拟批准的申请重新公示。"

审核公示由乡镇人民政府、街道办事处负责,审批公示由县级人民政府民政部门负责。组织公示的地点应当是申请人所在村或城镇社区,公示可以依托固定的政务公开栏、村(居)务公开栏或者政务大厅设置的电子屏等场所和地点进行。为了便于群众监督,审核公示环节主要公开入户调查、群众评议和审核结果,审批公示的内容主要包括申请人姓名、家庭成员、拟保障金额等,但不得公开与给予最低生活保障无关的信息。同时,县级以上地方人民政府民政部门和乡镇人民政府(街道办事处)应当公开低保监督咨询电话,主动接受社会和群众对低保审核审批工作的监督、投诉和举报。有条件的地方可以省为单位设置统一的举报投诉电话。县级以上地方人民政府民政部门和乡镇人民政府(街道办事处)应当健全完善举报核查制度,对接到的实名举报,应当逐一核查,并及时向举报人反馈核查处理结果。县级以上地方人民政府民政部门和乡镇人民政府(街道办事处)应当健全完善举报核查制度,对接到的实名举报,应当逐一核查,并及时向举报人反馈核查处理结果。

七、保障金发放

最低生活保障制度的救助方式是差额补助,《社会救助暂行办法》第十二条规定:"对批准获得最低生活保障的家庭,县级人民政府民政部门按照共同生活的家庭成员人均收入低于当地最低生活保障标准的差额,按月发给最低生活保障金。"《最低生活保障审核审批办法(试行)》第二十七条规定:"保障金额应当按照核定的申请人家庭人均收入与当地低保标准的差额乘以共同生活的家庭成员人数计算。"

县级人民政府民政部门应当按月向低保对象发放最低生活保障金。低保金原则上实行社会化发放,通过银行、信用社等代理金融机构,直接支付到低保家庭的账户。近年来包括农村在内的我国广大地区金融业务发展迅速,银行、信用社等金融机构布局广泛。低保金采用社会化发放有助于提高工作效率、减少发放环节,及时满足困难群众的基本生活需求。县级财政、民政部门应当按照财政国库管理相关规定,通过低保对象以家庭为单位在金融机构开设的专门账户，按月将最低生活保障金足额、及时发放到位，由低保对象持银行卡或存折自行到金融机构领取。特殊情况下，或者暂时不具备通过金融机构发放条件的地区，可适当放宽低保金发放周期。

低保金应当按月发放，每月 10 日前发放到户。金融服务不发达的农村地区，低保金可以按季发放，每季度初 10 日前发放到户。

第三节　监督管理

一、分类施保

所谓分类施保，就是对城乡低保对象中的特殊困难家庭，在已核定补助数额的基础上，根据其困难程度适当增加补助金额，以更好地保障其基本生活。2003 年底，民政部要求全国各地把分类施保作为完善城市居民最低生活保障制度的重要内容，具体实施办法由各地研究制定。地方政府在推行低保制度时要制定相关政策对有大病重病、严重残疾、子女上学、单亲、年老等情况的低保家庭，在发放低保金时要给予重点照顾，适当倾斜，以切实保障他们的基本生活。对贫困人员实行分类救助，重点照顾有特殊困难的群体，既是我国社会救助制度的传统，也是国际上通行的做法。

《社会救助暂行办法》规定，对获得最低生活保障后生活仍有困难的老年人、未成年人、重度残疾人和重病患者，县级以上地方人民政府应当采取必要措施给予生活保障。这在行政法规层面吸收了各地普遍做法，第一次对分类施保的做法进行规范，是对低保制度的进一步健全和完善。低保制度原有的设计，强调收入水平，对支出因素考虑相对较少，低保对象在致贫原因、困难程度和实际救助需求等方面存在较大的个体差异，按照低保标准计算，部分特殊困难低保对象由于自身特殊原因，得到的低保金与实际需求之间可能还存在一定差距。只有针对这些特殊对象的实际困难，提供差异化的服务，做到突出重点，兼顾一般，才能保障好他们的生活，提高最低生活保障制度的针对性、科学性。《社会救助暂行办法》对四种类型的特困群体提出了救助要求，就是要在以家庭为单位救助、补差发放低保金的同时，体现对特殊困难群体的特别关爱。各地在落实分类施保政策过程中，可以结合实际，按照"重点突出、补助合理、体现差别、量力而行"的原则，进一步细化分类施保的对象类别，制定切实可行的方案，做到应保尽保的同时，探索总结分类施保的经验和做法，适当提高这些特殊困难群体的救助水平，使这些特殊困难群众的基本生活切实得到保障。

（一）分类施保的依据

根据享受城乡低保待遇家庭成员的劳动能力、致贫原因、困难程度和自救能力，制定相应的救助标准，提高享受城乡低保待遇家庭中老年人、未成年人、重度残疾人和重病患者的救助标准，改善其生活。城乡最低生活保障制度对于保障大多数困难家庭生活起到了重要作用，但对于特殊困难的家庭又有着明显的不足。为更好地体现以人为本，应当把生活最困难、最需要帮助的家庭作为保障重点。

（二）分类施保的人员范围

从各地推行分类施保工作的实际情况来看，分类施保对象是城乡居民最低生活保障对象中因重大疾病、慢性疾病、残疾、年老、未成年、就学等原因造成生活困难的人员。一般主要包括：

1．重大疾病患者

重大疾病患者指患有癌症、终末期肾病（尿毒症）、白血病、先天性心脏病、重性精神疾病、耐多药肺结核、艾滋病机会性感染、急性心肌梗塞、脑梗死、血友病、Ⅰ型糖尿病、唇腭裂、系统性红斑狼疮、重症胰腺炎、器官移植术后抗排异治疗、再生障碍性贫血、肝硬化、脑瘫等疾病、重性精神疾病的对象；

重性精神疾病指精神分裂症、分裂情感性障碍、持久的妄想性障碍（偏执性精神病）、双相（情感）障碍、癫痫所致精神障碍、精神发育迟滞伴发精神障碍。

慢性病患者指患有高血压 2 级及以上伴心、脑、肾损害；Ⅱ型糖尿病；慢性肺心病、风心病、心肌病合并心功能不全或心律失常；冠心病；帕金森氏病，癫痫；非重性精神疾病；急性脑血管病；慢性阻塞性肺气肿合并感染；肌萎缩侧索硬化，重症肌无力；乙型肝炎；甲亢、甲减等疾病的对象。

重病、慢性病患者在申请分类施保时须提供近三个月内二级以上医保定点医院出具的疾病诊断证明及相关的检查化验报告单、门诊病历或住院病历。

2．重度残疾人

重度残疾人指以《中华人民共和国残疾人证》为准，一、二级残疾的对象和以《中华人民共和国残疾军人证》《中华人民共和国伤残人民警察证》《中华人民共和国伤残国家机关工作人员证》《中华人民共和国伤残民兵民工证》为准，一、二、三级残疾的对象。

中度残疾人指以《中华人民共和国残疾人证》为准，三级残疾（含四级视力残疾）的对象和以《中华人民共和国残疾军人证》《中华人民共和国伤残人民警察证》《中华人民共和国伤残国家机关工作人员证》《中华人民共和国伤残民兵民工证》为准，四级残疾的对象。

3．老年人

老年人指以身份证为准，年满 70 周岁以上对象。

4．学龄前儿童

学龄前儿童指以身份证号为准，年龄未满 6 周岁的对象。

5．义务教育阶段学生

义务教育阶段学生指以学生证（证明）为准，正在接受国家义务教育的小学生、初中生。

6. 非义务教育阶段学生

非义务教育阶段学生指以学生证（证明）为准，正在接受国家教育的高中生、中职生、大学生。

7. 城乡三无对象

城乡三无对象指无劳动能力、无生活来源且无法定赡养、抚养、扶养义务人，或者其法定赡养、抚养、扶养义务人无赡养、抚养、扶养能力的对象。

8. 失独老人

失独老人指由县（区）卫计部门认定的独生子女死亡且未再生育或收养子女家庭中的 60 岁以上老年人。

低保的分类施保也是实行的属地管理原则，个别经济实力强，低保资金充足的地方人民政府，除了以上所列的几类基本重点保障对象外，还把一些特殊困难的个人和家庭列入了分类施保的对象中，如：低保家庭中的优抚对象、收养孤儿的低保家庭、单亲家庭、突遭严重灾害的低保家庭、符合国家计划生育政策，无力承担住院分娩费用的城乡低保家庭中的孕产妇等。

（三）分类施保标准

由于以上特殊因素导致低保家庭或家庭成员按原低保补助标准已不能维持家庭或有关家庭成员最低生活水平的，应适当提高其家庭或个人的保障标准，以保障他们的基本生活。原则上，月补助标准可在该家庭或家庭成员原享受保障标准的基础上提高 20%至 50%，具体额度由各地根据实际情况（如大病病种、残疾程度、受灾害程度及是否能够维持基本生活等）自行确定。比如：

（1）对城市低保对象中的三无人员，按不低于当地低保标准的 70%增发保障金。

（2）对低保家庭中的 70 周岁以上老年人，按每人每月不低于当地低保标准的 20%增发保障金。

（3）对低保家庭中的儿童，按每人每月不低于当地低保标准的 30%增发保障金。

（4）对低保家庭中的重度残疾人，盲人、严重低视力及智力残疾、精神残疾、一级肢体残疾者，按每人每月不低于当地低保标准的 50%增发保障金；对言语、听力、肢体残疾三级以上的残疾人，按每人每月不低于当地低保标准的 30%增发保障金。

（5）对低保家庭中的重病患者，按每人每月不低于当地低保标准的 50%增发保障金。

（6）对低保家庭中的单亲未成年人，如父母离异，按每人每月不低于当地低保标准的 30%增发保障金；如父母一方去世，按每人每月不低于当地低保标准的 50%增发保障金。

（7）对低保家庭中的哺乳期妇女，在哺乳期内，按每人每月不低于当地低保标准的 70%增发保障金。

（8）对低保家庭中的非义务教育阶段学生，按每人每月不低于当地低保标准的 60%增发保障金。

对上述各类人员增发的保障金不得高于当地最低生活保障标准；低保对象同时符合上述多项条件的，按其中最高一项补助，不得同时享受。

二、动态管理与定期核查制度

《最低生活保障审核审批办法（试行）》第三十二条规定："县级人民政府民政部门应当根据低保对象的年龄、健康状况、劳动能力以及家庭收入来源等情况对低保家庭实行分类管理。乡镇人民政府（街道办事处）应当根据低保家庭成员和其家庭经济状况的变化情况进行分类复核，并根据复核情况及时报请县级人民政府民政部门办理低保金停发、减发或者增发手续。低保家庭应当向乡镇人民政府（街道办事处）定期报告家庭人口、收入和财产状况的变化情况。"《社会救助暂行办法》第十三条规定："最低生活保障家庭的人口状况、收入状况、财产状况发生变化的，应当及时告知乡镇人民政府、街道办事处。县级人民政府民政部门以及乡镇人民政府、街道办事处应当对获得最低生活保障家庭的人口状况、收入状况、财产状况定期核查。最低生活保障家庭的人口状况、收入状况、财产状况发生变化的，县级人民政府民政部门应当及时决定增发、减发或者停发最低生活保障金；决定停发最低生活保障金的，应当书面说明理由。"

动态管理是最低生活保障工作的基本原则之一，是低保规范化管理的重要内容。加大低保动态管理力度，实现应保尽保，应退即退，是确保有限的救助资金真正用于最需要帮助的困难群众身上，提高资金使用效率，维护社会公平正义的重要手段。动态管理一般体现在两个方面：一是人员的动态调整。即将申请低保并符合条件的困难群众及时纳入最低生活保障，同时结合定期核查制度，将不再符合条件的及时退出救助范围，实现低保对象有进有出，消除部分对象对最低生活保障的依赖性；二是救助金额的动态调整。按照补差发放的原则，根据定期核查的低保家庭人口、财产和收入等变化情况重新计算应当享受的最低生活保障金额，及时增发或减发最低生活保障金，实现补助水平有升有降的政策要求。对于停发低保金的，民政部门要书面说明停发理由，这是保护低保对象知情权的具体举措，也是救助工作科学规范的重要内容。

定期核查是加强社会救助经办机构职责，实现动态管理的重要手段。县级人民政府民政部门以及乡镇人民政府、街道办事处应当对获得最低生活保障家庭的人口状况、收入状况、财产状况定期核查。实际工作中，各地一般采取入户调查、邻里走访、信息核查等方式进行。为确保核查工作的科学性，各地可以对低保对象进行分类核查。即对收入来源不固定、成员有劳动能力和劳动条件的低保家庭，可以城市按月、农村按季进行核查；对无生活来源、无劳动能力又无法定赡养、抚养、扶养义务人的"三无"人员，由于其家庭收入较长时期内不会发生较大的变化，所以每年核查一次；对短期内收入变化不大的家庭，可以每半年核查一次。

对低保实行动态管理，是低保制度实施过程中的重要环节，是规范和改进低保工作的必然选择。低保制度实施过程，是一个低保对象"进入或再进入低保——享受低保——退出低保"

的动态过程，三个阶段之间并非单一运行，而是相互动态衔接的。在低保制度实施过程中，做到低保对象有进有出、补助水平有升有降，构建一个良性动态运行机制，符合我国低保工作的基本原则。

低保实行动态管理，做到低保对象有进有出，有利于构建低保良性循环动态运行机制。低保制度不是封闭凝固的静态系统，任何贫困人口进入低保，并不意味着可以终身享受低保政策。低保制度的贯彻实施，并非任何个体的终身福利，而是应当根据其收入和实际生活水平变化情况，实行动态管理，对低保对象进行有进有出的动态调整，及时把符合低保条件的贫困群体纳入或重新纳入低保保障范围，对其中部分或全部无劳动能力的贫困群体，通过低保进行"兜底"保障，而对于低保对象中有劳动能力的人，通过政府的救助、引导以及自身的努力，有效摆脱贫困，实现脱贫致富，最终对家庭人均收入超过低保标准线的对象予以及时清退。对低保对象实行有进有出、有激励有约束的动态调整和管理，确保真正贫困的人群能够进入低保、享受低保，这也是对政府如何在低保制度设计和实施过程中明智开展动态管理的挑战和考验。

低保实行动态管理，做到补助水平有升有降，有利于充分发挥和提高有限的低保资金的最大效用。在低保制度实施过程中，通过对低保对象的家庭收入和实际生活水平动态变化情况的核查，及时对低保对象进行分类救助，动态调整对低保对象补助金的增发、减发、停发，有利于保障有限的低保资金实现最优配置，最大限度地提高低保资金的使用效率，确保低保资金真正用于最需要帮助的贫困群体。同时，补助水平的升降还体现在当地低保标准适时、适度的动态变化上，政府应及时根据政府财政能力、社会经济发展现状以及人民生活水平变化情况，对当地低保标准进行动态调整，以保证在物价上涨的情况下，制定和调整的低保标准能够满足贫困家庭的基本生活开支。实行低保动态管理，做到补助水平有升有降，能够最大程度缩小贫富者之间、甚至是贫困者之间由于起点不公平带来的经济和社会地位的差距，保障城乡贫困家庭的基本生活免于陷入绝境，紧紧兜住城乡地区民生底线。

近年来，民政部指导各地不断加强对低保对象的动态管理，"应进则进，应退则退"。2017年1—11月，全国低保对象因家庭收入变化等因素累计退出833.1万人、新增611万人。这是动态管理的结果，退出、新增，每年都在发生。而且按照《社会救助暂行办法》规定，一般一季度到半年核对一次，有些地方做得细一点，针对不同对象，三个月一核对，或者半年一核对、一年一核对。如重庆市民政部门根据城市低保对象家庭成员就业能力和收入状况，对低保家庭进行A、B、C分类管理。A类家庭是指"三无"人员和有重病、重残人员且家庭成员收入基本无变化的家庭；B类家庭是指家庭成员和收入状况相对稳定的家庭；C类家庭是指在法定就业年龄内且有劳动能力尚未就业或灵活就业，收入可变性大的家庭。低保工作人员采取定期复核和重点督查的方式，对低保家庭进行复核。对A类家庭每年复核一次，每季度抽查一次；对B类家庭每半年复核一次，每季度抽查一次；对C类家庭每季度复核一次。抽查是对申报材料有疑问的、家庭中有达到法定退休年龄的人员、劳动年龄段人员、被举报的低保对象等进行重点调查核实。抽查过程中如发现外出务工的城市低保劳动年龄段人员，每月应提供务工单位出具的工资收入证明，报社区居委会备案。经过复核抽查后，对家庭情况有变化的，应及时按程序办理最低生活保障待遇的调整手续，该停则停、该增则增、该减则减。并规定低保家庭应在复核期限到期前一个月提出续保申请，无特殊情况未提出续保申请的，视为自动退出低保。通过动态管理和定期核查制度，2017 年重庆全市城市居民最低生活保障 21.15 万户、33.97 万人，全市农村居民最低生活保障 32.4 万户、60.22 万人，新增低保对象 3.2 万人左右，减少不符合条件人员 4000 人左右。

在实际工作中，各级民政部门每年根据文件要求，定期或不定期对低保对象家庭进行年度核查和收入复核，主要是对低保家庭的家庭结构、收支变化情况等进行追踪复核和报告，民政部门结合收入复核结果，根据实际变化情况，按程序调整低保家庭享受的保障水平，并将不符合低保条件的低保对象及时清退出低保系统，取消其所享受的低保保障待遇；同时，对通过复核甄别出的符合低保保障条件而未被纳入低保系统的群体，及时将其纳入低保保障范围，避免发生"漏保"现象；另外，通过收入复核，对家庭收入和家庭成员有变动的低保对象其分类救助情况进行调整，低保对象的补助水平也随着变动情况有所升降，最终实现低保动态管理。

对低保对象家庭收入及家庭基本情况进行复核，是低保部门每年度都必须要开展的工作。对低保对象收入复核的意义，不仅在于对复核出的不再符合低保条件的家庭及时停发低保金、清退出低保保障范围，以及将符合低保条件的对象及时纳入保障范围；同时还在于，通过低保收入复核工作，对过去的低保工作进行一次全面的"梳理"和"回顾"，及时检查和纠正低保制度实施中存在的违规问题。因为在低保对象认定阶段，初次对低保对象开展收入核查，可能会存在各种主客观因素，影响低保对象的准确瞄准，比如：受当时工作条件和水平的限制，对收入的核算不准确，对低保对象的认定产生偏差；或者对低保制度执行把关不严，低保工作人员存在隐藏的违规行为等。而通过对低保对象收入进行复核，能够及时有效弥补低保对象认定环节的不足之处，发现和纠正存在的工作失误甚至违规现象，对存在的问题及时整改，具体落实责任，以确保低保对象"该上的必须上，该下的必须下"。

三、法律监督

《城市居民最低生活保障条例》第十二条规定："财政部门、审计部门依法监督城市居民最低生活保障资金的使用情况。"该条例第十三条规定："从事城市居民最低生活保障管理审批工作的人员有下列行为之一的，给予批评教育，依法给予行政处分；构成犯罪的，依法追究刑事责任：（1）对符合享受城市居民最低生活保障待遇条件的家庭拒不签署同意享受城市居民最低生活保障待遇意见的，或者对不符合享受城市居民最低生活保障待遇条件的家庭故意签署同意享受城市居民最低生活保障待遇意见的；（2）玩忽职守、徇私舞弊，或者贪污、挪用、扣压、拖欠城市居民最低生活保障款物的。"该条例第十四条规定："享受城市居民最低生活保障待遇的城市居民有下列行为之一的，由县级人民政府民政部门给予批评教育或者警告，追回其冒领的城市居民最低生活保障款物；情节恶劣的，处冒领金额 1 倍以上 3 倍以下的罚款：（1）采取虚报、隐瞒、伪造等手段，骗取享受城市居民最低生活保障待遇的；（2）在享受城市居民最低生活保障待遇期间家庭收入情况好转，不按规定告知管理审批机关，继续享受城市居民最低生活保障待遇的。"该条例第十五条规定："城市居民对县级人民政府民政部门作出的不批准享受城市居民最低生活保障待遇或者减发、停发城市居民最低生活保障款物的决定或者给予的行政处罚不服的，可以依法申请行政复议；对复议决定仍不服的，可以依法提起行政诉讼。"

2012 年，为进一步规范和加强最低生活保障管理工作，《国务院关于进一步加强和改进最低生活保障工作的意见》（国发〔2012〕45 号）提出，要健全最低生活保障工作监管机制，建立健全投诉举报核查制度。意见要求地方各级人民政府要将最低生活保障政策落实情况作为督查督办的重点内容，定期组织开展专项检查；民政部、财政部要会同有关部门对全国最低生活保障工作进行重点抽查。财政、审计、监察部门要加强对最低生活保障资金管理使用情况的监督检查，防止挤占、挪用、套取等违纪违法现象发生。建立最低生活保障经办人员和村（居）民委员会干部近亲属享受最低生活保障备案制度，县级人民政府民政部门要对备案的最低生活保障对象严格核查管理。充分发挥舆论监督的重要作用，对于媒体发现揭露的问题，应及时查处并公布处理结果。要通过政府购买服务等方式，鼓励社会组织参与、评估、监督最低生活保障工作，财政部门要通过完善相关政策给予支持。

各地要公开最低生活保障监督咨询电话，畅通投诉举报渠道，健全投诉举报核查制度。有条件的地方要以省为单位设置统一的举报投诉电话。要切实加强最低生活保障来信来访工作，推行专人负责、首问负责等制度。各级人民政府、县级以上人民政府民政部门应当自受理最低生活保障信访事项之日起 60 日内办结；信访人对信访事项处理意见不服的，可以自收到书面答复之日起 30 日内请求原办理行政机关的上一级行政机关复查，收到复查请求的行政机关应当自收到复查请求之日起 30 日内提出复查意见，并予以书面答复；信访人对复查意见不服的，可以自收到书面答复之日起 30 日内向复查机关的上一级行政机关请求复核，收到复核请求的行政机关应当自收到复核请求之日起 30 日内提出复核意见；信访人对复核意见不服，仍以同一事实和理由提出信访请求的，不再受理，民政等部门要积极向信访人做好政策解释工作。民政部或者省级人民政府民政部门对最低生活保障重大信访事项或社会影响恶劣的违规违纪事件，可会同信访等相关部门直接督办。

四、城乡最低生活保障运行和管理中存在的问题及对策

最低生活保障事关困难群众衣食冷暖，事关社会和谐稳定和公平正义，是贯彻落实科学发展观的重要举措，是维护困难群众基本生活权益的基础性制度安排。近年来，随着各项相关配套政策的陆续出台，最低生活保障制度在惠民生、解民忧、保稳定、促和谐等方面作出了突出贡献，有效保障了困难群众的基本生活。但一些地区城乡低保在运行和管理中依然存

在一些不容忽视的问题，需要积极采取措施加以规范和完善。

（一）我国城乡低保存在的主要问题

1. 机制不健全，政策执行效能未能得到充分发挥

一是管理机制不够科学。对申报对象的家庭财产和收入的核实，主要是依靠经办机构和人员通过入户调查来取得，获取手段单一、内容不全，不能完全准确地掌握真实情况。缺乏统筹协调联络机制，与低保资格认定相关的基础信息采集困难，不能及时掌握低保对象的变动情况。二是审核监督机制不够严谨。主要表现为经办机构制度不健全、审批手续不完备、档案资料管理不规范，群众的监督意识不强，对保障对象的监督检查不到位，造成违规享受低保待遇问题。三是宣传公示机制不够健全。对低保政策的宣传不够全面、透彻，群众对低保政策的知晓度不高或理解片面，在政策执行过程中，低保人员名单公示不够透明，公开公示的覆盖面不大。

2. 规范化管理薄弱，"错保、漏保、人情保、关系保、息访保"屡禁不止

一是收入界定不准确。户籍状况、家庭收入、家庭财产是认定低保对象的3个基本条件，家庭收入作为界定低保的主要依据，但在实际操作过程中，有些困难家庭不如实申报家庭财产、收入及子女等情况，导致错保、漏保现象时常发生。二是动态管理难度大。随着户籍制度改革和城乡建设的发展，失地农民、拆迁户等不断增多，低保对象的多样化给动态管理带来了较大难度。三是审核把关不严格。少数经办机构没有认真开展入户调查、民主评议和公示等程序，对低保待遇程序把关不严，导致不符合低保条件的家庭或人员违规享受低保待遇。

3. 低保工作现状与低保工作要求之间有差距

建立低保制度的目的是使真正需要帮助的人得到及时的救助，并使其摆脱生存困境。由于受资金、技术等因素的影响，低保资金筹资模式不能做到"应保尽保"。目前，我国低保制度从总体上已经实现了应保尽保，但在一些欠发达省份和地区还存在着"就汤下面"的现象，即上级拨付多少资金，下面就办多少事。造成这种现象的原因，既有当地政府重视不足的因素，又有低保资金筹资模式的影响。一方面，由于低保救助很难产生直接的经济效益，而且是财政专项支出项目，所以一些地方政府对推进该政策缺乏足够的动力；另一方面，城乡低保资金主要来源是由中央财政补助和省、市、县三级财政配套资金。虽然这种筹资模式很好地兼顾到了各级政府的实际情况，也明确了各级政府的救助责任，但由于一些欠发达地区政府的财政平均收益率偏低，导致其没有足够的财力对低保资金的预算做出安排，或只是象征性地安排一点预算资金。由于低保救助资金的规模是一定的，因此这种情况可能导致一些该受到救助的对象却没有享受到制度的救济，甚至出现"漏保"现象。

4. 能力建设与低保工作的快速发展不相适应，基层民政队伍建设有待进一步加强

低保制度的有效运转，离不开法制系统、管理系统、监督系统和实施系统功能的发挥。

其中，实施系统影响着低保工作开展的质量。具体说来，实施系统是指低保工作的能力建设，即为完成低保工作必须具有一定数量的工作机构、人员编制和经费保障。从低保制度设立至今，该制度的救助对象和保障资金高速增长，但工作机构和人员编制却没有太大变化。现阶段，由于一些地方政府财政捉襟见肘，难以为低保工作提供更多的人员编制，造成了低保工作中人均服务对象比例居高不下，这种状况增加了现有专职工作人员的工作压力，也影响了低保工作的效果。为了缓解这种局面，地方政府多是通过购买服务的方式，设置公益性岗位来充实低保工作队伍。但由于公益性岗位工资较低，很难吸引那些专业素质较高的人才长期、踏实地从事低保工作。

（二）加强和改进最低生活保障工作的政策措施[①]

最低生活保障工作要以科学发展观为指导，以保障和改善民生为主题，以强化责任为主线，坚持保基本、可持续、重公正、求实效的方针，进一步完善法规政策，健全工作机制，严格规范管理，加强能力建设，努力构建标准科学、对象准确、待遇公正、进出有序的最低生活保障工作格局，不断提高最低生活保障制度的科学性和执行力，切实维护困难群众基本生活权益。地方各级政府应当采取以下措施加强和改进最低生活保障管理工作：

1. 完善最低生活保障对象认定条件

户籍状况、家庭收入和家庭财产是认定最低生活保障对象的三个基本条件。各地要根据当地情况，制定并向社会公布享受最低生活保障待遇的具体条件，形成完善的最低生活保障对象认定标准体系。同时，要明确核算和评估最低生活保障申请人家庭收入和家庭财产的具体办法，并对赡养、抚养、扶养义务人履行相关法定义务提出具体要求。科学制定最低生活保障标准，健全救助标准与物价上涨挂钩的联动机制，综合运用基本生活费用支出法、恩格尔系数法、消费支出比例法等测算方法，动态、适时调整最低生活保障标准，最低生活保障标准应低于最低工资标准；省级人民政府可根据区域经济社会发展情况，研究制定本行政区域内相对统一的区域标准，逐步缩小城乡差距、区域差距。

2. 规范最低生活保障审核审批程序

（1）规范申请程序。凡认为符合条件的城乡居民都有权直接向其户籍所在地的乡镇人民政府（街道办事处）提出最低生活保障申请；乡镇人民政府（街道办事处）无正当理由，不得拒绝受理。受最低生活保障申请人委托，村（居）民委员会可以代为提交申请。申请最低生活保障要以家庭为单位，按规定提交相关材料，书面声明家庭收入和财产状况，并由申请人签字确认。

（2）规范审核程序。乡镇人民政府（街道办事处）是审核最低生活保障申请的责任主体，在村（居）民委员会协助下，应当对最低生活保障申请家庭逐一入户调查，详细核查申请材

① 国务院．国务院关于进一步加强和改进最低生活保障工作的意见．国发〔2012〕45号．

料以及各项声明事项的真实性和完整性，并由调查人员和申请人签字确认。

（3）规范民主评议。入户调查结束后，乡镇人民政府（街道办事处）应当组织村（居）民代表或者社区评议小组对申请人声明的家庭收入、财产状况以及入户调查结果的真实性进行评议。各地要健全完善最低生活保障民主评议办法，规范评议程序、评议方式、评议内容和参加人员。

（4）规范审批程序。县级人民政府民政部门是最低生活保障审批的责任主体，在作出审批决定前，应当全面审查乡镇人民政府（街道办事处）上报的调查材料和审核意见（含民主评议结果），并按照不低于30%的比例入户抽查。有条件的地方，县级人民政府民政部门可邀请乡镇人民政府（街道办事处）、村（居）民委员会参与审批，促进审批过程的公开透明。严禁不经调查直接将任何群体或个人纳入最低生活保障范围。

（5）规范公示程序。各地要严格执行最低生活保障审核审批公示制度，规范公示内容、公示形式和公示时限等。社区要设置统一的固定公示栏；乡镇人民政府（街道办事处）要及时公示入户调查、民主评议和审核结果，并确保公示的真实性和准确性；县级人民政府民政部门应当就最低生活保障对象的家庭成员、收入情况、保障金额等在其居住地长期公示，逐步完善面向公众的最低生活保障对象信息查询机制，并完善异议复核制度。公示中要注意保护最低生活保障对象的个人隐私，严禁公开与享受最低生活保障待遇无关的信息。

（6）规范发放程序。各地要全面推行最低生活保障金社会化发放，按照财政国库管理制度将最低生活保障金直接支付到保障家庭账户，确保最低生活保障金足额、及时发放到位。

3. 建立救助申请家庭经济状况核对机制

全国要基本建立救助申请家庭经济状况核对机制。在强化入户调查、邻里访问、信函索证等调查手段基础上，加快建立跨部门、多层次、信息共享的救助申请家庭经济状况核对机制，健全完善工作机构和信息核对平台，确保最低生活保障等社会救助对象准确、高效、公正认定。经救助申请人及其家庭成员授权，公安、人力资源社会保障、住房城乡建设、金融、保险、工商、税务、住房公积金等部门和机构应当根据有关规定和最低生活保障等社会救助对象认定工作需要，及时向民政部门提供户籍、机动车、就业、保险、住房、存款、证券、个体工商户、纳税、公积金等方面的信息。民政部要会同有关部门研究制定具体的信息查询办法，并负责跨省（区、市）的信息查询工作。

4. 加强最低生活保障对象动态管理

对已经纳入最低生活保障范围的救助对象，要采取多种方式加强管理服务，定期跟踪保障对象家庭变化情况，形成最低生活保障对象有进有出、补助水平有升有降的动态管理机制。各地要建立最低生活保障家庭人口、收入和财产状况定期报告制度，并根据报告情况分类、定期开展核查，将不再符合条件的及时退出保障范围。对于无生活来源、无劳动能力又无法定赡养、抚养、扶养义务人的"三无"人员，可每年核查一次；对于短期内收入变化不大的家庭，可每半年核查一次；对于收入来源不固定、成员有劳动能力和劳动条件的最低生活保障家庭，原则上实行城市按月、农村按季核查。

5. 加强最低生活保障与其他社会救助制度的有效衔接

加快推进低收入家庭认定工作，为医疗救助、教育救助、住房保障等社会救助政策向低收入家庭拓展提供支撑；全面建立临时救助制度，有效解决低收入群众的突发性、临时性基本生活困难；做好最低生活保障与养老、医疗等社会保险制度的衔接工作。对最低生活保障家庭中的老年人、未成年人、重度残疾人、重病患者等重点救助对象，要采取多种措施提高其救助水平。鼓励机关、企事业单位、社会组织和个人积极开展扶贫帮困活动，形成慈善事业与社会救助的有效衔接。

完善城市最低生活保障与就业联动、农村最低生活保障与扶贫开发衔接机制，鼓励积极就业，加大对有劳动能力最低生活保障对象的就业扶持力度。劳动年龄内、有劳动能力、失业的城市困难群众，在申请最低生活保障时，应当先到当地公共就业服务机构办理失业登记；公共就业服务机构应当向登记失业的最低生活保障对象提供及时的就业服务和重点帮助；对实现就业的最低生活保障对象，在核算其家庭收入时，可以扣减必要的就业成本。

（三）强化工作保障，确保各项政策措施落到实处[①]

1. 加强能力建设

省级人民政府要切实加强最低生活保障工作能力建设，统筹研究制定按照保障对象数量等因素配备相应工作人员的具体办法和措施。地方各级人民政府要结合本地实际和全面落实最低生活保障制度的要求，科学整合县（市、区）、乡镇人民政府（街道办事处）管理机构及人力资源，充实加强基层最低生活保障工作力量，确保事有人管、责有人负。加强最低生活保障工作人员业务培训，保障工作场所、条件和待遇，不断提高最低生活保障管理服务水平。加快推进信息化建设，全面部署全国最低生活保障信息管理系统。

2. 加强经费保障

省级财政要优化和调整支出结构，切实加大最低生活保障资金投入。中央财政最低生活保障补助资金重点向保障任务重、财政困难地区倾斜，在分配最低生活保障补助资金时，财政部要会同民政部研究"以奖代补"的办法和措施，对工作绩效突出地区给予奖励，引导各地进一步完善制度，加强管理。要切实保障基层工作经费，最低生活保障工作所需经费要纳入地方各级财政预算。基层最低生活保障工作经费不足的地区，省市级财政给予适当补助。

3. 加强政策宣传

以党和政府对最低生活保障工作的有关要求以及认定条件、审核审批、补差发放、动态管理等政策规定为重点，深入开展最低生活保障政策宣传。利用广播、电视、网络等媒体和

---

① 国务院．国务院关于进一步加强和改进最低生活保障工作的意见．国发〔2012〕45号．

宣传栏、宣传册、明白纸等群众喜闻乐见的方式，不断提高最低生活保障信息公开的针对性、时效性和完整性。充分发挥新闻媒体的舆论引导作用，大力宣传最低生活保障在保障民生、维护稳定、促进和谐等方面的重要作用，引导公众关注、参与、支持最低生活保障工作，在全社会营造良好的舆论氛围。

4. 加强组织领导，进一步落实管理责任

（1）加强组织领导。进一步完善政府领导、民政牵头、部门配合、社会参与的社会救助工作机制。建立由民政部牵头的社会救助部际联席会议制度，统筹做好最低生活保障与医疗、教育、住房等其他社会救助政策以及促进就业政策的协调发展和有效衔接，研究解决救助申请家庭经济状况核对等信息共享问题，督导推进社会救助体系建设。地方各级人民政府要将最低生活保障工作纳入重要议事日程，纳入经济社会发展总体规划，纳入科学发展考评体系，建立健全相应的社会救助协调工作机制，组织相关部门协力做好社会救助制度完善、政策落实和监督管理等各项工作。

（2）落实管理责任。最低生活保障工作实行地方各级人民政府负责制，政府主要负责人对本行政区域最低生活保障工作负总责。县级以上地方各级人民政府要切实担负起最低生活保障政策制定、资金投入、工作保障和监督管理责任，乡镇人民政府（街道办事处）要切实履行最低生活保障申请受理、调查、评议和公示等审核职责，充分发挥包村干部的作用。各地要将最低生活保障政策落实情况纳入地方各级人民政府绩效考核，考核结果作为政府领导班子和相关领导干部综合考核评价的重要内容，作为干部选拔任用、管理监督的重要依据。民政部要会同财政部等部门研究建立最低生活保障工作绩效评价指标体系和评价办法，并组织开展对各省（区、市）最低生活保障工作的年度绩效评价。

（3）强化责任追究。对因工作重视不够、管理不力而发生重大问题、造成严重社会影响的地方政府和部门负责人，以及在最低生活保障审核审批过程中滥用职权、玩忽职守、徇私舞弊、失职渎职的工作人员，要依纪依法追究责任。同时，各地要加大对骗取最低生活保障待遇人员查处力度，除追回骗取的最低生活保障金外，还要依法给予行政处罚；涉嫌犯罪的，移送司法机关处理。对无理取闹、采用威胁手段强行索要最低生活保障待遇的，公安机关要给予批评教育直至相关处罚。对于出具虚假证明材料的单位和个人，各地除按有关法律法规规定处理外，还应将有关信息记入征信系统。

【课后思考】

1. 什么是最低生活保障制度？我国最低生活保障原则有哪些？
2. 哪些人员是最低生活保障的救助对象？哪些人员不属于低保的救助范围？
3. 我国最低生活保障标准是如何确定的？
4. 什么是低保标准的调整机制？

5. 最低生活保障的救助程序有哪些环节？

6. 什么是分类施保？其标准是什么？

7. 低保对象的动态管理是什么？

8. 我国低保工作存在哪些问题？如何加强和改进低保管理工作？

第四章　特困人员供养

【本章概览】

特困人员没有劳动能力，没有生活来源，也没有法定义务人照料其生活，是我国现阶段最困难、最脆弱的人群。为城乡特困人员提供制度化的基本生活保障和照料护理服务，是落实社会救助法规政策的具体举措，是完善社会救助体系、编密织牢基本民生安全网的重要内容，对于坚持共享发展理念、保障和改善民生、如期实现全面建成小康社会奋斗目标具有十分重要的意义。本章从特困人员供养工作制度建设、特困人员供养工作对象、供养内容、供养形式、管理工作等方面详细分析了我国目前的特困人员供养工作。

【学习目标】

1. 掌握特困人员及特困人员供养工作含义。
2. 了解我国特困人员供养工作建设历程。
3. 认识特困人员供养工作建立的意义和原则。
4. 掌握特困人员供养对象的界定。
5. 掌握特困人员供养工作的内容。
6. 了解特困人员供养标准。
7. 熟悉特困人员供养的申请与审批程序。
8. 认识特困人员供养相关管理工作。

【案例导入】

特困人员供养不再区分城乡

我省日前出台《关于进一步健全特困人员救助供养制度的实施意见》(以下简称《实施意见》)，在全省建立起城乡统筹、政策衔接、运行规范、与经济社会发展水平相适应的特困人员救助供养制度，将符合条件特困人员全部纳入救助供养范围，做到应救尽救、应养尽养，切实维护其基本生活权益。

记者获悉，对特困人员供养，以往是按照农村五保对象和城市"三无"人员两个体系进行供养和救助，这次我省出台《实施意见》按照国务院文件要求，将两者进行了统一，在政策目标、资金筹集、对象范围、救助供养内容、供养标准、经办服务等方面，均不再区分城乡，确保城乡特困人员都能公平获得救助供养服务。

特困人员对象范围包括城乡老年人、残疾人、未满16周岁的未成年人，无劳动能力、无生活来源且无法定赡养、抚养、扶养义务人或者其法定义务人无履行义务能力的，享受特困人员救助供养待遇。

记者了解到，我省现有农村五保供养对象41.2万人，其中，集中供养人数12.1万人，分散供养人数29.1万人，供养对象总数居全国第4位；城市三无人员3.5万人。截至2016年10月底，全省农村五保集中和分散供养实际水平分别达到年人均6780元和4729元，集中和分散平均水平达到年人均5331元；城市三无人员一律纳入城市低保予以保障，全省平均保障水平达到年人均7572元。

《实施意见》出台后，我省特困人员救助供养将分为分散供养和集中供养两种形式，同时明确了救助供养对象基本生活标准，建立动态调整机制。基本生活标准方面，《实施意见》提出我省特困人员基本生活标准按照不低于上年度当地城乡居民人均消费性支出的60%确定；照料护理标准方面，我省特困人员照料护理标准按照不低于基本生活标准的10%确定，集中供养对象标准可适当提高。

对分散救助供养对象照料护理补助资金按月打卡发放至救助供养对象个人账户；通过委托亲友或村（居）民委员会、购买服务等方式为分散救助供养对象提供照料护理服务的，由县级人民政府民政部门会同财政部门，合理确定照料护理补助资金发放方式。集中救助供养对象照料护理补助资金统一拨付至供养服务机构账户，由供养服务机构统筹用于集中救助供养对象照料护理开支。

《实施意见》还积极鼓励、引导、支持社会力量通过多种方式，为特困人员提供服务和帮扶，并提出了具体措施：如对于分散供养的特困人员，街道和乡镇可以委托亲友、村（居）委会或社会组织、社会工作服务机构提供日常的照料服务，包括日常的生活照料、住院陪护、日常看护等服务。又如鼓励通过PPP、公建民营、民办公助的方式，发展供养服务机构；通过政府购买服务、落实税费优惠等政策，鼓励社会组织、公益组织、民办的老年服务机构，提供专业化、个性化的供养服务。

适度分类保障是此次《实施意见》的亮点之一。如在供养标准相关规定上，首先坚持适度保障的原则，提出立足经济社会发展水平确定供养标准，按照当地人均消费性支出情况建立基本生活标准动态调整机制，做到量力而行，具有可持续性。其次，实行分类制定标准。过去的标准主要指基本生活标准，这次提出两个标准，其中基本生活标准立足满足特困人员的基本生活需求，照料护理标准则根据特困人员的生活自理能力和服务需求分类制定，对特困人员实行差异化供养。再次，提高统筹层级。明确特困人员供养标准由设区的市级人民政府确定、公布。

《实施意见》还注重做好特困人员救助供养制度与城乡居民基本养老保险、基本医疗保障、最低生活保障、孤儿基本生活保障、社会福利等制度的有效衔接。对符合相关条件的特困人员，可同时享受城乡居民基本养老保险、基本医疗保险等社会保险和高龄津贴、居家养老服务补贴等社会福利待遇。

（资料来源：《江淮时报》2016 年 11 月 25 日 A3 版）

特困人员作为社会中最困难的弱势群体，面临着生存受到无视、基本权利得不到保障的困境。特困人员救助供养是我国社会救助制度中的重要组成部分，保障的是最困难、最脆弱人群的基本生活，谋求的是"无依无靠"、无人照料的城乡"三无"人员的福祉，彰显的是社会主义制度的优越性。

第一节 特困人员供养工作概述

一、特困人员供养工作的含义与特点

（一）特困人员及特困人员供养工作

当代中国把特困人员界定为无劳动能力、无生活来源且无法定赡养、抚养、扶养义务人，或者其法定赡养、抚养、扶养义务人无赡养、抚养、扶养能力的老年人、残疾人以及未满 16 周岁的未成年人。特困人员供养工作是国家对符合特困人员条件的社会成员提供物质帮助和生活照料的一项社会救助制度。

改革开放四十年来，我国逐步完善了社会救助体系，社会救助制度得到了长足发展，我国的脱贫工作也成绩斐然。在减少城市农村贫困人口，提高居民生活水平等方面成效显著，已经有超过 7.4 亿的人口摆脱了贫困的困扰。"中国在解决世界四分之一人口的吃、穿、住方面取得的巨大成就将被载入史册；普通的中国公民现在享有的健康、营养、教育和生活水准比这个中央王国漫长历史上的任何时候都要高。"[1]虽然随着中国经济的高速发展，人民的生活水平总体上得到了提高，但是我国近几年来的基尼系数都超过了国际警戒线 0.4，根据国家统计局的统计，2017 年我国基尼系数为 0.4670，较 2016 年上涨 0.002 个百分点，较 2015 年上涨了 0.005 个百分点。中国社会的贫富差距有持续扩大的趋势，长期处于金字塔底层的特困对象，在社会初次分配财富中所占的份额极其有限，其面临着生活难以为继、得不到及时医疗、缺乏教育条件等困境，人民收入分配的现状极其不符合维护社会正义的要求。特困人员由于收入较低，在教育、医疗方面的投入微乎其微，更有甚者没有劳动就业能力，也没有照

---

① 中华人民共和国国务院新闻办公室. 中国人权发展五十年[M]. 北京：新星出版社，2000.

料自己生活的能力，长期处于贫困生活状态，在得不到外界帮助的情况下非常容易陷入贫困恶性循环当中。2012 年，党的十八大报告强调了民生建设的任务目标。特困人员救助供养制度是我国社会救助体系内容之一，主要目的是解决生存能力最低，亟需被救助的特困对象最为关心、最为直接、最为现实的生存发展等利益问题。

2014 年，国务院颁布施行《社会救助暂行办法》，将农村五保供养和城市"三无"人员救助制度统一为特困人员供养制度。多年来，在党和政府的高度重视下，我国城乡特困人员保障工作取得了明显成效，2015 年底，全国共有城乡特困人员 591.4 万人，占城乡总人口的 0.76%。其中，农村的五保人员达 517.5 万人，占农村总人口数量的 0.6%，城市的"三无"人员达 739 万人，占城镇人口数量的 0.16%。由此可见，我国救助供养特困对象、保障其生存生活基本所需的任务还很艰巨。

（二）我国特困人员供养工作的特点

1. 坚持政府主导与发挥社会作用相结合，形成强大合力

工作中一方面强调政府主导，坚持属地管理原则，要求落实各级政府托底保障职责，做到应救尽救、应养尽养；另一方面，坚持社会参与原则，鼓励、引导、支持社会力量通过多种方式，为特困人员提供服务和帮扶，形成全社会关心、支持、参与特困人员救助供养工作的良好氛围。

2. 坚持精准救助与适度保障相结合，确保制度可持续

相关政策法规明确了特困人员救助供养对象范围和申请、审核、审批及终止的程序，力求做到精准救助、精准帮扶，托住民生底线，保障好特困人员基本生活；同时，积极适应经济发展新常态，强调立足经济社会发展水平，坚持托底供养和适度保障的原则，科学合理制定供养标准，加强与其他社会保障制度衔接，防止福利叠加，避免脱离实际的过高标准，正确引导困难群众心理预期，实现保基本、全覆盖、可持续的制度目标。

3. 明确制度内容与规范办理程序兼顾，保证制度公平

现行法规在坚持城乡统筹原则下，对特困人员救助供养的对象范围、供养内容、供养标准等都作出了明确规定，具有很强的可操作性。同时，对特困人员救助供养的申请、审核、审批、终止等办公程序进行了全面的规范，明确了各个环节的主体责任和工作要求。

4. 保障基本生活与提供差异化服务并重，提升管理服务水平

以人为本、立足实际，从救助供养标准和救助供养方式两个方面提出了差异化救助的思路和要求。在救助供养标准方面，把救助供养标准分为基本生活标准和照料护理标准两个部分，要求基本生活标准要满足基本生活所需费用，照料护理标准按照生活自理能力和服务需求分类制定。在救助供养方式方面，鼓励具备生活自理能力的特困人员在家分散供养；对完全或部分丧失自理能力的特困人员，优先提供集中供养服务等。这些规定充分体现了救助供

养制度的公平性、精准性和差异化服务的导向。

5. 强化资金保障与加强工作保障并举，确保政策落实

国家明确县级以上政府要将特困人员救助供养经费纳入财政预算，中央财政给予适当补助，并向任务重、困难多、工作好的地方倾斜。这体现了中央对特困人员救助供养工作的高度重视。同时，对组织领导、监督管理、政策宣传等提出了明确要求，以确保这一惠民政策取得实效。

二、我国特困人员供养救助制度建设历程

（一）特困人员救助供养的历史传统

我国自古以来就有对鳏寡孤独、老弱病残救助的思想传统和实践传统。在中国两千多年的封建社会中，一直就存在着"济贫救弱""政在养民"的思想和举措。追溯我国社会救助的起源，最早有文献可考的当属《周礼》和《管子》。《周礼》中确定了"保息六策"和"遗人官职"制度来对鳏寡孤独实行社会救济。春秋时期法家代表人物管仲在具体救济事宜上还创建了"九惠之教"制度，并设立了专职官员来负责老老、慈幼、恤孤、养疾、问病、赈困等救济事务。我国古代统治者把对弱势人员的社会救助工作作为长期治国理政的内容，汉、唐、元、明、清历代政府都有对鳏寡孤独、贫穷老疾、不能够维护自身生存人员的救助。南朝时期，政府设立救助机构六疾馆和孤独园来收养无人照料的老人、孤儿和病人。宋朝政府设立了福田院专门救济老、疾、孤、穷、丐者，设立居养院专门救济残疾无家可归者及孤儿，南宋之后，收养弃婴孤儿的工作由慈幼局专门管理。

梳理我国古代的救助工作，我们发现救助内容基本涵盖了生、老、病、死各个方面，救助的方式有由政府赏赐生产生活资料、安置栖身之所、提供侍丁或照料服务等。唐朝政府对具有一定自理能力的轻度残疾者提供看守城门、仓库的职务。一方面能减轻政府财政压力，另一方面帮助其自力更生。宋朝政府在对孤贫的幼儿救助中，还提供教育救助，免收学费令入小学就读。此外，政府对被遗弃婴幼儿的救济，还专门雇人乳养并提供生活照料服务。宋朝增加死有所葬救助，在全国州县建立有漏泽园，并专门设置人员进行管理，具体负责对死而无主的人员的埋葬救助，以免暴尸荒野。元代首次确立了助耕制度，即用命令的形式，要求社会力量参与救助。其规定社员有义务自备工具帮助本村患病凶丧不能依时农作的家庭耕种。这些救助措施，不仅为弱势群体的生存提供了全方位的保障，还对后世的社会救助产生了重要的借鉴意义。

（二）当代特困人员供养工作建设历程

中华人民共和国成立初期，政府面对战乱和自然灾害造成的弱势群体、孤老残疾、失业工人等问题颁布了相关救济规定。1952年8月，《中央人民政府政务院关于紧急救济的指示》中对鳏寡孤独等社会弱势人员作出了将其列在失业救济的名目下进行救济的规定。20世纪50

年代以后，我国对弱势群体的救助更加具体，逐步架构设立起涵盖城镇和乡村的社会救济系统。50年代我国广大乡村已经实行了集体经济，村级组织有能力对一些无儿无女的孤寡老人和失去父母的孤儿进行物质生活方面的照顾，使他们能够和其他村民一样有吃有穿有住，生活有所保障。1953年，中央人民政府内务部制定了《农村灾荒救助粮款发放使用方法》，把无劳动能力、无依无靠的孤老残幼定为一等救助户由村集体进行扶助。1956年1月，中央发布了《1956年到1967年全国农业发展纲要（草案）》，该《纲要》首次规定了对鳏寡孤独社员的"五保"待遇。1956年6月，一届全国人大三次会议通过的《高级农业生产合作社示范章程》中也规定由合作社对生活没有依靠的老弱孤寡残疾社员，给予保吃、保穿、保住、保医，年幼的保证受到教育（保教）和年老的保证死后安葬（保葬），简称"五保"，享受五保的农户便统称"五保户"。1960年4月，二届全国人大二次会议通过了《1956年到1967年全国农业发展纲要》，肯定了《草案》制定的"五保"制度，这标志着农村五保工作制度的建立。

1978年改革开放以来，党中央着手开始解决实行"五保"制度的资金来源保障问题并研究五保工作立法，把五保条件进一步修改成无法定扶养义务人、无劳动能力、无生活来源的老年人、残疾人和未成年人，形成了"三无"人员的完整概念。1985年政府出台了《关于制止向农民乱派款、乱收费的通知》，该通知明确规定了把税收收入作为五保资金来源的唯一保障。并在1991年出台的《农村承担费用和劳务管理条例》中增加了五保资金来源还应从乡统筹中列支与税收同时保障的规定。1994年1月，中央政府正式出台了《农村五保供养工作条例》，该条例的颁布标志着我国对农村五保救助供养的内容有了系统性的正式立法作为保障。随着国家的日益富强，我国于2006年1月起又开始实行了取消征收农业税的规定，但是此项税收政策改革对五保对象供养资金的来源保障造成了极大影响。有鉴于此，中央政府为保障资金的稳定来源并结合新的实际又重新对《农村五保供养工作条例》进行了修订，并于2006年3月起正式施行。为满足农村五保对象的集中供养需求和解决散居五保对象的住房困难，2006年民政部启动"霞光计划"工程，利用彩票公益金支持地方建设农村五保供养服务设施，改善散居五保户居住条件。农村五保供养工作再次走向了新阶段。

改革开放后，我国处于经济转型期，诸多社会因素的变化造成了城市低收入家庭的生活困难、城市流浪乞讨人员和城市失业人口的增加。国家为缓解城市地区大量出现的贫困人员由此造成的城市贫富差距过大这一社会矛盾，在城市地区开始探索试点对城市居民生活提供保障的制度。从1997年全国建立城镇低保制度开始，就将城镇"三无"人员直接纳入低保救助范围。1999年，中央政府颁布出台了《城市居民最低生活保障条例》，最低生活保障制度在我国城镇全面建立。进入2000年之后，国家推行分类救助，在"分类施保"的政策下，"三无"人员普遍被纳入一类或A类施保人群，一般为全额享受低保标准，有的地方高于低保标准1.2~1.5倍，有经济发达地区甚至高出2倍。

针对"三无"人员中的未成年人，国家在2010年还专门建立了孤儿基本生活保障制度，由中央财政安排专项资金对孤儿发放基本生活费。在这一段历史时期，我国逐步建立完善起了城镇和农村的救助体系。由此我国的社会救助制度无论是在理论还是实践上都得到了长足有效的发展，而对在减少城市和农村地区的贫困人口数量上和提高人民生活水平上更是获得了重大的成就。

2013年10月30日，李克强总理在国务院常务会议上，首次提出要建立起既覆盖农村五保户又覆盖城市中类似五保人员的特困人员供养制度。"特困人员"作为弱势群体里的一类统称词汇开始出现。紧接着在2014年2月21日，国务院发布的《社会救助暂行办法》中的第三章专章对特困人员供养作了相关规定，这标志着特困人员供养成为一种制度。民政部社会救助司表示，"将之前的'农村五保供养'一章最终改为'特困人员供养'，体现了社会救助立法统筹城乡的核心精神。相比于其他救助制度是'实践推动立法'，特困人员供养的最大创新是'立法先于实践'。"①特困人员供养工作将传统的农村五保供养制度和城镇"三无"人员救助进行融合，从中可以看出中央政府推进特困人员救助城乡统筹的决心。

截至2017年底，全国共有农村特困人员466.9万人，全年各级财政共支出农村特困人员救助供养资金269.4亿元；全国共有城市特困人员25.4万人，全年各级财政共支出城市特困人员救助供养资金21.2亿元。

三、特困人员供养工作的目标和意义

建立城乡统一的特困人员救助供养制度，以消除城乡特困人员救助方式的差异，赋予他们获得救助的同等权利，实现制度公平、权利公平、规则公平。以解决城乡特困人员突出困难、满足城乡特困人员基本需求为目标，将符合条件的特困人员全部纳入救助供养范围，切实维护他们的基本生活权益。

（一）做好特困人员供养工作，是对中华民族优良传统的大力弘扬

中华民族具有敬老养老、扶残助孤的悠久历史传统。早在夏、商两代，就有养老恤民之说；周朝提出并实行了"以保息六养万民"的具体措施；春秋战国和两汉时期对于"孤、独、矜、寡"实行定期定量食物救济；唐代规定无子女的孤老由官府收养；宋元明清时期则逐步建立起居养院、养济院、育婴堂等设施，收养"老、疾、孤、穷、丐者"等人员。历代封建统治者遵循"老有所终、壮有所用、幼有所长，鳏寡孤独、废疾者皆有所养"和"老吾老以及人之老，幼吾幼以及人之幼"的儒家思想，都曾采取过一些措施对贫困群体进行帮助，这些做法虽未形成完善的制度，但作为古老中华文化的精华一直流传下来。中华人民共和国成立之后，党和政府十分关心特殊困难群众的生活，对农村的五保对象和城镇三无人员，更是作为我国城乡最困难的群体予以高度重视。20世纪50年代就依托农村集体，初步建立了五保供养制度，并随着经济社会的发展逐步规范和完善。在新的历史形势下，进一步做好特困人

---

① 雷耀，许娓．特困人员供养："三无"人员救助的城乡融合[N]．中国社会报，2014-04-02（001）．

员供养工作，有利于传承和发扬中华民族的优良传统。

（二）保障特困人员的生活，是维护社会公平公正的需要

我国《宪法》明确规定："中华人民共和国公民在年老、疾病或者丧失劳动能力的情况下，有从国家和社会获得物质帮助的权利。国家发展为公民享受这些权利所需要的社会保险、社会救济和医疗卫生事业。"因此，对城乡特困人员的供养并不是施舍、恩赐，而是他们应该享受的基本权利。中华人民共和国成立以来，农村五保供养制度和城镇三无人员救济制度，对城乡最贫困群体的生活给予了有力保障。在当前建设小康社会的新时期，我国城市和农村经济社会快速发展，城乡居民的收入差距在逐渐拉大，居民之间的贫富分化问题也日趋突出。从当前这一基本国情和未来发展看，建立特困人员供养制度，保障城乡特困老年人、残疾人、未成年人居民的生活，有利于缩小他们与其他社会成员在生活水平上的差距，体现了发展为了人民、发展依靠人民、发展成果由人民共享的根本要求，为供养对象与其他人民群众一道享受国家发展改革的成果，同步进入小康社会，维护社会的公平公正提供了制度上的保障。

（三）建立特困人员供养制度，是完善我国社会保障体系的重要举措

改革开放以来，我国社会保障体系建设逐步加强，基本建立了以社会保险、社会福利、社会救助为主要内容的社会保障制度框架。建立社会保障体系是一个长期的历史任务，由于我国目前经济总体发展水平仍然不高，农村仍存在数量不少的贫困群体，城市贫困群体贫困程度较深，决定了社会保障制度建设要循序渐进，从最迫切、最需要解决的问题入手。首要任务是完善社会救助制度，解决城乡人口的基本生活问题，然后逐步建立低水平、大范围、覆盖广、多样化的社会保障体系。毋庸置疑，建立特困人员供养制度，尽快实现"应保尽保"，解决好城乡最困难群众的生活问题，成为完善社会救助制度的当务之急。

四、特困人员供养工作原则

以党的十八大和十八届三中、四中、五中全会精神为指导，按照党中央、国务院决策部署，以解决城乡特困人员突出困难、满足城乡特困人员基本需求为目标，坚持政府主导，发挥社会力量作用，在全国建立起城乡统筹、政策衔接、运行规范、与经济社会发展水平相适应的特困人员救助供养制度，制度建设中应坚持以下原则：

（一）坚持托底供养

强化政府托底保障职责，为城乡特困人员提供基本生活、照料服务、疾病治疗和殡葬服务等方面保障，做到应救尽救、应养尽养。

（二）坚持属地管理

县级以上地方人民政府统筹做好本行政区域内特困人员救助供养工作，分级管理，落实责任，强化管理服务和资金保障，为特困人员提供规范、适度的救助供养服务。

（三）坚持城乡统筹

健全城乡特困人员救助供养工作管理体制，在政策目标、资金筹集、对象范围、供养标准、经办服务等方面实现城乡统筹，确保城乡特困人员都能获得救助供养服务。

（四）坚持适度保障

立足经济社会发展水平，科学合理制定救助供养标准，加强与其他社会保障制度衔接，实现特困人员救助供养制度保基本、全覆盖、可持续。

（五）坚持社会参与

鼓励、引导、支持社会力量通过承接政府购买服务、慈善捐赠以及提供志愿服务等方式，为特困人员提供服务和帮扶，形成全社会关心、支持、参与特困人员救助供养工作的良好氛围。

第二节　特困人员供养工作制度

一、特困人员供养的对象

特困人员供养制度的建立，消除了城乡特困人员救助方式的差异，赋予了他们获得救助的同等权利，实现了制度公平、权利公平和规则公平，是我国统筹城乡社会救助体系建设的重要成果。

关于特困人员供养条件，《社会救助暂行办法》从自身属性、劳动能力、经济状况、社会关系四个方面作出界定。给予特困供养的老年人、残疾人以及未满16周岁的未成年人应当同时具备无劳动能力、无生活来源且无法定赡养、抚养、扶养义务人，或者其法定赡养、抚养、扶养人无赡养、抚养、扶养能力的条件。

（一）自身属性

自身属性是指获得特困人员供养的居民在年龄、身体状况、收入能力等方面的自身特征。根据现行政策规定，获得特困人员供养的居民，必须属于以下特定群体：

1. 老年人

按照《中华人民共和国老年人权益保障法》第二条的规定，老年人是指60周岁以上的公民。我国有敬老、爱老、养老的优良传统美德，国家十分重视老年人的社会保障问题。其中，《中华人民共和国老年人权益保障法》第三条第二款规定，老年人有从国家和社会获得物质帮助的权利；第五条第一款规定，国家建立多层次的社会保障体系，逐步提高对老年人的保障水平，将特困老年人纳入供养范围，保障他们的基本生活是弘扬中华民族优良传统、落实相关法律规定的具体措施。

2. 残疾人

《中华人民共和国残疾人保障法》第二条规定，残疾人是指在心理、生理、人体结构上，某种组织、功能丧失或者不正常，全部或者部分丧失以正常方式从事某种活动能力的人。残疾人包括视力残疾、听力残疾、言语残疾、肢体残疾、智力残疾、精神残疾、多重残疾和其他残疾的人。采取特别措施，维护残疾人的合法权益，是世界各国的通行做法。《中华人民共和国宪法》和《中华人民共和国残疾人保障法》等相关法律规定，既要保障残疾人在政治、经济、文化、社会和家庭生活等方面享有与健全者平等的权利，又要对残疾人实施特殊保护。将特困残疾人纳入供养范围，保障他们的基本生活，也是落实这一要求的具体体现。

3. 未满 16 周岁的未成年人

对未成年人给予特别关心和爱护，是我们党和政府长期以来一直高度重视的工作，同时也是社会各界高度关注的事业。对符合特困人员供养条件的未成年人，各地都应将其作为供养的重点对象。《中华人民共和国未成年人保护法》第二条规定，本法所称未成年人是指未满 18 周岁的公民。《中华人民共和国民法通则》第十一条规定，18 周岁以上的公民是成年人，具有完全民事行为能力，可以独立进行民事活动，是完全民事行为能力人。16 周岁以上不满 18 周岁的公民，以自己的劳动收入为主要生活来源的，视为完全民事行为能力人。根据这一规定，年满 16 周岁的未成年人可以通过参加劳动取得劳动报酬，进而获得生活来源，一般无须纳入供养范围。

（二）劳动能力

劳动是我国公民神圣的权利和义务，受到《中华人民共和国宪法》和《中华人民共和国劳动法》等法律的保护，而参加劳动的前提是具备劳动能力。《社会救助暂行办法》规定，获得特困人员供养的条件之一是无劳动能力。但是严格来说，判断一个人是否具备劳动能力，是一项技术性很强的专业工作。目前，我国尚无关于居民劳动能力鉴定的专门法规，只有《工伤职工劳动能力鉴定管理办法》（人力资源和社会保障部、国家卫生和计划生育委员会令第 21 号）和《劳动能力鉴定职工工伤与职业病致残等级》（GB/T 16180—2014）等部门规章和规范性文件可以参照适用。

对于年满 16 周岁、不足 60 周岁的劳动年龄人员，一般将其中因严重残疾而不适宜劳动的人员视为无劳动能力人。判断是否无劳动能力，一般依据原劳动和社会保障部颁布的《职工非因工伤残或因病丧失劳动能力程度鉴定标准（试行）》（劳社部发〔2002〕8 号）。这个标准规定了职工非因工伤残或因病丧失劳动能力程度的鉴定原则和分级标准，可以作为居民中劳动年龄人员劳动能力鉴定的参考依据。对完全丧失劳动能力，该标准规定了起点条件，即劳动年龄人员满足这些条件或罹患比这些条件严重的伤残或疾病，均属于完全丧失劳动能力。

总体上看，按照《职工非因工伤残或因病丧失劳动能力程度鉴定标准（试行）》和《劳动能力鉴定职工工伤与职业病致残等级》（GB/T 16180—2014）进行劳动能力鉴定，需要经过严格的工作程序，依托较强的专业技术力量，鉴定成本很高。因此，在今后相当长的时期内，乡镇人民政府、街道办事处和县级人民政府民政部门在确定处于劳动年龄段的特困供养申请人劳动能力时，凡按照《职工非因工伤残或因病丧失劳动能力程度鉴定标准（试行）》或《劳动能力鉴定职工工伤与职业病致残等级》（GB/T 16180—2014）进行鉴定的，以鉴定结论作为依据；不具备鉴定条件的，可以通过村（居）委会组织村（居）民代表评议确定。

（三）经济状况

家庭经济状况是认定特困供养人员的基本条件之一，只有无生活来源的贫困居民才能给予特困供养。无生活来源主要是指居民缺乏基本生活所需的稳定经济来源，依靠自身无力解决基本生活问题，可从家庭收入和家庭财产两个方面来衡量。在具体实践中，可用最低生活保障标准和财产条件作为衡量有无生活来源的参考尺度。

（四）社会关系

依据我国民事法律的相关规定，与人们生活保障密切相关的人员主要有法定赡养人、抚养人和扶养人，即配偶、父母、子女、兄弟姐妹、祖父母、外祖父母、孙子女、外孙子女等近亲属。居民获得特困人员供养，在社会关系方面需满足以下两个条件之一：

1. 无法定赡养、抚养、扶养义务人

关于法定赡养、抚养、扶养义务人的范围，《中华人民共和国民法通则》和《中华人民共和国婚姻法》等法律都有明确的界定。无法定赡养、抚养、扶养义务人是指居民在社会关系中没有以下三类人：

一是法定赡养人。法定赡养人是指老年人的子女以及其他依法负有赡养义务的人。法定赡养人主要为子女，这里的子女包括婚生子女、养子女和有抚养关系的继子女。《中华人民共和国婚姻法》第二十一条规定，子女对父母有赡养扶助的义务。此外，《中华人民共和国婚姻法》第二十八条还规定了隔代赡养的义务，即有负担能力的孙子女、外孙子女，对于子女已经死亡或子女无力赡养的祖父母、外祖父母，有赡养的义务。

二是法定抚养人。法定抚养人是指未成年或者虽已成年但不能独立生活的人的父母以及其他依法负有抚养义务的人。法定抚养人主要为父母，这里的父母包括生父母、养父母和有抚养关系的继父母。《中华人民共和国婚姻法》第二十一条规定，父母对子女有抚养教育的义务，……父母不履行抚养义务时，未成年的或不能独立生活的子女，有要求父母付给抚养费的权利。对成年子女而言，父母的抚养是有条件的：（1）成年子女不能独立生活。（2）父母具有给付能力。在这种情况下，父母应当负担其必要的生活费用或给予必要的帮助。

三是法定扶养人。法定扶养人包括配偶和依法负有扶养义务的兄弟姐妹。《中华人民共和国婚姻法》第二十条规定，夫妻有互相扶养的义务，一方不履行扶养义务时，需要扶养的一方，有要求对方付给扶养费的权利。在一定条件下，兄弟姐妹间可以依法产生扶养关系。《中华人民共和国婚姻法》第二十九条规定，有负担能力的兄、姐，对于父母已经死亡或父母无力抚养的未成年的弟、妹，有扶养的义务。由兄、姐扶养长大的有负担能力的弟、妹，对于缺乏劳动能力又缺乏生活来源的兄、姐，有扶养的义务。在一般情况下，兄弟姐妹应由他们的父母抚养，因而他们相互之间不发生扶养与被扶养的权利义务关系。但是在特定条件和特定情况下，兄、姐与弟、妹之间会产生有条件的扶养义务。

2. 法定赡养、抚养、扶养义务人无赡养、抚养、扶养能力

虽有法定赡养、抚养、扶养义务人，但法定赡养、抚养、扶养义务人由于能力的欠缺，无法履行赡养、抚养、扶养义务。对被赡养、抚养、扶养人而言，实际上无法得到赡养、抚养、扶养。主要包括三种情形：

一是法定赡养义务人无赡养能力。法定赡养义务人无赡养能力主要是指法定赡养义务人没有能力履行对被赡养人经济上供养、生活上照料和精神上慰藉的义务。主要为以下两类家庭：（1）家庭中的子女或孙子女等其他法定赡养人因患重病、因重度残疾、因未成年而没有能力对被赡养人提供物质上、生活上和精神上的照料。（2）家庭中的子女或孙子女等其他法定赡养人因客观原因无法与被赡养人保持生活联系，如法定赡养人失踪、被判处无期徒刑等，进而无法对被赡养人提供物质上、生活上和精神上的照料。

二是法定抚养义务人无抚养能力。法定抚养义务人抚养能力主要根据抚养人的身体健康状况、经济条件等因素确定。法定抚养义务人无抚养能力的情形主要是指家庭中的父母或祖父母等其他法定抚养人因患重病、重度残疾、年老体弱或其他原因导致没有抚养能力的。实践中，家庭中的父母或祖父母等其他法定抚养人因客观原因无法与被抚养人保持联系，如法定抚养人失踪、被判处无期徒刑等，从而无法履行抚养义务的，也可以根据具体情形视为无抚养能力。

三是法定扶养义务人无扶养能力。法定扶养义务人无扶养能力，一般可以参照法定赡养人无赡养能力、法定抚养人无抚养能力的情形确定。

（五）认定条件

2016年10月，为进一步规范特困人员认定工作，确保特困人员救助供养制度公开、公平、公正实施，根据《国务院关于进一步健全特困人员救助供养制度的意见》（国发〔2016〕14号），民政部制定了《特困人员认定办法》再次从几个方面界定了特困人员的认定条件。该办法作了如下规定：

（1）救助范围：城乡老年人、残疾人以及未满16周岁的未成年人，同时具备以下条件的，应当依法纳入特困人员救助供养范围：① 无劳动能力；② 无生活来源；③ 无法定赡养、抚养、扶养义务人或者其法定义务人无履行义务能力。

（2）无劳动能力：符合下列情形之一的，应当认定为本办法所称的无劳动能力：① 60周岁以上的老年人；② 未满16周岁的未成年人；③ 残疾等级为一、二级的智力、精神残疾人，残疾等级为一级的肢体残疾人；④ 省、自治区、直辖市人民政府规定的其他情形。

（3）无生活来源：收入总和低于当地最低生活保障标准，且财产符合当地特困人员财产状况规定的，应当认定为本办法所称的无生活来源。前款所称收入包括工资性收入、经营净收入、财产净收入、转移净收入等各类收入，不包括城乡居民基本养老保险中的基础养老金、基本医疗保险等社会保险和高龄津贴等社会福利补贴。特困人员财产状况认定标准由设区的市级以上地方人民政府民政部门制定，并报同级地方人民政府同意。

（4）无履行义务能力：法定义务人符合下列情形之一的，应当认定为本办法所称的无履行义务能力：① 具备特困人员条件的；② 60 周岁以上或者重度残疾的最低生活保障对象，且财产符合当地特困人员财产状况规定的；③ 无民事行为能力、被宣告失踪、或者在监狱服刑的人员，且财产符合当地特困人员财产状况规定的；④ 省、自治区、直辖市人民政府规定的其他情形。

（5）未满 16 周岁的未成年人同时符合特困人员救助供养条件和孤儿认定条件的，应当纳入孤儿基本生活保障范围，不再认定为特困人员。

（6）本办法公布前（2016 年 10 月前）已经确定为农村五保对象的，可以直接确定为特困人员。

二、特困人员供养内容

随着我国经济社会的发展，医疗、住房、教育等各项救助制度逐步健全。相较五保而言，特困人员的供养内容也在发生变化。特困人员供养制度将供养重点集中在提供基本生活条件、日常照料、疾病治疗以及丧葬事宜等方面，要求不断提高供养标准，实现与相关保障制度的有机衔接。

《社会救助暂行办法》根据我国社会救助制度发展情况，将特困人员供养的供养内容明确为提供基本生活条件、对生活不能自理的给予照料、提供疾病治疗和办理丧葬事宜四项。

（一）提供基本生活条件

《社会救助暂行办法》将传统工作中的供给粮油、副食品和生活用燃料，供给服装、被褥等生活用品和零用钱，提供符合基本居住条件的住房三方面供养内容合并归纳为"提供基本生活条件"。基本生活条件一般包括吃、穿、住等内容。在吃的方面，主要是保障供养对象基本的食品供应，并注重食品的科学营养搭配，尊重当地的历史风俗和民族习惯。在穿的方面，主要是为特困供养人员供给服装、被褥等生活用品。在住的方面，主要是通过建设供养服务机构或者给予住房救助为供养对象提供居住用房，满足以下基本居住条件：一是房屋安全性有保障，质量达到当地平均标准；二是房屋具备生活居住的基本功能，有适当的活动空间；三是房屋能满足供养对象的正常生活，能防风防雨、通风取暖。

（二）对生活不能自理的给予照料

生活照料的内容主要包括为特定的供养对象提供饮食、起居、清洁、卫生等方面的照顾和帮助，体现了对生活不能自理特困供养人员的特殊照顾。

（三）提供疾病治疗

目前，特困供养人员患病一般是到定点医疗机构或者设在供养服务机构内的医务室（站点）治疗。一般在供养服务机构内的医务室（站、点）治疗的，疾病治疗费用可从特困人员供养经费中列支；到定点医疗机构看病就医的，治疗费用应通过基本医疗保险、大病医疗保险和医疗救助等解决。解决特困供养人员的疾病治疗问题，要从当地实际出发，医疗保障水平要与当地经济社会发展水平相适应。

（四）办理丧葬事宜

各地在办理特困供养人员丧葬事宜时，应当遵守殡葬管理的相关规定，尊重少数民族习惯。办理特困供养人员丧葬事宜所需费用，应从特困人员供养资金中列支。

三、特困人员供养标准

供养标准对于保障特困供养人员基本生活起着决定作用，应当按照满足现行政策规定供养内容所必需的费用确定。《社会救助暂行办法》规定，供养标准由省、自治区、直辖市或者设区的市级人民政府确定、公布。各地在制定特困人员供养标准时应当充分考虑当地居民的人均消费支出、疾病治疗、丧葬等所需费用。供养标准制定层级的逐步提高主要是为了平衡区域差异，维护特困供养人员的合法权益。根据规定，特困人员供养标准的制定可以采取以下两种形式：一是由省、自治区、直辖市人民政府制定。即由省级人民政府民政部门会同财政、统计、物价等部门提出方案，报本级人民政府批准并在本行政区域内公布执行。二是由设区的市级人民政府制定。即由设区的市级人民政府民政部门会同财政、统计、物价等部门提出方案，报本级人民政府批准并报上一级人民政府备案后公布执行。

要从根本上解决特困供养人员面临的诸多生活困难，必须使特困人员供养制度与其他相关社会救助、社会保险、社会福利制度相衔接，形成制度合力。针对特困供养人员的特殊性，特别强调特困人员供养应当与城乡居民基本养老保险、基本医疗保障、最低生活保障、孤儿基本生活保障等制度相衔接。制度衔接不同于制度合并，而是强调特困人员供养制度与城乡居民基本养老保险、基本医疗保障、最低生活保障、孤儿基本生活保障等制度，要发挥各自不同的作用和功能，同时很好地衔接、配套，一并发挥作用，协同解决特困供养人员的多方面生活困难。

四、特困人员供养形式

特困人员供养形式是指为特困供养人员提供供养服务的具体方式，分为集中供养和分散供养两种，由供养人员对象自愿选择。

（一）集中供养

集中供养，是指通过建立供养服务机构对特困供养人员实行集体供养。长期以来，特困人员供养服务机构一般由地方人民政府建设管理，在农村一般称敬老院，在城市一般称社会福利院。自 20 世纪 50 年代各地相继兴办农村五保供养服务机构起，农村敬老院和城市社会福利院的主要任务就是解决部分生活不能自理特困供养人员的照料问题，并逐步扩大服务对象范围。2013 年 9 月，国务院印发《关于加快发展养老服务业的若干意见》（国发〔2013〕35号）进一步要求，完善农村养老服务托底的措施，将所有农村"三无"老人全部纳入五保供养范围，适时提高五保供养标准，健全农村五保供养机构功能，使农村五保老人老有所养；在满足农村五保对象集中供养需求的前提下，支持乡镇五保供养机构改善设施条件并向社会开放，提高运营效益，增强护理功能，使之成为区域性养老服务中心；各地公办养老机构要充分发挥托底作用，重点为"三无"老人、低收入老人、经济困难的失能半失能老人提供无偿或低收费的供养、护理服务。

对需要集中供养的特困人员，由县级人民政府民政部门按照便于管理的原则，就近安排到相应的供养服务机构；未满 16 周岁的，安置到儿童福利机构。各地要加强儿童福利院等福利机构的建设，逐步满足符合特困供养条件的未成年人、残疾人集中供养需求。

（二）分散供养

分散供养，是指对散居在家的特困供养人员实行分户供养，也就是说由政府按月提供供养费用，供养对象在家生活。由于历史基础和经济发展的不平衡，供养服务机构建设各地发展并不平衡。在一些建设较为缓慢的地区，现有机构数量难以满足当前特困人员集中供养的需要，大部分供养对象还只能实行分散供养。考虑到农村分散供养对象的住房一般都比较破旧，居住条件差，从 2009 年开始，住房和城乡建设部明确要求将分散供养五保户作为农村危房改造补助的重点对象。《社会救助暂行办法》再次明确要求，对符合规定标准的住房困难的分散供养特困人员，要给予住房救助。

特困供养人员的供养形式应遵循自愿选择的原则。《社会救助暂行办法》沿用了《农村五保供养工作条例》中关于"供养对象可以自行选择供养形式"的规定，充分尊重特困供养人员意愿，体现了"以人为本"的理念。无论特困供养人员选择分散供养或是集中供养，都应该得到充分尊重、理解和支持。不能因集中供养方式可以提高资源利用效率、有利于政府对特困供养人员进行统一管理等好处，就强行要求集中供养，从而忽视特困供养人员安土重迁的观念和对熟悉的亲朋邻里的情感寄托。同样，对于符合集中供养条件，且本人强烈要求集中供养的，当地政府也应当及时给予集中供养。

五、申请审批程序

（一）申请及受理

申请特困人员救助供养，应当由本人向户籍所在地乡镇人民政府（街道办事处）提出书面申请。本人申请有困难的，可以委托村（居）民委员会或者他人代为提出申请。

申请材料主要包括本人有效身份证明，劳动能力、生活来源、财产状况以及赡养、抚养、扶养情况的书面声明，承诺所提供信息真实、完整的承诺书，残疾人还应当提供第二代《中华人民共和国残疾证》。

申请人应当履行授权核查家庭经济状况的相关手续。

乡镇人民政府（街道办事处）、村（居）民委员会应当及时了解掌握辖区内居民的生活情况，发现符合特困人员救助供养条件的，应当告知其救助供养政策，对无民事行为能力等无法自主申请的，应当主动帮助其申请。

乡镇人民政府（街道办事处）应当对申请人或者其代理人提交的材料进行审查，材料齐备的，予以受理；材料不齐备的，应当一次性告知申请人或者其代理人补齐所有规定材料。

（二）审核

乡镇人民政府（街道办事处）应当自受理申请之日起 20 个工作日内，通过入户调查、邻里访问、信函索证、民主评议、信息核对等方式，对申请人的经济状况、实际生活状况以及赡养、抚养、扶养状况等进行调查核实，并提出审核意见。

申请人以及有关单位、组织或者个人应当配合调查，如实提供有关情况。村（居）民委员会应当协助乡镇人民政府（街道办事处）开展调查核实。

调查核实过程中，乡镇人民政府（街道办事处）可视情组织民主评议，在村（居）民委员会协助下，对申请人书面声明内容的真实性、完整性及调查核实结果的客观性进行评议。

乡镇人民政府（街道办事处）应当将审核意见及时在申请人所在村（社区）公示。公示期为 7 天。

公示期满无异议的，乡镇人民政府（街道办事处）应当将审核意见连同申请、调查核实、民主评议等相关材料报送县级人民政府民政部门审批。对公示有异议的，乡镇人民政府（街道办事处）应当重新组织调查核实，在 20 个工作日内提出审核意见，并重新公示。

（三）审批

县级人民政府民政部门应当全面审查乡镇人民政府（街道办事处）上报的申请材料、调查材料和审核意见，根据审核意见和公示情况，按照不低于 30%的比例随机抽查核实，并在 20 个工作日内作出审批决定。

对符合救助供养条件的申请，县级人民政府民政部门应当及时予以批准，发给《特困人员救助供养证》，建立救助供养档案，从批准之日下月起给予救助供养待遇，并通过乡镇人民政府（街道办事处）在申请人所在村（社区）公布。

对不符合救助供养条件的申请，县级人民政府民政部门不予批准，并将理由通过乡镇人民政府（街道办事处）书面告知申请人。

城乡特困人员救助供养标准不一致的地区，对于拥有承包土地或者参加农村集体经济收益分配的特困人员，应当给予农村特困人员救助供养待遇。

六、生活自理能力评估

县级人民政府民政部门应当在乡镇人民政府（街道办事处）、村（居）民委员会协助下，对特困人员生活自理能力进行评估，并根据评估结果，确定特困人员应当享受的照料护理标准档次。有条件的地方，可以委托第三方机构开展特困人员生活自理能力评估。

特困人员生活自理能力，一般依据以下 6 项指标综合评估：（1）自主吃饭；（2）自主穿衣；（3）自主上下床；（4）自主如厕；（5）室内自主行走；（6）自主洗澡。

特困人员生活自理状况，6 项指标全部达到的，可以视为具备生活自理能力；有 3 项以下（含 3 项）指标不能达到的，可以视为部分丧失生活自理能力；有 4 项以上（含 4 项）指标不能达到的，可以视为完全丧失生活自理能力。

特困人员生活自理能力发生变化的，村（居）民委员会或者供养服务机构应当通过乡镇人民政府（街道办事处）及时报告县级人民政府民政部门，县级人民政府民政部门应当自接到报告之日起 10 个工作日内组织复核评估，并根据评估结果及时调整特困人员生活自理能力认定类别。

七、终止救助供养

特困人员有下列情形之一的，应当及时终止救助供养：（1）死亡、被宣告失踪或者死亡；（2）经过康复治疗恢复劳动能力或者年满 16 周岁且具有劳动能力；（3）依法被判处刑罚，且在监狱服刑；（4）收入和财产状况不再符合法律政策规定；（5）法定义务人具有了履行义务能力或者新增具有履行义务能力的法定义务人。

特困人员中的未成年人，满 16 周岁后仍在接受义务教育或者在普通高中、中等职业学校就读的，可继续享有救助供养待遇。

特困人员不再符合救助供养条件的，本人、村（居）民委员会或者供养服务机构应当及时告知乡镇人民政府（街道办事处），由乡镇人民政府（街道办事处）审核并报县级人民政府民政部门核准。

县级人民政府民政部门、乡镇人民政府（街道办事处）在工作中发现特困人员不再符合救助供养条件的，应当及时办理终止救助供养手续。

对拟终止救助供养的特困人员，县级人民政府民政部门应当通过乡镇人民政府（街道办事处），在其所在村（社区）或者供养服务机构公示。公示期为 7 天。

公示期满无异议的，县级人民政府民政部门应当从下月起终止救助供养，核销《特困人员救助供养证》。对公示有异议的，县级人民政府民政部门应当组织调查核实，在 20 个工作日内作出是否终止救助供养决定，并重新公示。对决定终止救助供养的，应当通过乡镇人民政府（街道办事处）将终止理由书面告知当事人、村（居）民委员会或者其亲属。

对终止救助供养的原特困人员，符合最低生活保障、医疗救助、临时救助等其他社会救助条件的，应当按规定及时纳入相应救助范围。

八、管理工作

（一）资金筹集

地方人民政府应当优化财政支出结构，统筹安排特困人员救助供养经费，政府设立的供养服务机构运转费用、特困人员救助供养经费纳入财政部门预算管理。财政部门应当足额保障救助供养经费。各级民政、财政部门应当通过中央困难群众基本生活救助补助资金对救助供养任务重、财政困难、工作成效突出的地区予以补助，补助资金不得用于特困人员救助供养工作经费。所需工作经费，由地方财政予以保障。

地方民政部门在年度预算执行过程中，应当根据特困人员变化、救助供养标准调整等实际情况，编制预算方案，报同级财政部门，经审核后列入财政预算，并于年终根据实际支出情况编制决算。资金不足部分，由上一级财政予以保障。

地方民政部门及财政部门应完善特困人员救助供养资金发放机制，确保资金及时足额发放到位。有农村集体经营等收入的地方，可从中安排资金用于补助和改善特困人员的生活。

（二）政策衔接

特困人员救助供养制度应当与城乡居民基本养老保险、基本医疗保障、最低生活保障、孤儿基本生活保障、社会福利等制度有效衔接。

（1）符合相关条件的可同时享受城乡居民基本养老保险、基本医疗保险等社会保险和高龄津贴等社会福利待遇。

（2）分散供养的特困人员中，符合条件的高龄和失能老年人，可以同时享受居家养老服务补贴。

（3）纳入特困人员救助供养范围的，不再适用最低生活保障政策；纳入孤儿基本生活保障范围的，不再适用特困人员救助供养政策；纳入特困人员救助供养范围的残疾人，不再享受困难残疾人生活补贴和重度残疾人护理补贴。

（4）有条件的地区可探索特困人员照料护理与长期护理保险衔接。

（三）供养机构管理

（1）供养服务机构应依法获得养老机构行业许可，按要求办理法人登记。

（2）供养服务机构应按照管理规范化、服务标准化要求，制定供养机构工作人员岗位职责，建立民主管理、院务公开、财务管理、安全消防、卫生保洁、会议学习、后勤保障及突发事件应急处置等规章制度，完善保健、护理、康复等服务规程。

（3）供养服务机构应根据服务对象人数和照料护理需求，参照相应的星级服务质量标准，配置必要的管理人员、护理人员和后勤服务人员。加大社会工作岗位开发设置，每家供养服务机构应配备不少于 1 名持证社会工作者，为特困人员提供社会工作服务。供养服务机构的工作人员应当进行在岗系统培训，掌握与岗位相适应的知识和技能。有条件的供养服务机构，经卫生计生行政部门批准可设立医务室或者护理站。

（4）供养服务机构应按照供养服务协议提供符合要求的供养服务，为特困人员提供日常生活照料、送医治疗、文化娱乐、心理疏导等服务。

（四）完善特困人员供养工作的对策①

1．健全完善对象认定条件

各地要进一步细化特困人员"三无"认定条件，可根据申请人的年龄、残疾等级和罹患重病等情况，确定其有无劳动能力；根据申请人的收入是否足以维持其基本生活、财产状况及使用情况等，确定其有无生活来源；根据申请人的法定赡养抚养扶养义务人身体状况、家庭经济状况以及与申请人生活关联情况等，确定其是否具备赡养、抚养或扶养能力。客观评估特困人员生活自理能力。可按照直观、简便、易操作的原则，参照国际通行标准和《劳动能力鉴定职工工伤与职业病致残等级》（GB/T 16180—2014）、《老年人能力评估》（MZ/T 039—2013）等有关标准，运用是否具备自主吃饭、穿衣、上下床、如厕、室内行走、洗澡能力等 6 项指标评估特困人员生活自理能力。6 项都能自主完成的，可认定为具备生活自理能力；有 1～3 项不能自主完成的，可认定为部分丧失生活自理能力；有 4 项以上（含 4 项）不能自主完成的，可认定为完全丧失生活自理能力。各地要积极探索委托医疗卫生机构、第三方专业机构等开展特困人员生活自理能力评估。尊重基层首创精神，坚持从实际出发，认真总结以往工作实践中切实可行的特困人员认定做法，并及时上升为政策规定。民政部将在总结地方经验、做法的基础上，适时出台特困人员认定办法。

2．科学制定救助供养标准

特困人员救助供养标准包括基本生活标准和照料护理标准两部分。各地要按照"分类定标、差异服务"的思路，根据特困人员基本生活需求和照料护理需求，合理确定救助供养标准。基本生活标准应当满足特困人员基本生活所需，一般可参照上年度当地居民人均消费支出、人均可支配收入或低保标准的一定比例确定，原则上应不低于当地低保标准的 1.3 倍。照料护理标准应当按照差异化服务原则，依据特困人员生活自理能力和服务需求分档制定，一般可分为三档，参照当地日常生活照料、养老机构护理费用或当地最低工资标准的一定比例确定。救助供养标准要与当地经济社会发展相适应，遵循托底、适度原则，适时调整。省级民政部门要加强对标准制定的统筹和指导，鼓励有条件的省份研究制定全省统一的救助供养标准或指导标准，逐步推进城乡统筹、区域统筹。

3．落实审核审批主体责任

各地要进一步规范特困人员认定程序，强化审核、审批等关键环节的主体责任。县级人

---

① 国务院．关于进一步健全特困人员救助供养制度的意见．国发〔2016〕14 号．

民政府民政部门要指导乡镇人民政府（街道办事处）做好特困人员救助供养申请的受理及调查核实工作，及时提出审核意见；指导乡镇人民政府（街道办事处）以及村（居）民委员会根据日常了解掌握的辖区内居民生活情况，对符合条件的居民做好政策宣讲，对无民事行为能力等无法自主申请的，主动帮助其提出申请。县级人民政府民政部门要全面审查调查材料及审核意见，随机抽查核实，及时作出审批决定，并建立特困人员救助供养档案。规范救助供养终止程序，对不再符合救助供养条件的特困人员，村（居）民委员会或供养服务机构应及时告知乡镇人民政府（街道办事处），按规定启动终止程序，经乡镇人民政府（街道办事处）审核、县级人民政府民政部门审批后，终止救助供养并予以公示。终止救助供养后，符合最低生活保障或其他社会救助条件的，要及时纳入相应救助范围，确保其基本生活有保障。

4. 优化救助供养形式

各地要结合本地区特困人员集中供养工作现状，按照《民政事业发展第十三个五年规划》关于特困人员集中供养的总体要求和目标任务，制定年度实施计划，分解有关量化指标，明确具体工作措施，确保完全或部分丧失生活自理能力的特困人员优先到供养服务机构集中供养，获得稳定的生活照料。鼓励和支持具备生活自理能力的特困人员在家分散供养，可委托其亲友或村（居）民委员会、供养服务机构、社会组织等提供日常看护、生活照料、住院陪护等服务，继续探索推进家庭托养、寄养和社会助养，确保其"平日有人照应、生病有人看护"。有条件的地方，可为分散供养的特困人员提供无偿或低偿的社区日间照料服务。特困人员救助供养金中的照料护理费用，可由县级人民政府民政部门统筹用于购买特困人员照料护理服务。集中供养的，统一用于供养服务机构照料护理开支；分散供养的，由乡镇人民政府（街道办事处）按照委托照料服务协议，用于支付服务费用。县级人民政府民政部门要规范委托服务行为，明确协议中服务项目、费用标准、责任追究等内容；要指导乡镇人民政府（街道办事处）与受托方签订照料服务协议，并加强对协议履行情况的监督，督促约定服务事项落实到位。支持、引导社会工作服务机构和专业社会工作者为特困人员提供困难帮扶、社会融入、心理疏导、资源链接、社会康复、权益维护等专业服务，积极构建物质资金帮扶与心理社会支持相结合、基本照料服务与专业化个性化服务相配套的供养模式。

5. 提升机构管理服务能力

各地要进一步明确政府设立的敬老院、福利院等供养服务机构的功能定位，强化为特困人员服务、满足特困人员集中供养需求的职责和义务，积极推动农村供养服务机构依法办理法人登记，充分发挥托底保障作用。要通过将供养服务机构建设纳入本地区"十三五"经济社会发展规划和社会养老服务体系建设等专项规划，加快推进农村特困人员供养服务机构建设改造和设施达标，重点加强对现有机构的改建、扩建和设施改造，使单张床位面积、无障碍设施改造、应急呼叫系统设置以及消防设备、安全监控系统等符合生活不能自理特困人员照料护理要求，不断提高机构托底保障能力。认真落实《意见》关于"根据服务对象人数和照料护理需求，按照一定比例配备工作人员"的要求，不断充实工作人员队伍，加强护理型

社会救助实务

服务人员配备，合理配备使用专业社会工作者。通过"引进来"、"送出去"、加强岗位培训等方式，吸引更多的专业人才投身特困人员供养服务，多渠道提升供养服务机构工作人员业务能力。建立健全供养服务机构建设和管理服务标准体系，以标准化建设促进供养服务机构服务能力和服务水平的提升。各省级民政部门要统筹规划本地区农村特困人员供养服务机构建设，增强其在老年人照料、护理方面的区域辐射功能，在满足特困人员集中供养需求的前提下，积极为农村其他低收入、高龄、独居和失能老年人提供养老服务。健全机构内部管理制度，研究制定特困人员照料服务标准，不断提高供养服务机构管理服务的规范化、标准化、专业化水平。鼓励采取公建民营、民办公助等方式，支持社会力量参与供养服务机构建设和运营。积极探索通过政府购买服务等方式向民办机构购买供养服务，满足特困人员多样化、个性化服务需求，统筹各方资源提高供养能力。

6. 加强资金保障和管理

各级民政部门要积极配合财政部门，按照属地管理原则，认真落实《意见》关于"县级以上地方人民政府要将政府设立的供养服务机构运转费用、特困人员救助供养所需资金列入财政预算"的要求，强化资金保障，根据特困人员救助供养标准做好资金需求测算，确保资金安排满足为特困人员提供基本生活保障和照料护理服务的需要。同时，积极拓宽资金筹集渠道，确保敬老院、福利院等供养服务机构正常运行。在分配中央下达的社会养老服务体系建设资金和各级彩票公益金时，要加大对农村特困人员供养服务机构投入力度，确保投入占比逐年提高。规范资金筹集、使用和管理，确保特困人员供养资金及时足额发放、机构运转费用落实到位。

【课后思考】

1. 特困人员是什么？什么是特困人员供养工作？
2. 为什么要建立特困人员供养制度？
3. 特困人员的认定条件有哪些？
4. 我国为特困人员提供哪些供养内容？
5. 特困人员供养标准如何制定？
6. 特困人员申请审批如何办理？
7. 哪些情况下应该终止供养？

第五章　临时救助

【本章概览】

临时救助是社会救助体系的重要组成部分，是保障困难群众基本生活权益的托底性制度安排。现阶段我国全面推进临时救助制度建立和实施，较好地化解了城乡居民突发性、紧迫性、临时性基本生活困难，在兜住民生底线、开展救急解难等方面发挥了重要作用。本章从救助对象范围、救助标准、救助方式、救助程序等几个方面具体介绍了我国目前的临时救助工作、城市生活无着的流浪乞讨人员救助管理工作及流浪未成年人救助保护工作。

【学习目标】

1. 认识我国临时救助制度建设情况。
2. 掌握临时救助的对象、标准、救助方式。
3. 了解临时救助申请审核审批程序。
4. 认识我国流浪乞讨人员救助管理工作。
5. 掌握流浪乞讨人员救助的范围和内容。
6. 认识流浪未成年人救助保护工作。

【案例导入】

深圳出台临时救助办法：成功申请者，一次最少可领 1800！

12月27日，记者从深圳市民政局获悉，《深圳市临时救助暂行办法》(下称《暂行办法》)正式出台。具有本市户籍以及持有本市有效居住证非户籍个人因遭遇突发事件、意外伤害、重大疾病或其他特殊原因导致基本生活陷入困境，且无能力自救，其他社会救助制度暂时无法覆盖或救助之后基本生活暂时仍有严重困难的家庭或个人，每人均可获得最低不少于1800元的临时救助金。

三种救助方式，救急托底

暂行办法中对各相关单位职责、临时救助对象、救助方式、救助标准及救助程序等事项进行了明确,进一步完善和规范深圳市临时救助管理制度。同时,《暂行办法》政策解读发布。

据悉,《暂行办法》围绕临时救助"托底线""救急难""填补社会救助体系空白"等特点,结合我市实际,对遭遇突发事件、意外伤害、重大疾病或其他特殊原因导致基本生活陷入困境,且无能力自救,其他社会救助制度暂时无法覆盖或救助之后基本生活暂时仍有严重困难的家庭或个人,给予的应急性、过渡性的救助。

救助方式分为发放临时救助金、发放实物或提供服务、提供转介服务三种方式。

每人均可获得最低不少于1800元的临时救助金

对于救助标准,《暂行办法》也进行了规定。当次救助金标准不低于本市2个月(含2个月)最低生活保障标准(自2017年3月1日起低保标准为900元)。原则上一年内临时救助金额累计不超过本市12个月(含12个月)最低生活保障标准。一年内以同一事由申请临时救助的次数不得超过两次;以同一事由再次申请临时救助的,救助金额原则上相同。以家庭作为救助对象的,救助金额为家庭人口数乘以一人次临时救助标准。临时救助家庭人口由共同生活的家庭成员人数确定。

在实物及服务救助方面,《暂行办法》规定,以基本解决救助对象面临紧急物质生存困难为标准,通过本市各级救助管理机构和慈善超市提供衣物、食品、饮用水等实物。救助管理机构可以根据临时救助对象的困难情形,为其提供临时住所、临时生活照料、心理干预等救助服务;对突发疾病的临时救助对象,可以提供医疗服务。

在转介服务救助方面,对给予临时救助金和提供救助服务后,仍需要公益慈善组织、社工服务机构等通过社会募捐、提供服务等形式给予帮扶的,可以根据情况提供转介服务。此外,《暂行办法》根据本市社会救助体系,将临时救助与其他社会救助方式有机衔接,明确规定对于符合其他专项救助条件的救助对象,应当及时转入相应救助,协助其申请。

未提供证明或弄虚作假将拒绝申请救助

依据《暂行办法》,符合《暂行办法》规定救助条件的家庭和个人,具有本市户籍的,可根据《暂行办法》的要求,向其户籍所在地街道办事处提供申请材料进行申请;不具有本市户籍但持有本市有效居住证的,向其居住地街道办事处提出申请;符合临时救助条件的家庭,有本市户籍家庭成员的,向具有本市户籍人员所在地街道办事处提出申请。

此外,公安、城管等部门在执法中发现身处困境的未成年人、精神病人等无民事行为能力或限制民事行为能力的人,以及失去主动求助能力的危重病人等,应当主动采取必要措施帮助其脱离困境;街道办事处、社区居委会应当主动发现,并及时核实辖区居民遭遇突发事件、意外事故、罹患重病等特殊情况,帮助有困难的家庭或个人提出临时救助申请。

《暂行办法》规定,对于未按规定提供有关证件、证明的;隐瞒财产收入、虚报致困原因、提供虚假证明,不配合调查核实的;除自住房外,家庭成员另有房产(经鉴定为危房的除外),且人均居住面积高于本市人均住房有关规定的;家庭成员拥有非经营性用途汽车的(残疾人功能性补偿代步机动车除外);因打架斗殴、赌博、吸毒或实施违法犯罪行为以及故意造成自身伤害及财产损失的；达到法定就业年龄且有劳动能力，无正当理由不就业或劳动的；法律、法规、规章及相关政策规定的其他情形的七方面，其临时救助申请将不予受理。

（资料来源：《南方都市报（深圳）》　作者：孙雅茜　2017 年 12 月 28 日 SA12 版）

第一节　临时救助制度

一、临时救助制度建设情况

临时救助是国家对遭遇突发事件、意外伤害、重大疾病或其他特殊原因导致基本生活陷入困境，其他社会救助制度暂时无法覆盖或救助之后基本生活暂时仍有严重困难的家庭或个人给予的应急性、过渡性的救助。

作为一项临时性短期救助措施，临时救助在我国已经有了比较长的实践。早在中华人民共和国成立初期，为解决战后大量贫民的生存问题，中央人民政府于 1950 年专门召开会议，决定为困难群众提供临时性救济。当时的临时救济主要针对遭遇临时性、突发性变故致使生活出现暂时困难的居民家庭，以及灾民、流离失所人员等，是一种非定期非定量的生活救济，也是临时救助制度的雏形。20 世纪 90 年代以后，我国逐步探索建立了城乡最低生活保障、农村五保供养、受灾人员救助以及医疗、教育、住房、就业等方面的救助制度，绝大多数困难群众的基本生活得到了有效保障。但是，仍有一些遭遇突发性、紧迫性、临时性生活困难的群众得不到及时救助。随着社会的进步和发展，人们面临的社会风险具有高发性、灾害性、不确定性等特点。而现阶段我国社会救助制度采取的是低救助水平、高瞄准度的模式，这容易使社会安全网出现漏洞。尽管社会救助是以最低生活保障和农村五保供养为主，辅之以医疗救助、教育救助、住房救助等专项救助制度。但是，这些制度安排难以应对一些由于突发性、临时性、灾害性等事件而致使家庭陷入临时困难等问题。例如，收入超出最低生活保障制度的标准，但因疾病、年老、残疾、教育等刚性支出较大造成实际生活非常困难的低收入家庭，户籍不在本地导致无法申请低保等社会救助的贫困家庭，以及因火灾、交通事故、小型自然灾害等突发事件导致阶段性临时生活困难的家庭，当遭遇急难事件，生活暂时陷入困境时，缺乏相应的救助制度。全面建立临时救助制度，就是为了填补这方面空白，补短板、扫盲区，使这些困难群众都能得到及时救助。由此可见，解决困难家庭生存的基本需要问题，是临时救助建立和完善的现实前提。

为从制度上解决这些困难群众的生活问题，民政部于 2007 年下发《关于进一步建立健全临时救助制度的通知》（民发〔2007〕92 号），部署各地探索建立临时救助制度，努力解决因突发性事件、意外伤害或因家庭刚性支出较大导致的临时性基本生活困难。各地结合实际，加快建制步伐，加大救助力度。截至 2013 年年底，全国 31 个省（自治区、直辖市）已全部制定出台了临时救助政策文件。其中，26 个省（自治区、直辖市）由省级人民政府或由民政财政两部门联合下发关于建立临时救助制度的政策文件。从各地实施临时救助的对象范围看，一般包括城乡低保家庭、低保边缘家庭等。

2014 年 9 月 17 日，国务院总理李克强主持召开国务院常务会议，决定全面建立临时救助制度，为困难群众兜底线、救急难。专家认为，这不仅是我国社会救助制度的逐步完善，更体现了社会救助理念的与时俱进。本次国务院常务会议决定，按照《社会救助暂行办法》，全面建立临时救助制度，对遭遇突发事件、意外伤害、重大疾病或其他特殊原因导致生活陷入困境，其他社会救助暂时无法覆盖或救助之后基本生活仍有严重困难的家庭或个人，给予应急、过渡性救助，做到兜底线、救急难，填补社会救助体系"缺项"。

《社会救助暂行办法》在总结地方临时救助实践的基础上，着眼于健全完善社会救助制度体系，设专章对临时救助作出制度规范，并对临时救助的功能定位、制度内容、对象范围、标准制定、申请审批程序、救助方式等提出了明确要求。以国务院行政法规形式对临时救助制度建设提出要求，这对于在全国全面建立临时救助制度，有效解决城乡困难群众突发性、紧迫性、临时性基本生活困难，使全体居民在获取社会救助方面权利公平、机会公平、待遇公平具有非常重要的意义。

二、临时救助对象

临时救助与解决基本生活的最低生活保障制度以及解决专门问题的医疗救助、教育救助、住房救助、就业救助等制度有着清晰的制度边界，即临时救助制度救助的主要是遭遇"急难"问题或因必需支出突然增加造成基本生活发生暂时严重困难的家庭。根据《暂行办法》规定，临时救助主要包括三类救助对象：

（一）因火灾、交通事故等意外事件，家庭成员突发重大疾病等原因，导致基本生活暂时出现严重困难的家庭

这是临时救助最需要救助的困难类型之一。无论火灾、交通事故等意外事件，还是家庭成员突发重大疾病，都属于典型的急难事项。任何一个家庭遭遇这样的急难事项，并由此导致基本生活出现暂时严重困难时，都需要外界的帮助，否则生活将难以为继。临时救助的制度功能就是为遭遇突发事件、意外伤害或重大疾病的家庭提供基本的生活保障。意外事件主要包括：（1）人为事故灾难，如火灾、溺水、矿难、人员踩踏等重大事故；（2）突发重特大疾病危及生命健康安全；（3）依法拘押、突然失踪、精神疾病发作等原因致使人身受限，造成家庭临时性困难的；（4）交通事故、刑事案件等造成人身伤亡，且因各种原因无法获得赔付；（5）其他造成基本生活暂时出现严重困难的突发事件。

这一类临时救助对象首先是遭遇了意外事件或是家庭成员突发重大疾病，并由此导致基本生活暂时出现严重困难，二者应具有一定的因果关系。其中，虽遭遇意外事件，但不足以

导致家庭基本生活困难的，不应纳入临时救助范围。不属于突发性、紧迫性、临时性基本生活困难的，可由最低生活保障、特困人员供养、医疗、教育、住房、就业等其他救助制度解决；因自然灾害、重大事故、公共卫生、社会安全等突发公共事件，需要开展紧急转移安置和基本生活救助的，应按国家有关规定执行。需要注意的是，突发事故、意外事件等，可能产生责任赔付问题。如遭遇交通事故、火灾、溺水等意外事件，导致家庭财产受损或者家庭突然失去经济来源，生活陷入困境，原则上交通肇事方、事故责任方或保险公司等责任方应当给予赔付或按规定先行帮助（如保险公司可提前介入）。但是，当急难事项发生后，责任方因种种原因不能及时赔付，致使困难群众得不到及时救助，当下基本生活无法维系时，各地应当及时启动临时救助程序。

（二）因生活必需支出突然增加超出家庭承受能力，导致基本生活暂时出现严重困难的最低生活保障家庭

此类临时救助对象主要是指"支出型"贫困低保家庭，相对于"收入型"贫困家庭而言，更强调生活必需支出突然增加，超出家庭收入可以负担的范围。根据《社会救助暂行办法》规定，在理解此类救助对象时，应重点把握以下三个关键因素：一是"低保家庭"，即本身已较为贫困并享受最低生活保障的家庭，在领取低保金的基础上，由于刚性支出较大仍难以维系基本生活的。二是"生活必需支出"，必需支出指维持基本生活所需的最低限度的费用支出，比如：长期病残人员的营养品保障和护理支出，因子女就学造成的交通、生活费用支出，北方地区的冬季采暖支出，以及节日或平时物价上涨增加的生活支出等。三是"突然增加"，强调时间上的突然性。如果上述因素造成的家庭支出增加为持续性的，在可预期的一段时间以内将造成救助对象持续陷入生活困境中，则应视情况申请其他救助制度给予保障。

（三）遭遇其他特殊困难的家庭

对第三类救助对象的规定是一个开放性的兜底条款，是指前两种类型之外的其他"急难"情形，给予地方一定的自由裁量权限。在实际生活中，特殊困难的情况千差万别，类型多种多样，在法规中不可能穷尽列举。《社会救助暂行办法》提出兜底性要求，是为了避免挂一漏万，使某些急难情形得不到及时救助。各地在实践操作中，应结合实际，具体问题具体分析，根据法规政策精神科学界定救助对象范围，严格掌握尺度，在救助对象出现特殊困难并且导致家庭基本生活暂时出现严重困难时及时给予救助。与其他社会救助制度相比，临时救助的对象范围更为宽泛，主要体现在两个地方：一是任何一个家庭遭遇"急难"情形，致使家庭基本生活暂时出现严重困难时，都可以按程序申请临时救助，不局限于低保家庭或特困供养人员。二是困难群众申请临时救助，不再严格强调"户籍所在地"。根据《国务院关于全面建立临时救助制度的通知》（国发〔2014〕47号）要求，临时救助对象不仅包括具有本地户籍的家庭，也包括部分人户分离的流动人口家庭。凡具有本地户籍、持有当地居住证的人员，在遭遇急难时均可以家庭为单位申请临时救助。

需要指出的是，在工作实践中，各地应高度关注那些未被现行社会救助制度覆盖的居民家庭，包括支出型贫困的非低保家庭和需要过渡性、临时性救助的急难家庭。所谓支出型贫困的非低保家庭是指家庭人均收入虽超过当地最低生活保障标准，但因家庭必需支出过大导致人不敷出，基本生活出现严重困难的家庭；需要过渡性、临时性救助的居民家庭是指虽符合最低生活保障、特困人员供养或者医疗、教育、住房、就业等其他救助制度的救助条件，但由于申请、审核、审批时间的原因，其他救助制度尚未生效，而家庭当前已陷入困境，如不立即给予救助则无法维持基本生活。对于上述两种家庭，也应及时给予临时救助，并提供转介服务，帮助受助人按程序申请相应的救助制度，或由公益慈善组织、社会工作服务机构等给予帮扶。

三、临时救助标准

（一）制定原则

临时救助是对因各种情形造成基本生活严重困难的居民给予的应急性、过渡性救助，因此，临时救助标准的设定必须遵循"托底线"的基本原则，既尽力而为，又量力而行，确保临时救助标准与当地经济社会发展水平相适应。

（二）制定层级

根据《社会救助暂行办法》规定，县级以上地方人民政府是临时救助标准的制定主体。因此，县级、地市级以及省级人民政府都可以成为临时救助标准的制定主体。考虑到临时救助覆盖面广、困难情形复杂、困难类型多样，各地在具体工作中，可根据本地实际，对临时救助标准制定层级作出规范。同时，为减小临时救助标准的区域差异，有条件的地方，可以逐步提高标准制定层级，加强省级人民政府对临时救助标准的统筹、调控能力，推动形成相对统一的区域临时救助标准。

（三）制定依据

按照临时救助解决突发性、临时性、紧迫性基本生活困难的功能定位，在制定临时救助标准时，各地应根据临时救助的困难类型、困难程度、困难时间等，合理确定临时救助标准，并适时调整。针对不同困难类型和困难程度，各地可以设定不同的救助标准。具体可以当地最低生活保障标准为参照，综合家庭人口、困难程度、困难持续时间等科学测算救助标准。

四、临时救助方式

由于临时救助具有应急性、过渡性和补充性等特点，县级以上地方人民政府可根据实际情况，针对不同原因造成的临时救助家庭，采取不同的方式因情施救。《国务院关于全面建立临时救助制度的通知》对临时救助方式进行了规范，规定了以下几种救助方式：

一是发放临时救助金。分为社会化发放和现金发放两种方式。各地可在积极推行社会化发放、按照财政国库管理制度通过金融机构将临时救助金直接支付到救助对象个人账户的同时，对因病、就学、突发事件而需要救助的家庭，采取发放现金的方式予以救助。

二是发放实物。对缺少衣物、食品、饮用水、临时住所的家庭，可采取实物发放的方式予以救助。除紧急情况外，发放的实物一般应严格按照政府采购制度的有关规定执行。

三是提供转介服务。这是对给予临时救助金、实物救助后，仍然困难的临时救助对象提供的另外一种救助方式。《国务院关于全面建立临时救助制度的通知》规定了转介服务的具体内容和途径：（1）社会救助制度之间的转介。即对符合最低生活保障或医疗、教育、住房、就业等专项救助条件的临时救助申请家庭，帮助其申请相关社会救助。（2）政府救助与慈善救助之间的转介。即对临时救助之后，仍无法解决基本生活困难，需要公益慈善组织、社会工作服务机构等通过慈善项目、发动社会募捐、提供专业服务、志愿服务等形式给予帮扶的，要及时提供转介服务。

五、救助程序

（一）申请受理

为及时解决困难家庭的"急难"问题，有效防止冲击社会道德和心理底线的事件发生，临时救助在坚持依申请受理的基础上，要求地方积极开展主动受理。

1. 依申请受理

依申请受理是根据困难家庭提出的临时救助申请进行受理。为突出临时救助制度覆盖全体居民家庭及便民、利民的特点，《国务院关于全面建立临时救助制度的通知》规定困难家庭可在"所在地"申请临时救助。由此，临时救助申请的受理主体也有所不同。

一是在户籍所在地申请。这一规定与最低生活保障等其他社会救助制度相同，即凡认为符合救助条件的本地户籍居民均可以家庭为单位向户籍所在地乡镇人民政府、街道办事处提出临时救助申请。

二是在居住地申请。持有当地居住证的困难居民，可以向居住地乡镇人民政府、街道办事处提出临时救助申请。

三是在"急难"发生地申请。对于不持有当地居住证的非本地户籍居民家庭，遭遇急难情形时可以向急难发生地县级人民政府设立的生活无着人员救助管理机构提出申请；当地县级人民政府没有设立生活无着人员救助管理机构的，可以直接向县级人民政府民政部门提出申请。同时，"急难"发生地乡镇人民政府、街道办事处有责任协助其向救助管理机构或县级人民政府民政部门提出救助申请。

此外，从临时救助的"救急解难"特点出发，结合地方实践，临时救助在坚持书面申请的基础上，允许适当简化相关程序。当情况紧急（如火灾），困难群众无法在申请时提供相关证明材料时，乡镇人民政府、街道办事处可先行受理。一般来说，申请临时救助需要携带居民身份证、户口簿（居住证）原件、复印件以及本人收入证明、财产证明、申请事由证明等相关材料；支出型贫困低保家庭申请临时救助的，还应提供享受最低生活保障证明材料，并填写书面申请表格。无正当理由，乡镇人民政府、街道办事处不得拒绝受理。由于临时救助解决的是突发性、临时性、紧迫性基本生活困难，为避免申请人由于时间紧迫、文化程度不高、申请资料不齐全等原因无法提出书面申请，而使得急难生活问题不能得到及时有效解决，各地可结合实际，规定临时救助多种申请形式。对于不便提交书面申请的申请人，可由村民委员会、居民委员会工作人员或其他人员代为填写；对于无法及时填写书面申请或是无法提供完整资料的申请人，可在履行口头申请程序之后，再补充提交相关材料。

2. 主动发现受理

所谓主动发现受理是相对于依申请受理而言的。一些临时救助对象或因时间紧迫，或因身处险境，或因行为能力不足等原因，无法及时或自主提出申请，而他们的困难又迫切需要得到解决，这就需要社会救助经办机构或审批机关去主动发现困难对象并启动受理程序。在这一环节，明确主动发现的责任主体尤为关键。《国务院关于全面建立临时救助制度的通知》规定，乡镇人民政府、街道办事处、村（居）民委员会要及时了解、掌握、核实辖区居民遭遇突发事件、意外事故、罹患重病等特殊情况，帮助有困难的群众提出救助申请；公安、城管等部门在执法中发现身处困难处境的未成年人、精神病人等无民事行为能力或限制民事行为能力人，以及失去主动求助能力的危重病人等，应主动采取必要的措施，帮助其脱离困难处境。乡镇人民政府、街道办事处或县级人民政府民政部门及其救助管理机构在发现或接到有关部门、社会组织、公民个人报告的救助线索后，应主动核查情况，对于其中符合临时救助条件的，应协助其申请救助并受理。需要注意的是，各地在实施主动发现受理时，应及时将救助对象姓名、救助原因、救助情况等登记备案。

（二）审核审批

为充分体现临时救助的时效性，《国务院关于全面建立临时救助制度的通知》依据《社会救助暂行办法》有关规定将临时救助审核审批程序分为一般程序和紧急程序。

1. 一般程序

临时救助审核审批一般程序的规定，充分借鉴了最低生活保障审核审批的成熟经验和做法，针对不同的申请对象，规定不同的审核审批程序。

一是对具有本地户籍或持有本地居住证家庭的临时救助审核审批程序。一般情况下，临时救助审核主体为乡镇人民政府、街道办事处，审批主体为县级人民政府民政部门。审核内容、方式、民主评议、公示等均可参照最低生活保障审核审批程序执行。特别需要注意的是，为提高临时救助的时效性，《社会救助暂行办法》在明确"临时救助原则上由县级人民政府民政部门审批"的基础上，特别规定"救助金额较小的，县级人民政府民政部门可以委托乡镇人民政府、街道办事处审批"。在实际操作中，对于救助金额较小的，乡镇人民政府、街道办事处可直接进行审批，并报县级民政部门备案。这样的规定有利于提高临时救助的时效性，帮助困难家庭解决燃眉之急。这一做法，已在地方实践中被普遍运用，受到救助对象和经办机构的一致欢迎。《社会救助暂行办法》在充分吸收地方实践经验的基础上，对此进行了明确。关于"救助金额较小"的具体标准，各地可在制定具体实施细则时予以明确，同时应对乡镇人民政府街道办事处直接审批的具体事由、责任追究等作出规定，以确保临时救助的规范操作和公平公正实施。

二是对未持有当地居住证的非本地户籍居民家庭的临时救助审核审批程序。其审核审批主体为县级民政部门设立的救助管理机构或县级人民政府民政部门，审核内容、方式等应按照生活无着、流浪乞讨人员救助管理有关规定执行。

2. 紧急程序

紧急程序是相对于一般程序而言的。紧急程序相对简化了临时救助的审核审批环节。

《社会救助暂行办法》规定："情况紧急的，可以按照规定简化审批手续。"所谓情况紧急，可以理解为需立即采取救助措施，先行救助，以防止造成无法挽回的损失或无法改变的严重后果。在具体操作中，各地应结合实际，对"情况紧急的"具体情形以及如何先行救助进行细化。所谓先行救助，是指在简化相关审核、审批、公示等环节的情况下，直接对救助对象实施救助的行为。在紧急程序中，乡镇人民政府、街道办事处可开展先行救助，县级人民政府民政部门也可直接受理、先行救助。两者可根据"谁受理、谁救助"的原则或按照救助金额的权限划分分别开展先行救助。需要强调的是，各地在执行紧急程序的同时，也应做好后续工作，在紧急情况解除之后应尽快补齐相关材料，并及时进行公示、登记备案，使相关审核审批手续完备。对公示有异议的，要进一步做好调查核实工作，对其中恶意骗取临时救助款物且拒不退还的，应按规定追究当事人责任。

此外需要注意的是，一般来说，临时救助实行一事一救，申请人以同一事由重复申请临时救助，无正当理由的，不予救助。对于因同一事由造成基本生活严重困难持续时间较长的，各地可考虑转介到其他社会救助制度。特殊情况经县级民政部门认定，也可给予多次救助，但各地应把握原则上同一事由一年只可救助一次。

六、资金管理

《国务院关于全面建立临时救助制度的通知》对临时救助资金管理作出了明确要求，即地方各级人民政府要将临时救助资金列入财政预算；省级人民政府要优化财政支出结构，切实加大临时救助资金投入；城乡居民最低生活保障资金有结余的地方，可安排部分资金用于最低生活保障对象的临时救助支出；中央财政对地方实施临时救助制度给予适当补助，重点向救助任务重、财政困难、工作成效突出的地区倾斜。从近几年地方临时救助实践看，临时救助资金筹集渠道主要包括四类：一是财政拨款。包括中央财政临时救助补助资金，省、市、县（区）各级财政预算安排的临时救助资金，这是临时救助资金最主要的来源。二是低保结余资金。一些城乡居民最低生活保障资金有结余的地方，安排了部分资金用于低保对象的临时救助支出。需要注意的是，低保结余资金用于临时救助的前提是确保低保对象实现"应保尽保"，确保低保救助水平稳步提高，与当地经济社会发展水平和人民生活水平相适应。各地应依据财政部、民政部印发的《城乡最低生活保障资金管理办法》（财社〔2012〕171号）有关规定，合理控制低保资金结余，在低保结余资金占当年资金支出总额10%的允许范围之外，将超出部分用于开展临时救助。三是社会捐助资金。除政府财政资金投入外，一些地方社会组织和个人向民政部门或受民政部门委托的慈善机构捐的一些临时救助资金。四是福彩公益金。一些地方民政部门每年划拨部分本级福彩公益金用于开展临时救助。

第二节　城市生活无着的流浪乞讨人员生活救助管理

一、流浪乞讨人员与救助管理工作

流浪乞讨作为一种古老的社会现象，存在的历史几乎跟人类文明存在的历史一样漫长，自原始公社解体以来，就一直存在着流浪与乞讨的现象，并且伴随着人类社会的发展不断发生着改变。在当代中国，我们把那些在城市无固定居所、无合法经济来源、无正当职业的外来人员界定为"流浪者"，把以沿街乞讨的方式获取钱物的人员界定为"乞讨者"。流浪与乞讨经常如影随形，常见的状态是流浪着乞讨，乞讨着流浪。因此，我们一般直接表述为"流浪乞讨人员"。中华人民共和国成立以后，出于稳定社会秩序、维护新生政权的考虑，国家采取了控制人口流动的政策，流浪乞讨群体的规模在中华人民共和国成立以后一度缩小，在有些地区甚至已经基本绝迹。改革开放以后，随着对社会流动限制的削弱和城市化的发展，城市流浪乞讨人员的数量日渐增加。特别是最近几年，由于各种原因，更多的人走上了流浪乞讨的生活道路。转型时期的城市流浪乞讨现象已经成为社会各界普遍关注的一大焦点和棘手的社会问题。党和政府对解决城市流浪乞讨问题给予了高度的关注和重视。

城市流浪乞讨人员救助是对在城市中生活无着的流浪乞讨人员实施救济和帮助，保障其基本生活权益而建立的一项社会救助制度。长期以来，我国对因各种原因流入城市的流浪乞讨人员采取的是收容遣送制度。在特定的历史条件下，收容遣送制度为保障流浪乞讨人员的基本生活权益，维护城市社会秩序，曾经产生过积极的作用。随着社会的发展和民主法制建设的不断加强，传统的收容遣送制度已经不能适应时代的需要。针对变化了的社会环境及各界人士对实施多年的"收容遣送"制度的非议，2003年6月18日，国务院常务会议审议并原则通过了《城市生活无着的流浪乞讨人员救助管理办法》（以下简称《救助管理办法》），于当年 8 月 1 日正式执行，1982 年由国务院发布的《城市流浪乞讨人员收容遣送办法》同时废止。

《救助管理办法》将强制性收容遣送改为关爱性救助管理，反映了时代的进步、社会的发展，体现了党和政府对弱势群体的关怀和"以人为本"的理念。从社会意义来看，救助管理制度是全面履行政府职能的必然要求，是贯彻依法治国方略、坚持依法行政的具体体现，是完善社会保障体系的重要方面，对维护改革、发展、稳定大局具有重大意义。

二、救助管理的原则

对城市生活无着的流浪乞讨人员进行救助管理，其本质是一种社会救助制度，必须坚持自愿受助，无偿救助原则，政府、社会、家庭责任有机结合的原则。

（一）自愿受助

自愿受助是新型救助制度区别于收容遣送制度的重要标志，是救助管理工作必须遵循的原则。所谓自愿受助，指求助人向救助管理站自愿求助，经询问符合救助对象的范围，救助管理站应给予救助；同时，受助人可以放弃救助，告知救助管理站后自愿离站，救助管理站不得限制。

（二）无偿救助原则

所谓无偿救助，指救助管理站不得向受助人及其家属和单位收取费用，也不得组织受助人从事生产劳动以抵消生活费及返家所需费用。

（三）政府、社会和家庭责任相结合的原则

扶贫济困是政府的责任，也是全社会的义务。各区、县（市）政府、社会各方面和相关家庭、单位都要切实履行各自的责任和义务。对流入的符合救助条件的流浪乞讨人员，要给予临时性救助，解决他们暂时的基本生活困难，并帮助其返回当地、回归家庭。对流出的流浪乞讨人员，在接到流入地的通知后，要设法及时接回，并帮助解决具体困难，避免他们再次外出流浪乞讨。同时，要教育受助人员的亲属或其他监护人履行应尽的义务，对遗弃抚养、赡养对象且屡教不改的人员，要依法予以严肃处理。对无家可归的残疾人、未成年人、老年人，各区、县（市）政府要妥善安置。总之，在政府救助的同时，国家鼓励、支持社会组织和个人救助流浪乞讨人员。

三、救助管理的对象

（一）城市生活无着的流浪乞讨人员

城市中流浪乞讨群体构成非常复杂，其中既有真正无家可归、生存陷入困境的人员，也有好逸恶劳、将乞讨作为一种敛财手段的人员，在对这个群体进行救助的时候必须区别对待。

《城市生活无着的流浪乞讨人员救助管理办法》于 2003 年 6 月颁布以后，本着自愿、无

偿、临时的救助原则，对流浪乞讨群体提供紧急救助和临时救助，使其摆脱生存困境，维护其基本生活权益。《救助管理办法》第一条明确规定："为了对城市生活无着的流浪、乞讨人员（以下简称流浪乞讨人员）实行救助，保障其基本生活权益，完善社会救助制度，制定本办法。"同年 7 月颁布的《城市生活无着的流浪乞讨人员救助管理办法实施细则》（以下简称《救助管理实施细则》）第二条规定："《救助管理办法》规定的'城市生活无着的流浪乞讨人员'是指因自身无力解决食宿，无亲友投靠，又不享受城市最低生活保障或者农村五保供养，正在城市流浪乞讨度日的人员。虽有流浪乞讨行为，但不具备前款规定情形的，不属于救助对象。"根据这两个法律文件的规定，救助对象必须自愿提出要求，经救助管理机构查证核实，符合救助条件的，救助管理机构应无偿提供救助；凡不符合的不予救助。受助人员放弃救助、自愿离站的，救助管理机构不得限制。因此，救助管理机构的受助人员必须具备 4 个救助条件：

（1）自身无力解决食宿。主要指因贫、因灾或因其他原因造成流浪、乞讨；因打工不着、投亲不遇、失窃等造成流浪、乞讨，在向救助管理机构求助时身无分文，又不具备劳动能力（包括智力劳动能力和体力劳动能力），或暂时无法通过自身劳动获取报酬，暂时无法解决自身吃饭、住宿的受助人员。

（2）无亲友投靠。主要指经救助管理机构核实，求助人员在求助地无法定的负有抚养、赡养、扶养、监护义务的近亲属或者其他监护人可以提供食宿。虽无法定的负有抚养、赡养、扶养、监护义务的近亲属或者其他监护人，但有其他亲友且愿意帮助接纳求助者的，可视为有亲友可以投靠。

（3）不享受城市居民最低生活保障或者农村五保供养。主要指在原籍不享受城市居民最低生活保障或者农村五保供养的人员。

（4）正在城市流浪乞讨度日。主要指来救助管理站时正在流浪或乞讨的受助人员。

按照规定，只有同时具备上述 4 个救助条件才具有受助资格。虽有流浪乞讨行为，但不具备以上规定情形的，不属于救助对象。救助管理机构对符合救助条件的对象，应当及时安排救助。不符合救助条件的对象，不予救助并告知其理由。

（二）遇到临时困难的困境人员

《救助管理办法》和《救助管理实施细则》所界定的救助对象是"城市生活无着的流浪乞讨人员"，这是比较狭隘的，许多临时遇到困难、生存陷入困境的求助人员因不符合条件无法获得救助，并不能够很好地发挥社会救助制度的"托底线、救急难"的功能。随着社会发展形势的变化，当前救助管理的工作范围、工作对象以及工作方式都发生了很大变化，在实际工作当中，除了将生活无着的流浪乞讨人员作为救助管理的核心对象以外，各地的救助管理机构都存在不同程度地扩大救助对象进行救助的情况，由对"生活无着的流浪乞讨人员"救助扩大到生活无着的"困境人员"救助。目前很多城市地方政府规定，只要是确实遇到了应急性困难，自身无力解决基本食宿，在查证属实后当地救助管理机构可以提供救助。

据各地救助管理机构的救助实践以及一些地方立法的规定，救助对象应该包括：

（1）无固定经济来源，无固定住所，依靠捡拾、乞讨等方式在街头谋生的人员；

（2）因被盗、被抢、被骗、务工不着、寻亲不遇、突发灾害而流落街头，无可靠经济来源、无固定住所需要临时救助的人员；

（3）因遭受家庭暴力侵害需要临时庇护的人员；

（4）在街头流浪、乞讨，失去有效监护和被胁迫、利用或由亲友携带乞讨的未成年人，其他无民事行为能力、限制民事行为能力的残疾人、精神病人；

（5）街头突发疾病而丧失表达能力、行为能力，无人照料的危重病人；

（6）公安机关在打拐或其他侦破案件中解救的，暂时无法联系到亲人或单位的妇女或儿童；

（7）其他流落街头，无可靠经济来源，无固定住所的生活无着人员。[1]

近年来，救助管理机构在实际工作中对以上几类临时遇困人员进行救助，充分体现了临时救助应急性和过渡性的特点。临时救助作为社会救助的一部分，能帮助群众应对突发性、紧迫性、临时性生活困难。2014年5月1日起实施的《社会救助暂行办法》对国家建立紧急救助提了明确的要求，同年10月国务院发布《关于全面建立临时救助的通知》，要求在我国全面建立临时救助制度，为困难群众"托底线、救急难"，进一步完善社会救助体系建设。这一制度在我国城乡的全面建立，必将进一步强化我国民生保障的安全网，为提升民众的福祉作出更大的贡献。

（三）不予救助的范围

按照《救助管理实施细则》及2014年6月颁布的《生活无着的流浪乞讨人员救助管理机构工作规程》（以下简称《救助管理机构工作规程》）相关规定，对于不符合救助条件的救助申请依法不予满足，其情形包括：

1. 拒不配合安全检查的

求助人员应当按照救助管理机构要求，接受安全检查，女性求助人员应当由女性工作人员检查，若求助人员拒不接受或配合安全检查，救助管理机构可拒绝救助。

2. 拒不遵守物品管理规定的

各地救助管理机构规定，动物或可能造成人员伤害或财产安全的物品不得被携带进入站内。对在安全检查中发现的易爆、腐蚀、管制刀具等危险物品，救助管理机构应当及时报请公安机关处置；对在安全检查中发现的锐（利）器、打火器具等物品，求助人员应当自行丢弃或交由救助管理机构代为保管。若求助人员拒不遵守救助管理机构物品管理规定，坚持将危险物品或违禁物品携带进站的，救助管理机构可拒绝救助或终止救助。

---

① 梁洪霞. 城市流浪乞讨人员行政救助制度研究[M]. 北京：法律出版社，2014.

3. 自身有能力解决食宿的

包括求助人随身携带的财物足以应付本人基本生活开支或在本地有亲友可投靠但无正当理由却拒绝投靠。如有的地方救助管理站规定,求助人员携带移动电话、宠物、金银饰品及其他贵重物品的,救助管理站可不予救助。因为携带贵重物品,则证明求助者至少可以通过变卖、典当等方式获得金钱,从而有能力解决食宿,所以救助站可以不予救助。但这种情况要具体分析,看携带物品的实际价值,以及是否属于有纪念意义的物品,不能一概而论。

4. 索要现金,拒不接受其他救助方式的

为防止和打击不良人员恶意骗取救助,救助管理机构在救助受助人员时,应尽可能避免进行现金救助。目前我国有的城市的救助管理机构不再向救助对象发放救助金,而是发给乘车凭证即"换票证",救助对象持"换票证"到火车站售票室换取加盖"救助车票、禁退禁卖"专用章的救助车票返乡,有效避免了"跑站"现象。若求助人员执意讨要现金并拒绝接受其他救助方式,救助管理机构可不予救助。

5. 拒不提供或拒不如实提供个人信息的

指求助人员拒绝提供个人资料或提供虚假资料,救助管理机构经过核查求助人员提供的身份资料和求助理由等情况后,发现求助人员提供虚假信息或捏造不存在的流浪乞讨事实来骗取救助资源。如 2014 年 3 月,江苏省常州市救助管理站曝光 48 岁的山西太原男子徐某,其近几年来频繁进出全国各地的救助站进行免费吃、住,再通过退票或倒卖返乡车票来赚钱,甚至有时还会向救助站直接索要钱财。常州市救助管理站工作人员通过全国救助管理信息系统查询徐某的名字,结果屏幕上跳出 104 页关于他被救助的记录,每一页都有几十条信息。据工作人员估算,3 年多来,徐某已累计被全国 1000 多家救助站救助过不下 5000 余次。

6. 其他不符合救助条件的情形

救助管理机构对于到站求助人员,经甄别符合救助条件的,建立受助人员《救助情况档案》,办理入站手续,及时提供救助。对于不符合救助条件的,应当向当事人说明原因,听取其辩解和陈述,告知其申诉途径,出具《不予救助通知书》,由当事人签字确认并登记、备案、存档。对于因年老、年幼、残疾等原因无法提供个人情况的,救助管理机构应当先提供救助,再查明情况。对拒不如实提供个人情况的,救助管理机构将不予救助。受助人员故意提供虚假个人情况的,救助管理机构将终止救助。

四、救助管理的内容

根据《救助管理办法》规定,对于符合救助条件的求助人员,救助管理机构根据其需要可提供五个方面的救助。

(一)提供符合食品卫生要求的食物

救助管理机构应该按照受助人员需求向其提供符合《中华人民共和国食品卫生法》规定,

干净、卫生、无毒、无害、符合营养要求的食品和饮用水。受助人员所用餐具、饮用水需要严格消毒；使用符合要求、对人体无害的消毒剂、洗涤剂；严禁使用腐败变质和超过使用期限的食品；对受助人员实行分餐制，对于未成年人、老年人、少数民族人员和患病人员，应当照顾其特殊饮食需求。

（二）提供符合基本条件的住处

按照规定，救助管理机构向受助人员提供符合基本条件的住处，根据国家有关城市居民住宅装修标准的规定，按照一般居家住房的标准要求，向受助人员提供安全、保暖、舒适的住所，配备卫生间和马桶、洗脸盆、沐浴喷头等设施和必要的洗漱工具。救助管理机构应当按照受助人员性别、年龄、身心状况安排分区居住、单人单床，并为受助人员发放必要的生活用品。女性受助人员应当安排女性工作人员管理。

（三）对在站内突发急病的，及时送医院救治

救助管理机构应当做好卫生保健、防疫工作，配备体温计、血压计等基本设备。有条件的救助管理机构可以依法内设医务室或与专业医疗机构合作开展医疗服务。救助管理机构发现受助人员突发急病、精神异常或有疑似传染病的，应当及时送往医疗机构或联系医疗急救机构救治、诊断；对有疑似传染病的，还应当及时向疾病预防控制机构报告，建议采取必要的卫生处理措施；发现有疑似吸毒情形的，应当报请公安机关处置。对流浪街头的危重病人、精神障碍患者，要坚持"先救治、后救助"，及时联系相关定点医疗机构进行救治，保护救助对象的合法权益。由公安、城管等单位公务人员直接护送疑似精神障碍患者、危重病人或有明显外伤人员到医疗机构救治的，救助管理机构应当在接到通知后及时到医疗机构甄别和确认病人身份。经甄别符合生活无着的流浪、乞讨人员救助条件的，救助管理机构应当及时为其办理救助登记手续。

（四）帮助与其亲属或所在单位联系

帮助受助人员与其亲属或者所在单位联系的目的是帮助受助人员返回原籍或单位妥善安置。这方面的工作包括：第一，做好劝导返回的思想工作，在工作中可视情况运用个案工作方法、心理治疗方法，培育其生活价值信念，增强其自食其力的信心和勇气，使其早日回归社会；第二，查明地址，联系其亲属和单位，要求尽快来站接人；第三，对于无家可归的流浪乞讨人员，联系其户籍所在地的政府来站接人，做好安置工作。《救助管理机构工作规程》规定受助人员有疑似走失、被遗弃或被拐卖情形的，救助管理机构应当及时向公安机关报案。受助人员因年老、年幼、残疾等原因不能提供个人信息的，救助管理机构应当及时报请公安机关协助核查求助人员身份，并在其入站后 24 小时内以适当形式发布寻亲公告。救助管理机构应当充分利用现有工作信息和工作渠道，为前来寻亲人员提供便利和帮助。

（五）对没有交通费返回其住所地或者所在单位的，提供乘车凭证

救助管理机构有义务免费为受助人员提供返回乘车凭证，但救助管理机构对受助人员必须认真做好审查工作，保证救助资金切实用于最需要的受助者。为了防止跑站骗票现象发生，救助管理机构可以采取措施，防止不法人员借机牟利。如在车票上加盖"政府救助，禁退禁卖"的字样，或让火车站汽车站救助点工作人员做好监督工作，一旦有出售救助车票的，及时报当地公安机关进行处理。

《救助管理实施细则》还规定救助管理机构在对流浪乞讨人员进行救助时，应根据受助人员的救助需求确定救助内容和救助方式，不能以受助人员的主观愿望为尺度，对受助人员提出的无理要求要予以拒绝。救助管理机构对受助人员的伙食标准、住宿条件及其他救助标准一般情况下应由各级民政部门根据当地财政状况、物价水平及居民生活水平状况提出意见，由财政部门合理确定标准。

救助管理机构对流浪乞讨人员提供的救助是一项临时性的社会救助措施，救助管理机构根据受助人员的情况来确定救助期限，一般不超过10天，因特殊情况需要延长的，须报上级民政主管部门备案。救助期满，受助人员应当离开救助站。对无正当理由不愿离站的受助人员，救助管理机构应当终止救助。受助人员可以自由离站，但应当事先告知。未成年人及其他无民事行为能力人和限制民事行为能力人离站，须经救助管理机构同意。受助人员离站之后，视为救助终止。

五、救助程序

（一）受助人员的界定

首先，根据《救助管理办法》规定，救助管理机构提供的救助服务是针对流浪乞讨人员的临时性社会救助措施。它的主要服务对象是城市生活无着的流浪乞讨人员，即只要符合《救助管理实施细则》规定的城市生活无着的流浪乞讨人员均可能是潜在受助人员。

其次，我们国家对流浪乞讨人员的政策经历了从强制收容模式到自愿救助模式的转化，这一政策导向的调整，不仅规范了旧条令的强制收容，使流浪乞讨人员的基本人权得到了充分的保障，还充分赋予了受助人员自愿选择接受救助或不接受救助的自由。

因此，基于以上两方面的考虑，我们将受助人员定义为：经过救助管理机构甄别，确定其符合救助条件，决定予以救助和被直接救助的人员。根据流浪乞讨人员入站方式的不同，我们大体可以将这些受助人员分为两类：一类是主动求助者，即流浪乞讨人员主动向救助管理机构求助，无偿接受法定服务；另一类是被动求助者，即救助管理机构主动救助流浪乞讨人员或其他组织机构或个人引导入站人员。例如，《救助管理办法》第五条规定：公安机关和其他有关行政机关的工作人员在执行职务时发现流浪乞讨人员的，应当告知其向救助管理机构求助；对其中的残疾人、未成年人、老年人和行动不便的其他人员，还应当引导、护送到

救助管理机构。

（二）受助人员求助程序

为进一步加强和规范我国救助管理工作，依据《救助管理办法》，结合并参考多个省市的实际工作情况和工作流程，我们将受助人员救助程序具体划分为九大步骤，具体包括咨询、甄别、告知、安全检查、受助登记、进站后的救助服务、后续服务、终止救助及离站登记。这九大步骤之间既有逻辑关联，又有序列关系，即后一步骤的进行必须以前一步骤完成为前提。例如，必须经过对受助人员的个人信息甄别步骤之后，救助机构工作人员才能依据前一步甄别的结论告知受助人员。

1. 咨询

咨询主要是指城市生活无着的流浪乞讨人员通过电话、到站咨询等方式向救助管理机构询问救助相关事宜时，救助管理机构对前来求助的对象，在正式入站前要完成询问工作，并对其个人情况予以登记的过程。

一般情况下，救助管理机构提供全天候值班和 24 小时救助热线接待救助、提供咨询。受助人员可以通过公众信息查询救助电话。通常情况下，救助管理机构应在 24 小时内完成身份核实、登记、建档工作。询问内容主要包括受助人姓名、年龄、性别、居民身份证或者能够证明身份的其他证件、本人户口所在地、住所地；是否享受城市最低生活保障或者农村五保供养；流浪乞讨的原因、时间和经过；本地有无亲友；近亲属及其他关系密切亲属的姓名、地址及联系方式等。

2. 查证和甄别

流浪乞讨人员真实身份的查证和甄别是一个复杂的问题。一方面，流浪乞讨人员的构成复杂，他们中既有基于真实需求的潜在服务对象，也有部分具有较专业的乞讨技巧，或以人作为道具，装聋作哑，假扮残疾人、或以谎言博取同情、或以卖艺为生以及强行销售自己服务的人员等。另一方面，在接受救助管理机构询问核查中部分人员不愿意讲出真实情况、或出现一些求助人员虚报个人情况、或者因年老、年幼、精神残疾、病患、智障等原因无法提供个人情况、或者存在钻政策空子，城市流浪乞讨人员要求救助的"跑站"等。这些情形的存在给救助管理甄别查询工作带来一定的难度。因此，为了切实保障受助人员合法权益，确保应救尽救的同时不浪费救助资源，救助管理机构需要对前来求助的服务对象的有关信息进行查证和甄别。

3. 告知

救助管理机构应当向求助人员告知救助对象的范围和实施救助的内容以及相关政策规定，对经甄别符合救助条件的求助人员，应当办理入站手续，辅助其填写完成《求助人员申请救助登记表》，询问求助需求并予以登记建档，及时安排救助；对经甄别不符合救助条件的求助人员，应当向其说明原因，出具《不予救助通知书》，该通知书中必须清楚记录不予救助的原因和相关法律法规依据，做好相关咨询和告知记录。所有记录均需求助人员签字确认并登记存档，求助人员拒不签字确认的，应详细记录拒绝原因，由两名工作人员共同签字确认。

4. 安全检查

工作人员应该对来站求助人员及其随身携带的物品进行安全检查，引导求助人员通过安全检查门或金属探测仪等设备接受检查，求助人员拒不接受安全检查者不予救助。

5. 登记

在自愿受助的前提下，救助人员必须详细登记下列情况：

（1）本人姓名、年龄、性别、居民身份证号或者能够证明身份的其他证件号、本人户口所在地、住所地；

（2）是否享受城市低保或农村五保供养；

（3）流浪乞讨的原因、时间、经过；

（4）近亲属和其他密切亲戚的姓名、住址、联系方式；

（5）随身物品情况。

其他特殊情况的登记和处理：

（1）被盗、被抢、被骗人员救助时，必须凭公安部门出具的报案证明。

（2）对因年幼、年老、残疾等无民事行为或限制民事行为能力的求助人员，应遵循"先救助，后甄别"原则，先提供救助，再查明情况；对拒不如实提供个人情况的不予救助。

（3）对精神病人、传染病人或危重病人，工作人员应先送指定医疗机构治疗，并向护送单位说明"先救治，后救助"的原则，待病情得到控制，符合入站条件后，再入站接受救助。

（4）对于境外求助人员，需要先联系公安机关确认其身份。属于非法入境居留的，由公安机关处置。属于合法入境、居留的外国人，报请当地外办同意后实施救助；属于合法入境、居留的港、澳、台居民，报请当地港澳台办同意后实施救助。

6. 救助内容和期限

救助内容是指受助人员完成咨询、甄别、告知和安全检查等入站前准备工作之后，求助者可以在站内获得的救助服务。根据《救助管理办法》第七条规定，救助管理机构应当根据受助人员的需要提供下列救助：

提供符合食品卫生要求的食物；提供符合安全卫生基本条件的住处；对在救助管理机构内突发急病的，及时送定点医疗机构救治；与其亲属或者所在单位联系；对没有交通费返回其住所地或者所在单位的，提供乘车（船）凭证。救助管理机构为受助人员提供的住处，应当按性别分室住宿，女性受助人员应当由女性工作人员管理；老年人、儿童应当与其他受助人员分室住宿，一般实行单人单铺。对受助人员中的残疾人、未成年人、老年人、孕妇，应当在生活上给予照顾，并给予必要的保护。因此，根据此法律法规的内容，受助人员进入救助管理机构后可以享受相应的救助服务。

关于救助期限，《救助管理实施细则》要求救助管理机构应当根据受助人员的情况确定救助期限，一般不超过 10 天。因特殊情况需要延长的，报上级民政主管部门备案。

7. 后续管理

后续管理是在受助人员在救助管理机构接受救助期间，工作人员为保障受助人员离站后的生存生活提供的持续性服务。针对受助人员的不同情况，救助管理机构应分别作出以下处理。

能够自行返回的，由救助管理机构提供乘车（船）凭证返回。

对受助的残疾人、未成年人、老年人或者其他行动不便的人员，通知其亲属或者所在单位接回；亲属或者所在单位拒不接回的，省内的由流入地民政部门通知流出地民政部门接回，送其亲属所在地或者所在单位；跨省的由省民政部门通知流出地省（自治区、直辖市）民政部门接回，送其亲属所在地或者所在单位。

对无法查明其亲属或者所在单位，但可以查明其户籍所在地、住所地的受助残疾人、未成年人、老年人及其他行动不便的人员，省内的由流入地民政部门通知流出地民政部门接回，送户籍所在地、住所地安置；跨省的由省民政部门通知流出地省（自治区、直辖市）。

8. 终止救助

结合各省的实际工作经验，参考各地实际操作规范，我们归纳总结出受助人员有下列情形之一的，救助管理机构应当终止救助：

（1）故意提供虚假个人情况，骗取救助被查询核实；

（2）违反《救助管理办法》第十四条第一款规定，严重扰乱救助管理秩序的；

（3）救助期限届满，无正当理由不愿离站的；

（4）受助人员擅自离开救助管理机构的，视为放弃救助；

（5）救助管理机构已按照前条规定，对受助人员作出相应处理的；

（6）法律、法规、规章规定应当终止救助的其他情形。

救助管理机构对受助人员依法终止救助的，应当向其说明原因，出具《终止救助通知书》，并办理离站手续。受助人员自愿放弃救助离开救助管理机构的，应当事先告知，救助管理机构不得限制。无民事行为能力和限制民事行为能力的受助人员离开救助管理机构的，须经救助管理机构同意。

9. 离站登记

受助人员具有以下情形之一，救助管理机构即可进行离站处理：

（1）自愿离站：对于主动提出离站且具有完全民事行为能力的受助人员，工作人员应为其办理离站手续，并根据实际需要提供乘车专用凭证和返乡途中必要的饮食补给。乘车专用凭证应方便受助人员返乡，尽可能实现一站式到达。确需中转的，工作人员应告知受助人员中转站名、中转地救助管理机构地址及联系方式。受助人员患病者，工作人员应建议其病情基本稳定后离站。

（2）亲属、单位、村（居）委会等接回：工作人员应核对并复印接领人身份证件、证明材料，办理离站交接手续。接领人拒绝提供身份证件、证明材料或拒绝签字确认的，不得移交受助人员。

（3）护送返乡：对于不具备自行返乡能力且亲属、单位、村（居）委会等不便接回的老年人、未成年人、智障人员、精神病人、行动不便者等特殊困难受助人员，经核实后由救助管理机构工作人员护送返乡。

（4）司法带离：工作人员应核对并保留有关证明材料及司法机关工作人员身份证件复印件。

（5）移送安置：对于移送安置在社会福利院、敬（养）老院、精神病人福利院等有关机构的受助人员，在办理安置手续的同时，工作人员应与相关机构办理离站交接手续。

（6）死亡：救助对象在受助期间死亡的，救助管理机构应当及时报告当地公安机关，由司法鉴定机构或者医疗机构出具死亡证明文件，并及时函告其家属和其所在地乡镇（街道）、派出所和村委会（居委会），由其家属和所在地乡镇（街道）、派出所和村委会（居委会）派人前来料理后事。拒不前来料理后事的，应按照当地政府的相关规定，会同公安部门，代理家属将尸体火化，按规定和程序做好骨灰处理。若无地址无姓名无法确认救助者身份或无法联系救助者家属时，应当及时报告主管民政部门，由民政部门按照殡葬管理的有关规定做好善后工作。

经过查询核实受助人员基本情况后，由工作人员提供离站方式建议并及时安排离站，并与受助人员、接领人或护送人共同办理离站登记手续，填写《求（受）助人员交接表》等相关记录材料，同时清退受助人员寄存物品。

六、救助管理经费来源

2003 年 8 月，《救助管理办法》和《救助管理实施细则》明确指出：县级以上城市人民政府应当采取积极措施及时救助流浪乞讨人员，并应当将救助工作所需经费列入财政预算，予以保障。近十多年来，尽管救助管理机构的经费来源以国家财政预算拨款和地方财政预算拨款为主，但很多地区救助管理机构都存在经费不足或提前告罄等问题。因此，在面对国家和地方财政拨款不足的情况下，很多救助管理机构及其相关管理部门开始逐渐探索从一元到多元的经费来源。截至目前，救助管理机构经费来源可归纳为政府投入、社会筹集、自主创收三种来源方式。

（一）政府投入

良好的救助管理工作是我国社会主义市场经济发展水平不断提高的重要前提，也是建设社会主义和谐社会的必然要求。《救助管理办法》第三条明确指出：县级以上城市人民政府应当采取积极措施及时救助流浪乞讨人员，并应当将救助工作所需经费列入财政预算，予以保障。这是以法律条文的形式明确了政府在救助管理机构经费来源中应承担的责任。不仅有利于救助管理工作在社会发展中发挥其应有的积极作用，也有利于促进国家的经济发展和社会稳定。近些年来，随着国家经济形势的好转和财政收入的增加，政府不断加大对救助经费的投入。以北京市一救助管理站为例，2016 年政府投入约达 3000 万元，并且申请经费没有明确上限。可见当前政府投入是我国救助管理机构经费来源的主要渠道，也是救助管理机构救助工作有效开展的重要保障。

（二）社会筹集

国际经验表明，完善社会临时性社会救助制度的关键在于建立长效经费保障机制，而形成长效经费保障机制不仅需要建立可持续的财政投入机制，更需完善的经费补充筹措机制。《救助管理办法》第三条指出：县级以上城市人民政府应当采取积极措施及时救助流浪乞讨人员，并应当将救助工作所需经费列入财政预算，予以保障。国家鼓励、支持社会组织和个人救助流浪乞讨人员。随着我国救助管理机构救助规模人数不断增加，一些救助管理机构开始探索多种渠道经费来源来补充政府财政投入的不足。

1. 积极吸收社会各界慈善捐赠

随着我国经济社会的发展，社会救助也逐渐进入公共视野，社会各界对社会救助的参与度和支持度越来越高。总体来看，目前救助管理机构接收到的慈善捐赠主要有三种形式：一是行业捐赠，主要是指一些慈善协会、总会直接对救助管理机构站进行经济捐赠；二是物品捐赠，主要是指一些社会群众将衣物品捐赠予救助管理机构；三是定向捐赠，主要是指一些社会机构对救助管理机构提供定向帮助，如新闻媒体对相关救助事件的宣传和对社会募捐的呼吁。

2. 发行福利彩票获取福彩公益金

发行福利彩票是世界各国普遍采用的弥补国家财政对社会救助拨款不足的方式。尽管国内很多省市发行福利彩票业绩水平不一，但对于弥补救助管理机构经费不足仍有十分重要的作用。2013 年中国福利彩票年销售 1765.3 亿元，比上年增加 255 亿元，同比增长 16.9%。全年筹集福彩公益金 510.7 亿元，比上年增长 13.6%。全年民政系统共支出彩票公益金 195.5 亿元，比上年增加 36.5 亿元；其中：社会救助占 26.1 亿元。可见，发行福利彩票已成为社会救助经费来源的重要渠道。

（三）自主创收

目前城市流浪乞讨人员临时救助经费主要依靠国家财政预算拨款和地方财政预算拨款。面对当前城市流浪乞讨人员规模不断扩大，经济发达城市和区县尚且具备相应财力开展城市流浪乞讨人员救助工作，但在经济欠发达地区，财政拨款救助管理工作的经费相对有限。因此，一些救助管理机构在"财政主导，社会补充"的多元化筹资格局下，开源节流，充分利用机构优势开发与经济、文化、卫生等相融合的多种经营服务收入。如救助管理机构工作人员能够为当地社会群众提供康复保健、锻炼身体等所需要的场地、技术辅导、康复方法等项目，从而获取额外收入冲销机构经费；或将站内的硬件设施设备在不影响站内工作的情况下改为他用，如酒店、出租停车场，从而筹措救助管理机构经费，等等。

上述三种救助管理机构经费来源中，政府投入仍是救助管理机构最主要、最重要的经费来源方式，而社会筹集和自主创收是近几年来一些救助管理机构在长期面临政府经费不足的困境下做出的新探索和新尝试。

七、救助管理机构工作人员职业道德和行为规范

（一）职业道德

道德属于社会意识形态，指以善恶为标准，依靠社会舆论和人的信念来维持的、调整人们相互关系的行为规范的总和。职业道德是人们在职业活动中所应遵循的、具有自身职业特征的道德准则和规范。2001 年 9 月 20 日，中共中央印发了《公民道德建设实施纲要》（中发〔2001〕15 号），明确指出，职业道德是所有从业人员在职业活动中应该遵循的行为准则，要大力倡导以爱岗敬业、诚实守信、办事公道、服务群众、奉献社会为主要内容的职业道德。救助管理机构工作人员在救助管理工作中应当符合职业道德的要求。

1. 爱岗敬业

通俗地说，爱岗敬业就是"干一行，爱一行"，它是职业道德的一条核心规范。爱岗就是热爱自己的本职工作，并为做好本职工作尽心竭力。爱岗是对人们工作态度的一种普遍要求，它要求人们应满腔热情地对待自己的职业，并为自己所从事的工作感到幸福和自豪。敬业是要用一种恭敬严肃的态度来对待自己的职业。它要求从业者养成干一行、爱一行、钻一行的职业精神，专心致志做好本职工作，在平凡的岗位上开拓创新，创造出奇迹。因此，救助管理机构工作人员应当要从心底热爱自己所从事的救助管理工作，以从事救助管理职业为荣，在救助管理工作中一丝不苟、尽心尽力、忠于职守，在"为民解困"中找到幸福感。

2. 诚实守信

诚实守信就是实事求是地为人做事，这是职业道德的最基本准则。它要求讲求信誉，重信誉、信守诺言。要求每名从业者在工作中严格遵守国家的法律、法规和本职工作的条例、纪律；要求做到秉公办事，坚持原则，不以权谋私；要求做到实事求是、信守诺言，对工作求真务实，注重质量，反对弄虚作假，沽名钓誉。因此，救助管理工作人员应从保障人民群众的基本生活权利出发，从本地实际情况出发，帮助困难群众解决实际困难，反对形象工程。

3. 办事公道

所谓办事公道是指从业人员在办事情处理问题时，要站在公正的立场上，按照同一标准和同一原则办事的职业道德规范。即处理各种职业事务要公道正派、不偏不倚、客观公正、公平公开。对不同的服务对象一视同仁、秉公办事，不因职位高低、贫富亲疏的差别而区别对待。在救助管理中，不管服务对象是本地的还是外地的，不管是正常人还是残疾人，不管是领导关注的典型还是一般情况，工作人员都不应区别对待，应按照相关政策法规，一视同仁办理，将工作做到位。

4. 服务群众

服务群众是要求走群众路线，听取群众意见，了解群众需要，为群众着想，端正服务态度，改进服务措施，提高服务质量。救助管理工作的本质是服务群众，做好本职工作是服务群众最直接的体现。这不仅要求救助管理工作人员必须牢记"以民为本、为民解困、为民服务"的宗旨，而且要刻苦学习，精通业务。加强自身素质修养，不断学习理论知识、法律知识和救助管理所需的业务知识，努力掌握现代职业技术，精通本职业务，提高服务本领。同时，还要谦虚谨慎，文明礼貌，正确对待成绩和荣誉，不骄傲自满，随时纠正自己的缺点和错误，在工作期间，仪表端庄，衣着整洁，言谈举止礼貌、热情、大方得体。对待救助对象耐心细致，"像春天般温暖"。

5. 奉献社会

奉献社会是社会主义职业道德的最高境界和最终目的，是职业道德的出发点和归宿。奉献社会就是要履行对社会、对他人的义务，自觉地、努力地为社会、为他人做出贡献。当社会利益与局部利益、个人利益发生冲突时，要求每一个从业人员把社会利益放在首位。救助管理属于社会公益事业，救助管理工作人员不是"当官做老爷"，对救助对象进行救助不是"施舍"和"恩赐"，而是维护这一群体的合法权益。没有奉献精神是做不好救助管理工作的。因此，救助管理工作人员应从人的社会价值来看待自己所从事的救助管理工作，把它当作自己一生的事业追求，任劳任怨，不计较个人得失，从而达到"我存在、我救助、我快乐"的崇高境界。

（二）行为规范

从目前的情况看，我国救助管理机构工作人员行为规范内容不够系统全面，缺乏全行业统一的标准。具体的规范内容主要由两个层面构成，一个层面是《救助管理办法》规定的"八不准"；另一个是各地方民政部门或者救助管理机构自行制定的地方性规范准则，内容有差别。

1. 救助管理机构工作人员"八不准"

救助管理机构工作人员"八不准"是《救助管理办法》规定的救助管理工作人员 8 种不得有的行为，是救助管理工作人员最基本的行为要求。《救助管理办法》第十四条第 2 款规定："救助站工作人员应当自觉遵守国家的法律法规、政策和有关规章制度，不准拘禁或者变相拘禁受助人员；不准打骂、体罚、虐待受助人员或者唆使他人打骂、体罚、虐待受助人员；不准敲诈、勒索、侵吞受助人员的财物；不准克扣受助人员的生活供应品；不准扣压受助人员的证件、申诉控告材料；不准任用受助人员担任管理工作；不准使用受助人员为工作人员干私活；不准调戏妇女。""八不准"属于法规禁止性的规定，违反"八不准"的行为要承担相应的法律责任，并受到相应的处罚、处分。

2. 地方性救助管理机构行为规范

由于各地实际情况不一样，各救助管理机构层次不一，政策理论水平存在差异，地方民政部门和救助管理机构自行制定的行为规范都存在一些差别。以下以贵州省救助管理站规章为例，展示地方救助管理机构工作人员应遵守的行为准则：

《贵州省救助管理站工作人员行为规范》以贵州省民政厅的名义向全省印发，具有较强的规范性、适用性和效力。其主要内容如下：

（1）认真贯彻执行党的路线、方针、政策，自觉遵守国家的法律、法规。

（2）树立为政府分忧、为民众解愁的思想观念。不怕苦、不怕脏、不怕累。

（3）加强业务知识学习，熟练掌握并运用《救助管理办法》和《救助管理实施细则》，胜任本职工作。

（4）爱岗敬业，忠于职守，遵守职业道德，热爱救助管理工作。

（5）严格遵守站内各项规章制度，服从安排，认真履行岗位职责，自觉维护站内工作和生活秩序。

（6）严格遵守工作程序，规范填写各类表格。

（7）严格遵守救助管理站工作人员"八不准"规定。自觉使用文明用语，礼貌待人，做到文明服务，规范救助，接待求助人员态度和蔼、耐心细致。

（8）及时发现、及时报告、及时处理救助管理工作中的紧急情况和突发事件。

第三节　流浪未成年人救助保护

一、我国流浪未成年人的救助制度

流浪未成年人指 18 周岁以下，脱离监护人有效监护，在街头依靠乞讨、捡拾等方式维持生活的未成年人。我国流浪未成年人救助保护工作起步于 2003 年，该时期主要根据适用于所有流浪乞讨人员的《救助管理办法》来对流浪未成年人进行救助保护，救助的原则、内容和程序等，成年人与未成年人并没有太大区别。相关流浪乞讨儿童的特殊规定，主要基于未成年人属于限制行为能力人，从而给予特殊照顾或管理。但在《救助管理办法》和《救助管理办法实施细则》中并没有要求成年人与未成年人分开居住，也没有要求设立专门的流浪未成年人救助保护中心。

随着《救助管理办法》的实施，救助站在救助实践中遇到了很多问题和挑战，国务院及各部门颁布了若干规章等文件作为回应和规范。2004 年全国救助管理工作经验交流会首次提出将流浪未成年人这一特殊群体的救助保护列为今后的工作重点。自此，国务院及各部门共制定了 9 部规范性文件涉及流浪乞讨儿童的救助保护（见表 5.1），尤其以 2011 年国务院颁布的《国务院办公厅关于加强和改进流浪未成年人救助保护工作的意见》最为有力和全面。民政部门开展了两个针对性的专项行动："接送流浪孩子回家"和"流浪孩子回校园"，对于流浪未成年人结束流浪乞讨状态，重返家庭和社会起到了至关重要的作用。

表 5.1　国务院民政部门等相关机构颁布涉及流浪未成年人救助的相关政策法规

时间	部门	文件名称
2006 年 1 月 18 日	民政部	《关于加强流浪未成年人工作意见》
2006 年 3 月 29 日	民政部	《关于加强孤儿救助工作的意见》
2006 年 7 月 24 日	民政部	《流浪未成年人救助保护机构基本规范》
2008 年 12 月 1 日	民政部	《流浪未成年人救助保护中心建设标准》
2009 年 7 月 16 日	民政部、财政部、住房城市建设部	《关于进一步加强城市街头流浪乞讨人员救助管理和流浪未成年人解救保护工作的通知》
2011 年 8 月 15 日	国务院办公厅	《国务院办公厅关于加强和改进流浪未成年人救助保护工作的意见》
2011 年 12 月 12 日	民政部、中央综治办、教育部等	《民政部、中央综治办、教育部、公安部、财政部、人力资源社会保障部、住房城乡建设部、卫生部关于在全国开展"接送流浪孩子回家"专项行动的通知》
2012 年 9 月 13 日	民政部	《流浪未成年人需求和家庭监护情况评估规范》
2013 年 6 月 1 日	民政部、中央综治办、教育部	《民政部、中央综治办、教育部、公安部、司法部、财政部、人力资源社会保障部、国务院扶贫办、共青团中央全国妇联关于在全国开展"流浪孩子回校园"专项行动的通知》

　　综观救助制度的发展历程，我国流浪未成年人的行政救助制度呈现出以下几个方面的发展特点：第一，救助机构进一步专业化和标准化。从 2006 年起，各官方文件正式统一使用"流浪未成年人救助保护机构"的名称，同时，我国各省市区也都建立了流浪未成年人救助保护机构。第二，救助方式由自愿救助转化为主动救助。多个规范性文件中均明确规定，由于流浪未成年人无能力鉴定是否接受救助的利弊，救助站应该采取积极主动的管理方式引导流浪未成年人接受救助和保护。第三，救助内容从单一生活救助到多元全面救助。2011 年国务院颁布的《国务院办公厅关于加强和改进流浪未成年人救助保护工作的意见》规定，"确保流浪未成年人得到及时救助保护、教育矫治、回归家庭和妥善安置，最大限度减少未成年人流浪现象，坚决杜绝胁迫、诱骗、利用未成年人乞讨等违法犯罪行为。"从这一规定出发，我国在针对流浪未成年人的救助内容上，从原有的食宿照顾扩充到文化法制教育、心理辅导、行为矫治、技能培训、司法援助、特殊安置等多个层面的服务；第四，救助时间适度延长。《救助管理办法》规定救助时间一般为 10 天，《关于加强孤儿救助工作的意见》规定："对于暂时查找不到家庭的流浪未成年人，可以根据具体情况延长其在流浪未成年人救助保护机构的救助和教育时间。"但相关文件中并没有具体规定救助的时间限度，根据救助实践，1 个月的时

间较为适宜，特殊情况下救助的时间还会延长。

二、当前我国流浪未成年人救助的困境

（一）缺乏流浪未成年人的发现报告机制

长期以来，流浪未成年人保护中心和救助管理站工作的起点是"接收流浪未成年人"，随后是提供食宿、寻找家人、送返回乡等，缺失了"谁来发现"这一重要环节。在 2011 年《关于加强和改进流浪未成年人救助保护工作的意见》中，只在"实行更加积极主动的救助保护"一节中提到公安机关、民政部门、城管部门在发现流浪未成年人后应当履行的程序，对于"谁来发现流浪未成年人"这一责任却并未具体落实。一方面，一些城市采用了旨在消除流浪未成年人现象的专项行动的方式，主要通过公安人员对繁华街区、桥洞、地下通道、车站等开展巡逻行动，将街头的流浪未成年人转移到救助保护机构。但是，就算是非常仔细的巡逻，往往也不太可能发现藏在城市各个隐蔽角落中的流浪未成年人。并且，受警力所限，这种"突击式"的行动难以持续开展，也无法常态化。另一方面，流浪未成年人救助保护中心和救助管理站也未能担当起"发现流浪未成年人"的责任。究其原因主要是，救助站大多遵循"自愿性救助"原则，不会积极主动地寻找流浪未成年人，而是被动等待流浪未成年人前来求助，由此带来的结果是青少年未能得到适当救助，时刻面临各种风险，救助机构的资源却闲置浪费。事实上，社会大众才应该是"发现流浪未成年人"的主体。但是，由于目前我国的流浪未成年人救助系统中并没有相应的发现报告机制，社会大众不知道在发现流浪未成年人后应该采取何种行动，也不知道第一时间与哪个部门联系，因此也就无法承担起"发现"的责任。

（二）流浪未成年人的身份认定范围过窄

流浪未成年人离家的原因多种多样，生活处境也各不相同，他们中有的是因为家庭及生活原因被迫流浪，有的是因为被拐卖或者被社会不法分子控制，还有一部分人是因为养成了流浪的习惯，不适应家庭和学校带给他们的压力和束缚。不同的经历导致流浪未成年人具有个体差异，这就造成了对他们的身份进行认定的复杂性。基于这点认识，美国对于流浪未成年人的身份界定非常宽泛，不仅仅局限于无人照管的街头流浪未成年人，而是将那些和家人一同流浪的未成年人，以及借宿在亲属、朋友家中的未成年人，也一并纳入了救助范围，这种做法不但从较大范围上满足了困境未成年人的需求，同时也有助于提高父母或亲友承担照顾责任的能力和积极性，从而弥补机构救助的不足。在我国，对于流浪未成年人的身份认定还较为狭窄，民政部社会福利和社会事务司在 2007 年颁布的《流浪未成年人救助保护机构基本规范》中，将流浪未成年人界定为"18 周岁以下，脱离监护人有效监护，在街头依靠乞讨、捡拾等方式维持生活的未成年人"。然而，除了那些独自在街头游荡乞讨的未成年人，还有大量未成年人以其他方式过着居无定所的流浪生活，他们没有得到有效的救助。并且，根据这一界定所认定的流浪未成年人，其流浪状态已成既定事实，而实际上有许多未成年人还处在

流浪边缘，如产生了去流浪的想法、事实上无人照管等，根据目前对流浪未成年人的身份认定，这些未成年人不在救助范围之内，无法获得必要的帮助和干预，但他们却很有可能在将来走上流浪的道路，其中一些人事实上已经面临着与流浪未成年人同样的风险。

（三）救助服务不能满足流浪未成年人的需求

表面看来，获得食物、住所、返回家庭是流浪未成年人最为迫切与最为直接的需求。但事实上，主动要求进入救助管理站或救助保护中心接受救助的流浪未成年人极少，绝大多数的流浪未成年人都是被迫进入的，如被警察带来，被其他救助管理站转介，被好心人士送来等。流浪未成年人主动求助率低的原因，固然与他们对救助保护机构缺乏了解而求助无门有关，或者是他们对救助保护机构存有疑虑或敌意，但最重要的，还是目前流浪保护机构所提供的"接来送往"的单一服务无法满足流浪未成年人的根本需求。提供食宿和护送回乡，对于那些和父母、家庭之间依然保存着良好情感关系的流浪未成年人，或因为迷路走失而流浪街头的、因为一时冲动而离家出走的、被人拐骗绑架外出的未成年人等可能是适用的，但对于因为更为复杂的家庭、社会原因而外出流浪的未成年人却往往不能发挥作用。在救助管理站的实际工作中，真正认同目前的流浪未成年人救助政策，渴望被送回家的未成年人仅仅是少数。对于大多数与父母、家庭的情感关系微弱甚至断绝的流浪未成年人来说，除非政府提供更有效的公共服务来改善他们的亲子关系与家庭环境，否则只会导致屡送屡返、重复流浪现象的出现。此外，部分救助机构为了防止流浪未成年人擅自离开，采用了封闭式的管理方式即"铁门加铁锁"，在一定程度上限制了流浪未成年人的自由活动，许多流浪未成年人既希望得到免费食物、住宿、医疗等基本生活保障服务，但又担心进入救助机构就失去了人身自由，最终选择继续流浪而非寻求救助。原本旨在保护和教育流浪未成年人的救助机构实际上成为了他们眼里的剥夺他们自由的"监狱"，而护送他们回家的制度安排变成为对他们的一种恶意的惩罚。

（四）对流浪未成年人进行长期安置的渠道不畅

临时性的食宿帮助和返乡护送只能解决一时的问题，对于那些缺乏良好家庭和社会生活环境、甚至无家可归的流浪未成年人，更为需要的是健康的生活环境和成长路径的重建。但是，目前我国还没有关于流浪未成年人家庭以外的长期替代性安置的明确法律依据，一些流浪未成年人的监护人和家庭住址实际上已经很难查找，但是根据《中华人民共和国收养法》，在未查清楚未成年人的监护人之前不得收养，因此，一些流浪未成年人因不符合法律程序而无法被收养。又如，有的未成年人的监护人明显未尽责任，但是依照现有法律又很难撤销其监护权，这类未成年人既不符合收养要求，也不具有进入儿童福利机构的资格，从而无法得到适当的安置。此外，对流浪未成年人的长期安置形式局限于收养与转介到儿童福利机构，而诸如对年龄较小的未成年人采用家庭寄养，对年龄较大的未成年人采用职业教育、提供租赁住房等长效救助方式的探索明显不足，故未能对流浪未成年人的发展提供有意义的支持。

（五）流浪未成年人相关法律不健全

目前我国《中华人民共和国宪法》《中华人民共和国民法通则》《中华人民共和国婚姻法》《中华人民共和国刑法》《中华人民共和国未成年人保护法》《中华人民共和国预防未成年人犯罪法》《中华人民共和国义务教育法》等法律都明确规定了保护未成年人权利的内容，规定了未成年人在生命、健康、人格尊严、接受教育等各方面的权利，但是，具体到流浪未成年人救助工作的实践中，相关法律缺乏详细具体的解释说明。如，父母外出打工，将孩子委托亲属看管，他们名义上仍然是监护人，但长期不回家探望，这就属于监护职责履行不全面。根据《中华人民共和国未成年人保护法》和《中华人民共和国预防未成年人犯罪法》规定，对监护不力或失职多采取训诫、制止、责令当事人改正等比较轻微的处罚方式，实质上无法达到追究法律责任的目的。再如，《中华人民共和国未成年人保护法》规定流浪未成年人救助保护中心可以担任流浪未成年人的临时监护人，但对其具体职责范围、如何履行职责、享有哪些权利等问题均无具体规定。以上种种问题都使流浪未成年人的合法权益无法得到保障。

（六）救助保护机构存在资金缺口

流浪未成年人救助保护中心和救助管理站作为救助流浪未成年人的主要机构，其资金直接影响救助服务的实施。从资金的来源而言，流浪未成年人救助保护中心和救助管理站的运作基本上依靠政府财政补贴，虽然较为稳定，但尚不足以达到为数量众多、需求广泛的流浪未成年人提供服务的要求。一些流浪未成年人救助保护中心是在原来的救助管理站基础上建立起来的，仍然使用原有的场地、设施和人员，只不过将流浪未成年人与成人受助者分隔在不同的区域管理而已。这些救助场所通常空间狭小，条件简陋，保护能力和保障水平都比较低，许多救助工作因条件有限根本无法开展。经费不足的问题对于流浪未成年人流入地的救助保护中心和救助管理站来说尤其严峻，它们接收了许多外省籍流浪未成年人，由于地理距离远，涉及面广，救助、教育、安置工作环节非常复杂，对人力、财力、物力投入的要求也很多。而当前流入地的救助保护中心和救助管理站仅仅依靠地方政府的财政支持，因而大多数都存在资金以及相应的设施、人力紧缺的问题，直接影响到救助方式的改善和救助水平的提高。

（七）非营利性组织参与救助的程度有限

受过去"大政府、小社会"思路的影响，流浪未成年人救助领域从政策导向经费支持到具体运作基本上都由政府统揽。而政府管得过宽，反而抑制了民间社会救助力量的发展，限制了救助资源总量。虽然非营利性组织在一些城市已经开展了卓有成效的尝试与实践，但总体而言，它们在整个流浪未成年人救助系统中还只是一种辅助力量，没有全面、深入地参与到救助工作中来。近年来我国政府在政策导向提倡鼓励和发展社会组织，但在具体的操作上，相应的政策法规还未完全跟上。例如，在法律意义上，我国只有在民政部门登记注册的社会团体、民办非企业单位和基金会才是被承认的非营利性组织。但是，民政部门注册的程序较为繁琐，门槛也比较高。实际上，更多的非营利性组织是以工商登记、挂靠机构和草根团队等形式存在，虽然所从事的是非营利性的公益活动，但由于缺乏非营利性组织的身份，在承接政府的购买社会服务、享受税收和公共产品价格优惠、吸收社会捐赠、招募志愿者等方面都面临着种种难题。当然，非营利性组织参与救助程度不高也与其自身能力的局限有关。我国的非营利性组织发展刚刚起步，不少组织的创办者没有慈善工作的专业背景，也缺乏完整的管理运作理念和丰富经验，只是依靠个人的爱心和责任感在支撑，在这种情况下非营利性组织的成长往往举步维艰。

（八）救助实践中社会工作专业化水平不高

长期以来，流浪未成年人救助工作被视为社会管理的一部分，而不是一项要求特定知识和技能的专业工作。在这种观念的指导下，过去救助管理站的工作人员大多没有接受过社会工作或相关的专业训练。如今，尽管救助理念已经发生转变，但新的救助保护中心的工作人员却基本不变，在缺乏必要的社会工作专业知识和技能的情况下，要求他们向机构内的流浪未成年人提供专业有效的服务就非常困难。此外，我国尚在建立专业社会工作岗位体系初级阶段，民政部门、社会服务机构（如福利院、救助站）设置的社会工作岗位非常有限。这一方面使社会工作专业人才入口不畅，社会工作专业毕业的大学生人才难以找到合适的工作岗位，另一方面则影响未来学生报考社会工作专业的积极性，其结果是社会工作教育难以吸引和培养更多愿意从事社会工作的合格人才。就目前来看，社会工作的人才、理念、方法和技术在流浪未成年人救助工作中还在缓慢渗透，从一定程度上来说制约了我国流浪未成年人救助保护工作的专业化、规范化发展。

三、我国流浪未成年人的类型与特征

（一）我国流浪未成年人的类型

有研究表明，我国流浪未成年人依据其外出流浪的原因基本上有五种类型：一是主要想打工赚钱的流浪未成年人，流浪生活对他们的负面影响和消极作用不大。二是非打工赚钱的纯粹流浪动机的未成年人，流浪生活对他们的身心伤害和负面影响是致命性的。他们是真正意义的流浪未成年人，是社会工作者干预和提供服务的主要对象。三是那些因暂时和偶然性因素离家出走，流落街头的未成年人，流浪生活对他们的负面影响和消极作用不大，他们是短暂的流浪未成年人群体。四是因非本人意愿影响而流浪街头，失去家庭温暖的未成年人，他们一般渴望回到家庭和家乡。他们是无辜的受害者和可怜的流浪未成年人群体。五是具有纯粹的流浪动机并且染有偷窃和盗窃恶习的长期流浪未成年人，他们虽然数量上不多，但是他们对其他类型流浪未成年人的负面影响和消极作用巨大，例如长期流浪的惯流。他们常与

未成年人犯罪、黑社会（有组织犯罪）和团伙犯罪密切相关。

（二）我国流浪未成年人的特征

根据中国未成年人研究中心"流浪未成年人问题研究"课题组的研究（2008）表明，流浪未成年人中男性远多于女性，其群体的年龄多为 12～16 岁。近九成的流浪未成年人没有完成义务教育，一半以上没读完小学，且三成以上的未成年人受过伤害和有生理缺陷。此外，多数流浪未成年人来自农村，家境贫困，父母文化层次低，家庭教育有严重缺陷。

流浪未成年人的心理健康水平明显低于普通正常未成年人，流浪未成年人表现出比较高的焦虑倾向，他们不愿与人交往，内心深处有一种倔强的特性，比较爱面子。面对家庭的破裂、贫困及暴力时，表现出超强的逆反心理；面对不理想的学习成绩及老师鄙视的面孔时，表现出一种不屑一顾以掩饰内心的无助来维护自己小小的自尊。在生活学习的不如意面前，他们开始怨天尤人，并长时间地处于悲哀和忧郁的情绪之中，渐渐地发展成自我鄙视、自我轻蔑。此外流浪未成年人还有一种强烈的冲动倾向，长时间的压抑和抑郁，使他们有一种想逃离的冲动，以至经常坐立不安，无法静下心来。加之流浪未成年人均是 18 岁以下的未成年人，思维具有片面性，生活经验欠缺。这就决定了他们在思考问题时比较偏激和极端，不能全面、辩证地分析问题解决问题。而自愿流浪的心理健康水平要优于被迫流浪的，被迫流浪的未成年人在步入社会之前就已经形成了一种反社会人格，对生活缺少希望，内心多少有一些报复社会的想法。自愿流浪的未成年人出于对社会的好奇和对外界自由自在的生活的向往，抵制不住街头的诱惑，加之少年的好冲动而走上街头成为流浪未成年人的一员。他们的内心相对要平和一些，所以心理健康程度要高一些。流浪未成年人与普通在校生在语言智商、非语言智商以及整体智商上差异都非常显著，其中语言智商差异最大，非语言智商差异最小。流浪经历对未成年人的身心发展造成了巨大的伤害，影响了未成年人以后的发展。学校教育是人的社会化过程中不可或缺的，流浪未成年人由于缺乏学校教育，最后可能导致他们无法融入社会。

更让社会关注的是流浪未成年人行为偏差问题比较严重，流浪未成年人脱离家庭，脱离父母或其他监护人的监护，缺乏必要而正常的物质生活保障。他们为了生存，有的难免被人利用，发生社会越轨行为。即使没有受到威胁利诱的流浪未成年人，他们中许多人自身也难免做出种种越轨行为。流浪未成年人的不良行为和违法犯罪行为有几种不同的情况：（1）为了生存不得不违法犯罪。（2）流浪中被人教唆、强迫。流浪街头的未成年人吃住没有保障，有些不法之徒正是利用了未成年人们强烈的求助心理，教唆和强迫他们发生了不轨行为。（3）有组织犯罪。流浪未成年人违法犯罪最为突出的是有组织犯罪。其主要特点是，以成年人幕后操纵的形式，组织特点日益突出，目前已逐渐发展成为带有职业化色彩的犯罪集团，并且随着各地打击力度的变化情况流动作案。

四、我国流浪未成年人的救助保护的理念与途径

（一）我国流浪未成年人的救助保护的理念

1. 优势视角

优势视角强调发现服务对象身上的"闪光点"，挖掘服务对象身上的潜力。优势视角是把注意力聚焦于服务对象如何生活并从他们的经验里找出意义，因而具有人道主义的传统。优势视角在对人有主观能动性的理解上，认为人有着自身的潜能和力量，可以依靠自身的潜能和优势解决问题。流浪未成年人群体经历了许多的困难或创伤，自身也有诸多"问题"，但如果可以从他们过往的经历中寻找有意义的资源和正向积极的因素，便可更好地帮助该群体建构对未来生活的信心与勇气，对自身环境与过往更好地接纳而非全盘否定。与传统"问题"救助理念不同的是，在临床救助服务中，优势视角给未成年人带来的这种正向积极的肯定可以引发由内而外的改变与成长。

2. 抗逆力视角

流浪未成年人普遍存在"高需求、低动机"的特点，抗逆力视角下救助工作旨在以提升流浪未成年人内在动机为重点，期望在个体生存环境中各项外在因素难以改变的前提下，仍然能够通过自身内在抗逆力的培养，使得个体能够自主地解决问题，摆脱环境中的危机因素。

在抗逆力视角下，除了肯定流浪未成年人表现的亲社会行为和态度外，还要为流浪未成年人提供机会促进参与、建立清晰稳定的边界、教授生活技能、提供关怀与支持、建立沟通的高期望，更重要的是以优势视角看待流浪未成年人的各类行为，积极了解他们的处境，理解他们产生各种行为的原因，发掘其内在优势及资源，并给予足够的肯定。在救助方法上，该理念关注个体特性，培养抗逆力。将关注的重点放在流浪未成年人的能力、性格等因素上，注重培养流浪未成年人的自觉性，调动未成年人自身的资源和能力。在抗逆力视角下，抗逆力作为个人的资源不是固定不变的，要强调对流浪未成年人进行动态干预，通过个体持续不断的努力，增强其抗逆力。在救助重点上，培养流浪未成年人的抗逆力，帮助其克服目前困境。在救助机构中，为流浪未成年人创造一个积极关怀的环境，帮助其学习各类生存技能，并予以高期待，使其提高抗逆力，在家庭、社区等生存环境很难改进的情况下，激发个体潜能发挥并完成在逆境中的成长。

3. 人本主义

人本主义的核心理念是"人类总是趋向于朝着健康和自我实现的方向发展，人们试图理解他们所经历的世界，无论是个体成员，还是作为整体的团体，都能在专业人员的帮助下找到自己的发展方向，增强人们自身能力的发展"。 人本主义强调人的本质都是好的，每个人都是不同的，都是从自己的角度理解生活，并根据自己的理解做出各种选择。求助者自己才是真正了解自己的人，工作人员只有通过建立和谐、接纳的合作关系才能更好地帮助求助者。

人本主义下的救助理念是由强制型、单一化的工作方式向人本型、多元化的工作方式转变。人本主义模式"强调人的本质是好的，人具有能力发展自己并能够和谐地与别人相处"。人本主义能够充分尊重流浪未成年人的多元化需求，并以此为视角开展有针对性的服务。这就要求专门机构和其他社会力量，在接纳流浪未成年人的过程中，应当采取科学评估方法，深入了解流浪未成年人的想法和需求。在此基础上，有针对性地制订教育计划和服务方案，加强工作的针对性和专业性。

同时，人本主义强调再社会化服务手段和功能的多元化。在流浪未成年人再社会化过程中，采取多元化的服务手段和不断拓展服务功能，有利于挖掘流浪未成年人的个体优势，提高他们适应社会生活的能力和信心，激发他们追求自我发展和对社会融入的积极性与主动性。因此，除了为流浪未成年人提供生活性的救助保护、对他们进行价值观与道德观教育之外，还应当使他们受到系统的文化教育，得到心理辅导和情感性服务，获得技能培训的机会以及健康的娱乐环境等。

因此，为流浪未成年人搭建一个多元化的再社会化支持网络是非常必要的。由于机构内流浪未成年人的再社会化问题只能得到部分解决，而机构和社会各方力量又缺乏有效的沟通与互动，社会对流浪未成年人的再社会化过程认识不足，在为这一群体提供必要的社会支持和帮助上难以形成合力，导致机构和社会资源之间的连接极不充分，也就无法保证流浪未成年人的再社会化过程能够有效地得以持续。因此，多元化的再社会化支持网络的构建，就是要把政府和专门机构同家庭、学校、社区、社会团体等各种力量整合起来，使各种力量都能够介入到流浪未成年人的再社会化过程中，促使他们尽早、正常地融入家庭、学校和社会生活中。

（二）我国流浪未成年人的救助保护的工作途径

虽然在我国国务院及相关部门所颁布的规范性文件中，并没有提到"保护性救助"或"保护式救助"的概念，但地方各省市的规范性文件已经频繁使用对流浪未成年人进行"保护性救助"的用语。保护式救助一般是指无民事行为能力或限制民事行为能力人，不具备正确认识和控制自己的行为的能力，难以形成完整意义上的、真实有效的自主意愿，客观上不具备保护自己基本生活权益的能力和条件，为了防止其遭受来自外界和其自身的侵害，国家有义务对其进行救助，具有临时监护的责任，并取得保护式管理的权利，这种管理必须以受助者利益最大化为前提，内容以生活照顾为基础的，包括对其财产权、人身权的保护性处置等内容，这对于切实维护特殊困难受助人员的基本生活权益具有重要意义，在法理上和事实上都有其合理性和合法性。在保护式救助的框架下，我国目前针对流浪未成年人的救助工作具体有以下几种途径。

1. 分类救助

造成未成年人上街流浪的原因有多种，有家庭贫困的原因，也有家庭变动产生的父母离婚或者隔代家庭，同时也有一些教育方面的原因，即一些家长望子成龙，未成年人的压力过大，出现逃学的问题；也有一些未成年人学习不好，受到了歧视，产生了出走的问题；还有一些社会的原因，一些不法分子拐卖、胁迫、利用未成年人来流浪乞讨或者从事犯罪活动。对于利用、胁迫、拐卖甚至残害未成年人从事流浪乞讨，或者犯罪活动的，民政部门将配合公安部门进一步加大打击力度；而对于因为生活无着流浪乞讨的，民政部门加大救助的力度，可提供街头救助、主动救助，并且在交通比较便利的地方、公共场所设立引导牌；对于一些患病的未成年人，应本着"先救治后救助"的原则，会同卫生部门及时送到医院，治好了病，给予及时的救助；对一些具有轻微违法行为的，被公安解救或者转移来的，要加大心理疏导、行为矫正和文化教育方面的工作。

具体而言，根据流浪乞讨未成年人的身体、心理、家庭、年龄的不同，可分为以下几类进行具体的救助：找不到父母的 6 岁以下未成年人、残疾儿童送社会福利机构安置；被家庭遗弃、虐待或屡遣屡返的未成年人，由救助站通过"类家庭"等教育模式提供生活和教育救助；对有心理问题、行为不端或有轻微违法犯罪行为的未成年人进行心理辅导、行为矫正，或送特殊学校接受教育；对 16 周岁以上的未成年人根据其个人意愿进行职业培训和就业服务；对家庭、学校教育失当离家出走的未成年人，帮助其返回家庭；对患病未成年人给予医疗救治。

2. 外展服务

由于得不到必要的生活资料供给和充分的安全保护，街头的流浪未成年人常常被迫利用非法的手段，甚至选择直接依附黑社会组织去获取必要的生活资源，而这些非法的谋生手段又进一步强化了主流社会对他们的偏见、歧视与排斥。因此，目前亟须采取具体的行动来帮助在街头生活中面临困境的流浪未成年人，防止他们因为生活所迫而开始非法生存，防止黑社会分子、犯罪分子对他们的剥削、滥用。如果流浪未成年人有更好的生存之道，他们就不会去越轨犯罪。各地流浪未成年人救助机构应主动走上街头，开展面向流浪未成年人的外展服务，为那些需要紧急帮助的未成年人提供即时的支持。

外展服务面向所有在街头流浪的未成年人，其主要服务内容可以是向流浪未成年人提供有限的食物（如一天一顿或两顿）、紧急的医疗服务、心理咨询服务以及寒冷季节的临时住宿服务。如设置全天候街头救助点，该站点完全开放，不仅为流浪未成年人提供饮食、休息、洗澡、医疗、咨询等服务，而且有电视、电脑、儿童读物等多项娱乐活动，有辅导员 24 小时和未成年人们在一起交流沟通，他们可以随时来去，不受任何约束，未成年人们如果愿意，还可以去中心接受更多的援助；如果不愿意，也可以离开，完全尊重他们的愿望，救助点为那些流浪街头、暂时不愿意进入中心的流浪未成年人提供了暂时的庇护场所，既尊重了他们的意愿，又保障了他们的基本生活权益。对于那些希望获得足够而非"有限"生活资料供给的流浪未成年人，外展工作者可鼓励他们积极转向其他安置性服务寻求帮助。

3. 家庭融合服务

家庭融合是国际上广为接受的流浪未成年人安置办法。家庭融合服务有利于帮助流浪未成年人回归家庭，与父母团聚，并在家中获得适当的照顾。这里提出的家庭融合服务计划是建立在我国现有的保护性流浪未成年人救助计划的基础之上的。现存的流浪未成年人救助服务在寻找、联系流浪未成年人的父母和护送流浪未成年人回家等方面积累了很多经验。这些经验，构成家庭融合服务计划的重要基础。需要注意的是，我国现行的保护性救助政策存有一些严重的局限。为使流浪未成年人家庭融合计划能更有成效地展开，有必要对现行的救助服务进行必要的修正、完善。首先，流浪未成年人救助机构的运作需要更充分地尊重流浪未成年人自己的选择。对于现存服务的强制性，政策制定者有必要进行反思。任何流浪未成年人救助服务都应该建立在流浪未成年人自愿的基础之上。其次，流浪未成年人救助机构的日常管理需要适当放松。要尊重流浪未成年人在救助机构内部的自由与玩耍娱乐的权利。最后，简单地将流浪未成年人护送回家的政策安排，无法有效安置流浪未成年人。为了家庭融合目标的达成，有必要为那些已经回家的流浪未成年人及其父母、家庭提供后续的跟踪服务，以确保未成年人能在家庭中获得适当的照顾。

4. 家庭寄养服务

家庭寄养服务有助于安置那些被家庭遗弃、有家难回、年龄较小的流浪未成年人，委托社会正常家庭给予养育，让未成年人过上正常的家庭生活。政府每个月支付收留流浪未成年人的家庭一定的寄养费，寄养家庭要有爱心和教育能力，并且需要尊重流浪未成年人的自身意愿。这种服务途径为流浪未成年人在自己的出生家庭之外还能在充满家庭氛围的环境中成长提供了机会。在联合国儿童基金会的帮助下，我国郑州市已经建立了面向流浪未成年人的志愿寄养服务。目前，政府急需制定有关流浪未成年人寄养服务的政策，规范寄养服务的程序，加强对寄养家庭的资助和监管。

5. "类家庭"服务

"类家庭"服务，是集寄养、看护、教育于一体，融入社区的、无家可归的流浪儿童之家，主要针对 6 至 16 岁有家难归、家长不接纳、屡送屡返的流浪未成年人，类家庭里有两位辅导员，就是这个家的"爸爸和妈妈"，他们既是工作人员，又是流浪未成年人的"亲人"，每个家庭中的流浪未成年人原则上不超过 7 人，其目的是对于屡送屡返流浪未成年人的行为与思维方式的改变起到影响和干预作用，培养流浪未成年人的生活能力，促使他们学会合作，养成良好的生活和行为习惯，为今后重返家庭、融入主流社会做准备。类家庭中的"爸爸""妈妈"要像真正的父母一样对待自己另类的儿女，24 小时和孩子生活在一起，不仅要负责这个大家庭的柴米油盐、吃穿住用、教育问题、生活问题等，更重要的是针对每个家庭小成员自身存在的各类不良习惯，不断引导和矫正，通过言传身教，潜移默化地影响和教育未成年人们建立善恶美丑是非观念，培养健全的人格。对于未成年人们的学习，有部分学生被送到一些公立学校就读，大部分学生在救助学校上课，课程由辅导员和大学生志愿者担任，课程内容和普通小学基本相同，在"类家庭"救助学校里主要实施临时的过渡教育办法，一旦学生表示愿意回家，救助站就会及时安排返乡。

6. 模拟学校

所谓"模拟学校"就是类似于学校，又不完全等同于学校，在流浪未成年人救助保护中心，运用学校的部分管理理念、角色配置，对流浪未成年人实施教育和管理的方式。由于流浪未成年人在中心的滞留时间有限，无法进行系统的知识教育，而他们中的大多数都是问题少年，大多具有弃学、厌学、明显社会不良习性等特点，因此教育内容侧重于德育，教会他们做人做事的道理。

模拟学校采用分类管理、角色管理和个案管理的立体管理方式，并且在教学上采取差异教学方式，根据流浪未成年人的年龄、智力水平、受教育水平、社会阅历等不同的特点进行分层分级教学。教学内容分为五大板块：一是基础教育，包括语文、数学；二是行为矫治，包括品德教育、礼仪培训、法治安全教育；三是体育保健，包括体育、卫生健康常识；四是素质拓展，包括生存技能、团队拓展、音乐、手工；五是爱心洗礼，包括亲情感化、感恩教育等。每一个课程都以 10 到 15 日为一周期进行滚动教学，如果未成年人的滞留时间在 10 到 15 日，那么每一个未成年人都可以完整地接受整套基础课程和素质拓展课程。

7. 流浪儿童工读学校

从理论上说，通过上述几项服务计划的有效实施，流浪未成年人问题将会得到良好的解决。然而，因为财政资源的有限，在当前及今后的很长一段时间内，我国政府都无法在全国范围内开展并实施上述所有计划，流浪未成年人现象仍将持续存在。

在成人社会无法为流浪未成年人提供必要照顾的前提下，简单地限制或禁止他们在城市的街头谋生的努力并不得当。相对于一味简单地将流浪未成年人送返回家的做法，那些帮助流浪未成年人更好地在街头生活的政策措施，可能更能切实地提高这些被迫外出流浪的未成年人的生存质量。鉴于很多流浪未成年人无法回家、被迫独立生存，又有强烈工作动机的现实，允许流浪未成年人参与一些他们力所能及的带薪工作将可能显著改善他们生存境遇。"半工半读学校"正是可以同时为流浪未成年人提供谋生的机会，又可以满足未成年人学习的要求。和前述的照顾服务不同，半工半读学校同时具有生产和教育的功能。学校组织流浪未成年人参加他们力所能及的工作，政府有关部门对流浪未成年人参与的这种工作的内容、强度、条件等予以严格监控，确保流浪未成年人不会受到剥削、滥用或因工作而影响身体的健康成长。作为回报，学校将为流浪未成年人提供合理的薪水、免费的医疗服务、食宿及其他生活必需品。半工半读学校并不是一个营利机构，流浪未成年人的劳动所得，全部用于学校自身的运转以及对其学员（流浪未成年人）的救助。学校还将系统地为流浪未成年人提供文化教育课程与职业训练。

这样不仅有利于保障流浪未成年人作为儿童所应该享受的权利，防止其因为生活无依靠而陷入穷困、被迫害的境遇，也能在一定程度上减轻政府财政在流浪未成年人救助方面的负担。允许流浪未成年人在充满保护的环境（半工半读学校）中适当参与工作是对流浪未成年人特殊童年的尊重。毋庸置疑，这种尊重，与现行的规范性童年和禁止使用童工的规定有所抵触。但是，很显然，半工半读学校的设立并不是对现行的童工政策的全面否定，它只是基于流浪未成年人问题的实际情况所做的一项妥协。我们仍然主张所有的流浪未成年人最好都能够在家庭、学校或其他社会机构中获得必要的照顾，主张所有的未成年人都不能被任何形式的雇佣劳动所滥用、剥削和伤害。但是，对于流浪未成年人群体，人们需要注意到他们生存的无奈，注意到他们必须独立自主生活的现实，也需要在规范性童年和流浪未成年人实际生活之间的冲突中找到某种平衡。

【课后思考】

1. 什么是临时救助？救助对象有哪些？
2. 临时救助的方式是什么？
3. 流浪乞讨人员救助的原则是哪些？
4. 生活无着的流浪乞讨人员要符合哪些条件？
5. 救助管理为受助者提供的救助内容包括什么？
6. 什么是流浪未成年人？针对他们的救助保护工作途径有哪些？

第六章 自然灾害救助

【本章概览】

自然灾害救助是社会救助的重要内容之一。我国是一个自然灾害高发的国家，不稳定的东亚季风气候，强烈的新构造运动，起伏的地势与类型多样的地貌，众多人口与悠久的开发历史等诸多因素的综合影响，使我国成为世界上自然灾害发生最频繁、造成损失最严重的少数国家之一。自然灾害制约着国民经济持续发展，影响着人们的正常生活，很多灾民在灾害中一贫如洗，因灾返贫的比重不断增加。因此，自然灾害救助与实现全面建成小康社会息息相关。要实现社会和谐发展，达成全面建成小康社会的奋斗目标，就必须加大自然灾害救助制度的改革力度，全力做好自然灾害救助工作，切实保障灾区群众基本生活，切实维护灾区生产、生活秩序。本章从自然灾害基本知识、灾害救助基础知识、救助准备、应急救助、灾后救助几个方面详细分析了我国目前的自然灾害救助与灾民救助工作。

【学习目标】

1. 了解自然灾害及分类。
2. 掌握中国自然灾害特点。
3. 掌握灾害救助含义。
4. 掌握现代灾害救助的目标、方针。
5. 掌握我国救灾管理体制，认识救灾管理机制。
6. 掌握灾害救助主体形式。
7. 了解救助准备、应急救助、灾后救助工作。

【案例导入】

狂风，暴雨，大暴雨，洪流滚滚而来。

房倒，屋塌，泥石流，家园毁于一旦。

超过警戒水位了！降水量407毫米，434毫米，452毫米……2017年6月22日起，湖南多地突发连续强降雨，多地降雨量超历史极值，引发历史罕见特大洪涝灾害，娄底、常德、湘西自治州、怀化等地遭受重创。一时间，田园淹没、集镇进水、交通中断，形势严峻，接踵而至的气象预警信息和不断攀升的灾情数据，引发了社会各界的高度关注。

洪流之中，危难之际，群众生命危在旦夕。湖南民政人闻"汛"而动，救灾车冲破雨幕与雷电竞跑，民政干部跋山涉水与灾民同行，一场场战洪魔、安民生的接力画面在湖湘大地竞相展开。棉被2.4万床、帐篷1200顶、折叠床、毛巾被、毛毯、蚊帐等救灾物资8400余件陆续运往各灾区，只为确保受灾群众有饭吃，有衣穿，有临时住所，有干净水喝，只为确保救助的受困群众不少一户、不漏一人。

6月30日，雨势越来越大，灾情就是命令。

7月1日，湖南紧急启动Ⅲ级救灾应急响应，省民政厅随即联合县市州各级民政部门第一时间进入抗洪救灾紧急响应状态，吹响抗洪"集结号"，即刻奔赴抗洪救灾第一线。

7月1日，湖南省减灾委副主任、省民政厅厅长唐白玉紧急率相关部门奔赴岳阳市平江县、汨罗县等重灾区，先后看望童市镇光荣院、芭蕉村、罗江镇等地受灾情况，并为灾区群众送去4200床棉被，300张折叠床开展救灾工作。

7月2日，绥宁县民政局全体成员奋战在抗洪一线，救灾股工作人员罗忠军协助受困村民转移后，他又冒着雨、蹚着水，从地胡村一路步行3公里到鹅公岭乡政府参与救灾。然而谁也不知道，罗忠君自己家里，泥石流已涌到二楼，他一直忙于抗洪救灾，来不及回家看望。

距离绥宁不远处的娄底境内，省民政厅救灾处一行抵达温塘镇科家岭。连续暴雨已致当地多处山体滑坡，104万立方米山体汹涌而下，导致直接经济损失180万元以上，所幸128名群众已安全撤离至指定地点。

7月2日，全省救灾应急响应提升至Ⅱ级，省民政厅、省财政厅再一次紧急下拨救灾资金2000万元，1.2万床棉被、6000多张帐篷、折叠床等救灾物资运往灾区。

7月4日，暴雨致湖南14个市州1145.9万人受灾，直接经济损失294.7亿元，中央下拨3.1亿元救灾应急资金。根据各地救灾需要，湖南紧急调拨救灾物资，2.4万床棉被，1200顶帐篷，折叠床、毛巾被、毛毯、蚊帐等救灾物资8400余件。在湖南民政人的悉心调运中，每一位灾民都端着热气腾腾的饭菜，每一位受困群众都领到了干净水、食物和被褥。

7日至8日，省财政厅通过资金拨付"绿色通道"，紧急下拨中央防汛救灾资金4.74亿元，确保全省受灾项目和受灾群众资金需求得到保障。

"多亏有你们，我们得救了！"耒阳市民政局干部站在齐腰深的洪水里，将受灾群众一个一个地转移至安全地带。

"有了党和政府，俺们重建家园更有信心了！"洪水退却，娄底新化县民王强这几天正忙着收拾被洪灾毁坏的房子，准备重新把自己的百货店开起来。

抗灾救灾斗争，是一次新的"赶考行"，是检验党员素质能力作风的试金石。暴雨骤降，洪流横行，看不清湖南民政人的样子，只看见一个个匆忙的背影，一件件带着温度的救灾物资。

灾难面前，接受检验的湖南民政人举不胜举，他们目光坚毅，双手有力，为灾区人民群众带来了生的希望，他们心系抗洪救灾，牵挂每一位受灾群众，他们说，"不少一户，不漏一人，一个都不放弃。"

（资料来源：节选自《【湖南民政抗洪救灾纪实综述之二】"不少一户，不漏一人"》 来源：红网 作者：陈彦兵 编辑：徐丹 2017-07-11）

自然灾害救助是指国家和社会依法向因遭受自然灾害袭击而造成生活贫困的社会成员提供一定的物质帮助，以保证其维持最低生活水平，帮助灾民确立自行生存能力的社会救助制度。要完善我国的自然灾害救助制度，就必须制定灾害等级划分和分级管理办法，提高地方减灾救灾投入比例，做好救灾资金使用管理和监督检查工作，健全自然灾害救助体系，完善救灾物资储备制度，增强灾害救助的预见性，重视灾害救助的技术性，扩大灾害救助的社会性。

第一节 自然灾害概述

一、灾害与自然灾害

灾害是指一切对自然生态环境、人类社会的物质和精神文明建设，尤其是人们的生命财产等造成危害的天然事件和社会事件，如地震、火山爆发、风灾、火灾、水灾、旱灾、空难、海难、雹灾、雪灾、泥石流、疫病等。

按照造成灾害的原因，灾害分为人为灾害和自然灾害两大类。

人为灾害是指大自然之外的破坏力对人类社会的损害，如战争、人为破坏生态平衡等。现代社会各类工厂、高楼大厦林立，航空、海运、道路交通四通八达，各类人为灾害如城市火灾、交通、爆炸、毒化物灾害频繁发生。以前国家间以军事对抗、大规模战争和武力扩张等为特点的传统安全威胁逐步减少，而代之以生态环境恶化、恐怖主义袭击、大规模杀伤性武器扩散、金融危机蔓延等非传统安全问题，对国家安全、国际安全及人类安全的影响增大，可能造成的危害将越来越严重。

自然灾害是指不以人的意志为转移的因自然原因而导致的灾害，比如水灾、旱灾、冰雹、霜冻、地震等造成的破坏和带给人类社会的损害。自然灾害有着鲜明的历史性，随着时间的推移和时代的发展，自然灾害的种类、规模、特征等都发生历史性的变化。过去曾属严重灾害，现在可能是局部性的或被减少的灾害，如干旱、瘟疫、灾荒等。另一类是古已有之，现在仍未克服的灾害，具有代表性的是台风、地震灾害。还有一类是新出现的灾害，如像酸雨、化学烟雾、光学污染等。

本章所称的灾害，以及救灾工作中涉及的灾害的概念，一般是指自然灾害。根据民政部《自然灾害情况统计制度》，以自然变异为主因，危害人类生命财产和生存条件的各类事件统称为自然灾害，包括干旱、洪涝灾害，台风、风雹、低温冷冻、雪灾等气象灾害，火山、地震灾害，山体崩塌、滑坡、泥石流等地质灾害，风暴潮、海啸等海洋灾害，森林草原火灾和生物灾害等。

二、中国自然灾害的特点

（一）灾害种类多

我国的自然灾害主要有气象灾害、地震灾害、地质灾害、海洋灾害、森林草原火灾和生物灾害等。除现代火山活动外，几乎所有自然灾害都在我国出现过。

（二）分布地域广

我国各省（自治区、直辖市）均不同程度受到自然灾害的影响，70%以上的城市、50%以上的人口分布在气象、地震、地质、海洋等自然灾害严重的地区。三分之二以上的国土面积受到洪涝灾害的威胁。东部、南部沿海地区以及部分内陆省份经常遭受热带气旋的侵袭。东北、西北、华北等地区旱灾频发，西南、华南等地的严重干旱时有发生。各省（自治区、直辖市）均发生过 5 级以上的破坏性地震。约占国土面积 69%的山地、高原区域因地质构造复杂，滑坡、泥石流、山体崩塌等地质灾害频繁发生。

（三）发生频率高

我国受季风气候影响十分强烈，气象灾害频繁，局地性或区域性干旱灾害几乎每年都会出现，东部沿海地区平均每年约有 7 个热带气旋登陆。我国位于欧亚、太平洋及印度洋三大板块交汇地带，新构造运动活跃，地震活动十分频繁，大陆地震占全球陆地破坏性地震的三分之一，是世界上大陆地震最多的国家之一。森林和草原火灾时有发生。随着自然环境的恶化（植被破坏、土地荒漠化、水土流失、河湖淤积、过量开采地下水、温室效应导致的全球变暖等）、人口增多和相对集中、经济发展造成的财产密度增加等，近年来，灾害频度有明显加大的趋势。

（四）自然灾害损失严重

我国几乎每年都要发生多次重特大自然灾害，严重危害了人民群众生命财产安全和生产生活秩序。据民政部统计，近 20 年来，我国平均每年因各类自然灾害造成约 3 亿人次受灾，倒塌房屋 300 多万间，紧急转移安置人口 900 多万人次，直接经济损失 2000 多亿元人民币。

2018 年 2 月份，民政部、国家减灾办发布 2017 年全国自然灾害基本情况。民政部、国家减灾委员会办公室会同工业和信息化部、国土资源部、住房和城乡建设部、交通运输部、水利部、农业部、卫生计生委、统计局、林业局、地震局、气象局、保监会、海洋局、中央军委联合参谋部、中央军委政治工作部、中国红十字会总会、中国铁路总公司等部门对 2017 年全国自然灾害情况进行了会商分析。经核定，2017 年，我国自然灾害以洪涝、台风、干旱和地震灾害为主，风雹、低温冷冻、雪灾、崩塌、滑坡、泥石流和森林火灾等灾害也有不同程度发生。各类自然灾害共造成全国 1.4 亿人次受灾，881 人死亡，98 人失踪，525.3 万人次紧急转移安置，170.2 万人次需紧急生活救助；15.3 万间房屋倒塌，31.2 万间严重损坏，126.7 万间一般损坏；农作物受灾面积 18478.1 千公顷，其中绝收 1826.7 千公顷；直接经济损失 3018.7 亿元。

三、自然灾害与社会发展

（一）自然灾害与贫穷的关系[①]

灾害与贫穷是两个不同的概念，但它们之间有着极为密切的联系。产生贫穷的根本原因是社会制度导致生产力低下，而恶劣的自然环境、自然灾害及灾害引起的灾荒更加加深了贫困化的程度。越贫穷，抵抗自然灾害的能力就越弱，灾害救助的能力就越弱，灾害加深贫困化的程度就越大，周而复始，形成恶性循环。然而，在不同的社会制度下，不同的社会条件下，灾害与贫穷的关系也是不尽相同的。

旧中国，由于几千年的封建统治，生产力水平极为低下，国家长期处于贫穷落后的状况。灾害与灾荒连年不断，每逢大灾，灾区景象异常悲惨：赤地千里，十室九空，哀鸿遍野，饿殍载道，灾区人民典妻当媳，卖儿鬻女，流离失所，挣扎在死亡线上，极度的贫困，灾害的雪上加霜，更加深了贫困的程度。

中华人民共和国成立后，产生贫穷的根源——剥削制度被铲除了，灾害与贫穷，那种大面积的几乎令人绝望的恶性循环不复存在了。1949 年之后，自然灾害是严重的，有的灾害百年不遇，如 1954 年的大水灾、1960 年前后的三年连续大旱灾、1976 年的唐山大地震、1983 年的长江中下游的大水灾等等。但在党和政府的正确领导下，灾区军民奋起保卫、建设自己的家园，进行了一系列的防灾、抗灾和救灾工作，增强了预防、抵抗和战胜自然灾害的能力，没有造成大面积的贫困和严重的灾荒。当然，目前我国还存在着贫穷现象，自然灾害的影响还很严重，贫穷与灾害还有着密切的"血缘关系"，要解决这些问题，将是一个长期的过程。

（二）自然灾害对社会的影响

自然灾害的破坏力给人类社会带来损害，它导致社会经济的衰退，阻碍社会的发展，对社会产生严重的影响，其主要表现在两个方面。

1. 国民经济遭到严重破坏，加深了人民生活的贫困化

第一，大量的人口死亡，大量的田地荒芜。我国历史上经常发生特大自然灾害，并由此引发灾荒，对人民祸害极深。如 1925 年，四川饥歉，受灾达 80 余县，饿死者无数，流离失所者不可胜计，灾后流行疫病，死亡 20 余万人。

---

① 廖益光. 社会救助概论[M]. 北京：北京大学出版社，2009：220-221.

第二，农作物大大减产，生产、生活资料奇缺。据民国农商部统计：1914 年全国粮食总产量为 2100 亿斤，而 1920 年，灾后的粮食总产量只有 88 亿斤，且灾害过后，耕畜死亡，农具失散，生产、生活资料匮乏，人民失去赖以生存的基本条件。

第三，农民无法维持简单的再生产，弃地逃荒。严重的自然灾害发生后，有的灾区十室九空，农民大量外出流浪。据王海波《东北移民问题》记载，民国十六年（1927 年）以后，每年移徙到东北的人口达百万以上。1931 年长江中下游大水灾，面涉五省，灾区人口外流达 40%。

自然灾害造成的大量人口死亡和土地荒芜，严重地破坏了农业生产力，农村再生产的能力减弱，有的地区生产完全停滞。

2. 灾荒引起社会动乱，威胁到历代王朝的生存

历代灾害，多成灾荒。贫穷、饥饿、疾病、流徙、死亡……社会问题众多。濒于绝境的人民，不得不起而为生存抗争。灾害、灾荒虽然阻碍了社会的发展，但灾荒引起的农民起义，往往成为推动社会前进的巨大动力。我国历史上发生的农民大起义，就有不少是在灾荒的背景下爆发的，如西汉的王匡、王凤、樊崇领导的绿林、赤眉起义，唐末黄巢领导的农民大起义，清末洪秀全、杨秀清领导的太平天国农民起义等，都是以灾荒为导火线的。这些起义，不同程度地动摇了当朝政权的统治，迫使统治阶级不得不采取一些缓和的政策，来维护自己的统治。但是，灾荒这个严重的社会问题，是几千年封建社会和半殖民地半封建社会所不能解决也不可能解决的，对社会的发展，产生了巨大的影响。

第二节　灾害救助概述

一、灾害救助的含义及内容

自然灾害救助，简称灾害救助或救灾，指国家和社会依法向因遭受自然灾害袭击而造成基本生活困难的社会成员提供一定的物质帮助，以保证其维持最低生活水平，帮助其确立自行生存能力的社会救助制度。《社会救助暂行办法》第二十条规定："国家建立健全自然灾害救助制度，对基本生活受到自然灾害严重影响的人员，提供生活救助。自然灾害救助实行属地管理，分级负责。"

法规中所称的自然灾害救助，主要包括救助准备、应急救助和灾后救助等。党中央、国务院历来高度重视自然灾害救助工作，近 5 年来，中央每年安排自然灾害救助资金 100 多亿元，专门用于受灾群众紧急转移安置因灾倒塌民房恢复重建、冬春救助以及临时生活救助，平均每年救助 6000 万到 8000 万人次。2007 年全国人大常委会通过了《中华人民共和国突发事件应对法》，该法成为我国应急管理领域的基本法。2008 年汶川地震发生后，国务院颁布实

施了《汶川地震灾后恢复重建条例》（国务院令第 526 号），成为我国首部关于灾后恢复重建的行政法规。2010 年 6 月，国务院颁布实施了《自然灾害救助条例》（国务院令第 577 号），成为中华人民共和国成立以来第一部系统规范灾害救助工作的行政法规，有力推进了自然灾害救助工作法制建设，确保自然灾害救助工作有力、有序、有效开展。

基本生活受到自然灾害严重影响，是指自然灾害严重影响了人们的衣、食、住、医，导致其难以生存和发展。在灾害应急救助期间，因自然灾害造成或者可能造成人身伤亡、财产损失，生活生产受到严重影响的，政府都应当给予救助。在灾后救助以及恢复重建过程中，政府应该区分对象，按规定实施救助。

受灾人员救助中的"属地管理"，是指地方人民政府是做好本行政区域内自然灾害救助工作的第一责任人，赋予其统一实施处置的权力。自然灾害发生地人民政府的迅速反应和正确有效应对，是有效做好救助工作、确保受灾人员基本生活的关键。发生自然灾害后，事发地人民政府必须统筹协调各方面资源，做好各时段、各环节的灾害救助工作。如发生本级人民政府无法应对的自然灾害时，应当立即请求上级人民政府给予指导和帮助。

受灾人员救助中的"分级负责"，是指根据自然灾害影响范围、造成危害程度的不同，灾害救助工作由不同层级的人民政府负责。一般来说，一般和较大的自然灾害，其灾害救助工作由发生地县级和设区的市级人民政府统一领导；重大和特别重大的自然灾害，其灾害救助工作由发生地省级人民政府统一领导，其中影响全国、跨省级行政区域或者超出省级人民政府能力的特别重大自然灾害救灾工作，由国务院统一领导。在自然灾害救助工作中发生了重大问题，造成严重损失的，必须追究有关人民政府和部门主要领导和当事人的责任。对于在自然灾害救助中不履行职责，行政不作为，或者不按法定程序和规定采取措施的，要对其进行批评教育，直至对其追究必要的行政或法律责任。

现行的灾害救助有广义和狭义之分。

广义的灾害救助包括：一是紧急抢救。即在灾害发生后的危急关头，动员和组织一切力量抢救、转移受灾人民生命财产和国家财产，抢救受灾的农作物，抢救被灾害破坏的交通、供电、供水、通信等生命线工程，尽快恢复灾区的社会经济、生活秩序。二是安排灾民生活。即把抢救出来的灾民安置在安全地点，使他们有吃、有穿、有住、有医；安排好下一季农作物收获前灾民的生活；修复因灾倒塌的住房，使灾民安定生活。三是恢复工农业生产和公益设施。重建因灾害损毁的道路、电路、医院、学校及农田水利工程等。四是扶持灾民发展生产。使灾民的生产活动迅速恢复到灾前水平，甚至有所提高。

狭义的灾害救助是指民政部门负责实施的灾害救助工作。民政部门实施的灾害救助工作的内容有：其一，及时掌握灾情，即准确、全面地掌握灾害发生发展变化情况，各种灾害损失的情况，因灾带来的生产、生活困难问题及解决的措施和效果，为开展救灾工作提供依据和参考。其二，组织紧急抢救、转移和安置灾民。其三，受理、发放和使用救灾款物，即利用国家安排的灾害救助预算，帮助灾民解决吃、穿、住、医方面的基本生活困难。其四，检查、督促生产自救、互助互济、救助扶持、灾后恢复重建等方面方针政策的贯彻执行情况。其五，发动、组织和指导有关救灾的社会互助互济活动；接收、分配、使用、管理国外援助和国内捐赠的救助款物。其六，解决好遗属遗孤和残疾人员的抚恤安置问题。其七，组织、指导救灾扶贫工作，扶持灾民生产自救。其八，总结交流救灾工作经验。

二、灾害救助的目标

概括地讲，灾害救助的社会目标就是使灾区"脱灾"并转向"脱贫"。灾害救助的"脱灾"目标就是恢复和重建被灾害破坏了的人的生存与发展所必需的物质与精神的生存条件。人的生存条件主要指维持和延续人的生命所必需的物质条件和一定的精神条件。人的生存条件可分为自然条件、社会条件和自身条件。人生存的自然条件包括土地、农田、堤坝、房屋、道路、桥梁等原生环境与人工环境所提供的各种物质。人生存的社会条件亦即社会环境，是人们在相互交往中所结成的各种社会关系及其表现形式。人生存的自身条件主要指人生存的生理条件与心理精神条件。

灾害，尤其是突发性重大自然灾害就是以破坏甚至摧毁人类生存条件为特征的，因而把恢复与重建人们所赖以生存的条件作为脱灾以及灾害救助的根本目标是有意义的。任何灾害的发生都会冲击着人们的心理，影响着人们的生理；同时灾害也破坏了人们与社会的交换，破坏人们所生存的物质环境。灾害之所以为害就在于它给社会造成损失，给构成社会的个人带来危害。由此看来，恢复与重建被灾害破坏的人们的生存条件就反映了自然灾害救助的必要性特征。保证灾民的基本生活，为灾民提供可靠的生存条件的社会保障是灾民脱灾的基本途径。大灾过后，灾民生存条件被破坏到了极点，此时灾民的生存问题就成了灾后首先必须解决的问题。比如，灾民的伤病要就医，但又面临缺医少药的局面，生存受到新的威胁；生存环境遭到破坏，人们无食、无衣、无住所、生活条件遭受重大挑战；农作物的破坏，又使人们失去了生产的条件，各种次生灾害的发生又使生存条件继续恶化，对灾民提供可靠的生存保障此时显得格外重要。把灾后救助的"脱灾"目标规定为为灾区灾民恢复与重建生存条件而提供可靠保证的社会保障，也是符合国家经济、社会发展的整体目标的。灾害发生中或灾害发生后，灾害救助的具体目标首先在于对人的救护，包括抢救、安置灾民，发放救灾物品，医治伤病员等。它的意义在于使幸存者可以不因伤、病、饥、寒而死去，即为灾民提供最低层次的社会保障。通过这种灾害救助活动人们可以活下来，但活下来的人们并没有获得独立的自行生存的能力并取得新的发展条件，他们仍然脆弱易损，再经不起灾害的打击。因此脆弱和易损灾区的长期存在，将对整个国家的经济与社会的发展带来很大的影响甚至威胁。在这种情况下，整个社会为灾区提供高层次的社会保障即营建家园、恢复与重建其生存条件的能力，这是使灾民真正"脱灾"的根本目标。灾民真正"脱灾"目标的实现不仅可以提高灾区恢复重建生存条件的能力，还有助于国家社会、经济的稳定与发展。

灾害救助作为特殊情况下即灾害情景下的一种社会保障制度，其功能或作用并不仅仅在于使灾区与灾民"脱灾"，还要帮助灾区和灾民在"脱灾"的基础上"脱贫"。否则，就不能看作是灾害救助的社会保障功能的完全发挥。简单地恢复与重建灾区与灾民的生存条件，使灾民暂时"脱灾"只是灾害救助的主要内容。灾害救助的根本社会目标在于使灾区与灾民在"脱灾"的基础上"脱贫"，否则将会出现严重的后果：灾区与非灾区的发展水平的差距会越拉越大，因灾区不能发展而使整个国家的社会经济受损的状况将越来越突出。灾区与非灾区发展水平差距越来越大会降低灾区今后抗御自然灾害的能力，从而使灾民承受灾害的能力更为脆弱，也变得更加易损。这种恶性循环的结果又会导致整个国家的经济受损，社会发展受阻。另外，灾害，尤其是重大自然灾害的发生是以毁坏财富为其社会特征的，凡灾害肯定是对人、财造成危害或损失的自然或人为事件。一个富庶的地区可能因为一场灾害而成为贫困地区；一个富有的人可能会因为一场灾害而变得一无所有。所以，灾害是造成贫穷的一个重要根源。这就要求我们在考察灾害救助社会目标时，不能仅仅把"脱灾"作为灾害救助的唯一目标，而应该把灾区和灾民的"脱灾"与"脱贫"共同看作是灾害救助的社会目标。灾害救助的"脱灾脱贫"目标要求我们把救灾与扶贫结合起来，救灾款在保障灾民基本生活的前提下，可用于灾民生产自救，扶持贫困户发展生产。救灾款有偿回收的部分用于建立扶贫救助基金，有灾救灾，无灾扶贫，从而尽快提高灾区与灾民的发展能力与发展速度。

三、灾害救助方针和政策

（一）救灾方针

中华人民共和国成立初期，为保障受灾群众基本生活，中央政府就制定了"生产自救、节约度荒、群众互助，辅之以政府必要的救济"的灾害救助工作方针，受制于当时国家落后的经济社会发展水平，灾害救助工作强调以受灾群众自救为主，政府救济作为辅助性措施。此后，随着社会的发展变革，国家灾害救助工作方针逐步修订为"依靠群众，依靠集体，生产自救，互助互济，辅之以国家必要的救济和扶持"，仍强调受灾群众自救、集体帮扶是灾害救助的主要措施。改革开放后，随着我国经济社会的快速发展和人民生活水平的稳步提高，在2006年11月召开的第十二次全国民政会议上，国家将灾害救助工作方针调整为"政府主导、分级管理、社会互助、生产自救"，强调了政府在灾害救助工作中的主导地位。

1. 政府主导

灾害救助工作由各级政府负责组织实施，统筹协调各方面资源，做好各时段、各环节的灾害救助工作。各有关部门要在政府的统一领导下，依据法律、行政法规和有关规范性文件的规定，开展灾害救助工作。各社会组织开展的灾害救助活动应在政府的指导和监督下，依法实施。

2. 分级管理

按照"救灾工作分级管理、救灾资金分级负担"的原则，各级政府负责安排部署和实施本级灾害救助工作，健全完善工作制度，落实救灾工作责任制。中央和地方通过建立救灾预备金制度，即每年年初由同级财政划拨一笔救灾专款，专户存储，根据救灾工作需求调剂使用，确保中央和地方灾害救助职责的履行。

3. 社会互助

重特大自然灾害发生后，在政府救助基础上，通过建立救灾捐赠、对口支援等制度，广泛动员社会力量参与灾害救助工作，鼓励群众发扬"亲帮亲、邻帮邻"的互助精神，弘扬"扶贫济困、互帮互助，一方有难、八方支援"的传统美德，既能更广泛动员和利用社会资源，也是构建社会主义和谐社会的集中体现。

4. 生产自救

在政府救助、社会帮扶基础上，各级政府要及时谋划、全面推动灾区工业农业、商贸流通等行业领域恢复生产，各有关部门及时制定财政支持、税收减免、贷款贴息、金融支持、就业援助等促进灾区恢复生产和扩大就业的政策措施，为尽快恢复群众生产生活秩序打下坚实基础。

（二）救灾政策

近年来，我国灾害救助政策不断完善和健全，现行的国家灾害救助政策主要包括以下几个项目：

1. 紧急转移安置生活救助项目

中央和地方各级政府坚持以人为本、科学防控，把确保人民群众生命安全放在救灾工作的首位，通过实施紧急转移安置生活救助项目，在灾前和灾中，组织各方面力量，将处于高风险下或被围困的受灾群众紧急转移到避灾场所等安全地带，及时安排救灾应急资金，调运救灾物资，向受灾群众提供维持其基本生活所必需的食品、饮用水、衣被、帐篷等生活物资，确保受灾群众有饭吃、有衣穿、有住处、有洁净水喝、有病能医，确保灾区社会稳定。

2. 灾后民房恢复重建救助项目

灾区民房因灾倒塌或损坏后，各级政府坚持"突出重点，民生优先；统筹规划，分类指导；科学重建，分步实施；明确标准，综合配套"的原则，通过实施灾后民房恢复重建救助项目，积极出台政策、落实措施，帮助受灾群众恢复重建住房。财政、民政部门安排灾后民房恢复重建补助资金，银行提供贴息贷款，税务部门提供税收减免，住房城乡建设、国土资源、林业等部门也出台一系列优惠政策，帮助灾区群众全面推进民房恢复重建工作。

3. 受灾人员冬春生活困难救助项目

为帮助受灾群众解决好冬春期间存在的生活困难，各级政府通过实施受灾人员冬春生活困难救助项目，为受灾群众提供生活帮助。各级政府及时制定冬春救助工作方案，开展摸底调查，按照规定程序核准需救助对象，安排冬春救助资金和物资，及时下拨救灾款物，做好工作督查和绩效评估，并通过组织开展"送温暖、献爱心"等社会捐助活动，解决好受灾群众在口粮、饮水、衣被、取暖以及医疗等方面存在的困难。

4. 旱灾生活救助项目

2007 年 8 月 15 日，国务院第 188 次常务会议对抗灾救灾工作作出了重要部署，根据新形势下中国经济社会发展现状，增设了旱灾救助项目，中央财政对因旱灾造成生活困难、需要政府救济的群众给予适当资金补助。

5. 因灾遇难人员家属抚慰金项目

"5·12"汶川地震后，国家实施因灾遇难人员家属抚慰金项目，按照一定标准向自然灾害中因灾遇难人员家属发放抚慰金，该资金原则上从中央财政安排给灾区的救灾应急资金中统筹支付。

四、灾害救助管理体制

进入 21 世纪后，全球气候变化日益显著，我国经济社会快速发展，城市化进程不断提速，与此同时，重特大自然灾害频发、多发，对人民群众生命财产安全和经济社会发展造成重大影响。党中央、国务院高度重视救灾工作，把救灾工作纳入国家经济社会可持续发展战略，在推动经济快速发展的同时，注重减轻生态、资源和环境的脆弱性，减少灾害风险。我国现阶段救灾工作基本领导体制是：政府统一领导，部门分工负责，灾害分级管理，属地管理为主。在救灾过程中，注重发挥人民解放军、武警官兵、公安干警、民兵预备役人员和专业救援队伍的主力军和突击队作用，注重发挥人民团体、社会组织及志愿者的作用。

目前，从中央到地方，我国已逐步建立了灾害救助工作的组织领导体系和综合协调机制。根据国务院办公厅 2005 年 5 月发布的《国家自然灾害救助应急预案》，在中央层面，国家减灾委员会（以下简称"国家减灾委"）为国家自然灾害救助应急综合协调机构，负责研究制定国家减灾工作的方针、政策和规划，协调开展重大减灾活动，指导地方开展减灾工作，推进减灾国际交流与合作，组织、协调全国抗灾救灾工作。国家减灾委主任由国务院副总理或国务委员担任，副主任由有关部门的分管领导担任。2009 年，国家减灾委经调整后，成员由国务院有关部（委、局）、军队、科研部门和非政府组织等 34 个单位组成，国家减灾委各成员单位按各自的职责分工承担相应任务。

全国抗灾救灾综合协调办公室承担国务院委托民政部综合协调全国抗灾救灾的具体工作，主要负责组织协调自然灾害的应急救助工作，负责综合协调国务院系统有关部门抗灾救灾工作意见，为国务院提供抗灾救灾对策和建议，协助落实对灾区的有关支持意见。

为增强科学技术在减灾领域中的应用，充分发挥科技工作者在减灾救灾工作中的作用，经国务院批准，国家减灾委于 2005 年成立了国家减灾委专家委员会，主要职责是对国家减灾工作的重大决策和重要规划提供政策咨询和建议，对国家重大灾害的应急响应、救助和恢复重建提出咨询意见，对减灾重点工程、科研项目立项及项目实施中的重大科学技术问题进行评审和评估，开展减灾领域重点专题的调查研究和重大灾害评估工作，研究我国减灾工作的战略和发展思路，参加减灾委组织的国内外学术交流与合作。

五、灾害救助管理机制

经过长期探索和实践，我国逐步构建了具有中国特色的灾害救助管理机制，主要包括以下机制：

（一）灾情信息报告机制

国家减灾委、民政部建立了 24 小时灾情监测机制，及时了解各地发生的灾情，在多渠道监测、收集灾害信息基础上，经分析评估，及时编发《救灾快报》、每日编发《昨日灾情》、每月编发《自然灾害月度公报》，向国务院、国家减灾委相关部门和地方政府及时提供灾情信息。民政部开发升级了覆盖至县级的全国灾情管理系统，实现了网络化报灾。进一步加强对各地报灾的时效要求，加强同有关灾害管理部门的灾情会商，加强对重大灾情的应急评估，灾情统计的及时性、准确性大大提高。

（二）灾情信息会商机制

国家减灾委、民政部建立了由中央各涉灾部门参加的灾情会商制度，每年年初组织相关部门召开灾情趋势会商会，分析研判年度灾害趋势。同时还建立了月度会商制度，分析评估上月灾害形势，预测本月灾害趋势，发布《月度会商公报》。初步形成了民政、水利、气象、地震、国土资源、农业、海洋、统计等部门参加的灾情信息会商机制，为中央政府进行灾害应急管理提供决策依据。

（三）灾害预警预报机制

我国逐步加强了各类自然灾害的监测预警预报系统建设，气象、地震、水文、海洋、地质灾害、森林防火、农林病虫害等监测预警预报能力得到显著提高。2008 年 9 月 6 日，"环境与灾害监测预报小卫星星座" A、B 星成功发射，我国将实现大范围、全天候、全天时、动态的环境和灾害监测。环境减灾卫星 A、B 星已正式交付使用，国内外卫星资源应急共享机制日趋成熟，初步建立"天 – 地 – 现场"一体化的灾害立体监测与评估业务体系。建立"灾害评估与风险防范"和"减灾与应急工程" 2 个重点实验室，搭建了国家自然灾害综合业务系统，减灾和灾害应急的业务支撑能力大大提高。

（四）灾害应急响应机制

每当重大自然灾害发生后，按照应急预案启动应急响应是救灾工作的一个重要环节。灾区各级政府在第一时间启动应急响应，成立由当地党委和政府领导担任指挥、有关部门作为成员的灾害应急指挥机构，负责统一制定灾害应对策略和措施，组织开展现场应急处置工作，及时向上级政府和有关部门报告灾情和抗灾救灾工作情况。国家相关部门在国务院统一领导下，各司其职，密切配合，及时启动应急预案，按照预案做好各项抗灾救灾工作。

（五）部门应急联动机制

近年来，民政部十分重视救灾应急机制的创新和完善，先后与财政、公安、交通运输、铁路等部门建立了灾后应急联动机制，协调救灾力量的快速部署和救灾款物的及时调拨，提高了救灾应急效率，成效显著。在保障受灾群众基本生活方面，依据《国家自然灾害救助应急预案》，民政部承担了综合协调职能。按照预案规定，凡是启动四级以上响应，立即启动救灾应急资金和救灾物资的调拨机制，一般情况下中央财政救灾应急资金 3 日内拨付到省；启动三级或二级响应后，由民政部副部长或部长带队，相关部门组成工作组，赴灾区指导抗灾救灾工作，共同分析灾害形势和灾区需求，协调抗灾救灾行动，提出对灾区的支持意见。

（六）救灾资金投入机制

救灾资金是开展抗灾救灾工作的重要物质基础之一。民政部负责中央自然灾害生活救助资金的使用和管理，由中央财政预算安排，用于遭受特大自然灾害的省（区、市）在安排灾民基本生活经费发生困难时给予的专项补助。近年来，中央政府在抗灾救灾方面的投入常年约为 100 亿元，其中中央自然灾害生活救助资金约 50 亿元。2008 年由于受到两次巨灾的严重影响，中央救灾投入超过 1400 亿元，其中中央自然灾害生活救助资金达 509 亿元。国家制定了自然灾害紧急转移安置、倒房恢复重建、冬春生活救助、旱灾救助等中央补助标准，以因灾倒房重建补助为例，地震灾害倒房中央财政户均补助 1 万元，其他自然灾害户均补助 7000元。此外，新增因灾遇难人员抚慰金项目，向每个遇难者家庭补助 5000 元。另外，地方政府还需安排相应的救灾配套资金，统筹用于灾害救助。民政部、财政部积极推进建立救灾工作分级管理、救灾资金分级负担的救灾工作管理体制，进一步明确了各级的救灾责任，促进了救灾资金的投入，有效保障了受灾群众的基本生活。

（七）救灾物资储备机制

近年来，民政部高度重视救灾物资储备体系建设，应急保障能力显著增强。截至 2016 年年底，全国已建有 19 个中央救灾物资储备库，现在已经建成的储备库位于拉萨、合肥、成都、哈尔滨、渭南、兰州、长沙、天津、格尔木、武汉、郑州、乌鲁木齐、喀什、沈阳、南宁等城市。31 个省区市都建立了省级救灾物资储备库，318 个地市和 1783 个县建立了储备库点，基本覆盖了多灾易灾地区，抗灾救灾物资储备体系初步形成。增加了救灾储备物资的品种和数量，中央救灾储备物资除帐篷外，新增棉大衣、棉被和简易厕所等品种，地方各级储备了救灾帐篷、棉衣被及少量照明、救生、发电、净水等设备。各级民政部门建立了救灾物资应急调拨和采购机制。民政部与地方民政部门签订代储协议、各级民政部门与厂家签订救灾物资紧急购销协议、建立救灾物资生产厂家名录等方式，拓宽应急期间救灾物资供应渠道。

（八）灾区恢复重建机制

我国政府高度重视灾后恢复重建工作，灾后恢复重建是救灾工作的延续，它既是对灾毁家园的基本恢复，也是经济发展新的增长点。灾情稳定后，各级政府立即组织力量，核查、评估灾情，投入重建资金，抢修基础设施，恢复重建民房以及水、电、气等生命线工程。2004年，民政部颁布了《灾区民房恢复重建管理工作规程》，明确了统筹规划、科学指导、协调发展原则，进一步规范了灾区民房恢复重建管理工作。汶川地震后，我国政府制定并颁布了《汶川地震灾后恢复重建城乡住房建设专项规划》，统筹地震灾区民房恢复重建工作，通过各方的巨大努力，汶川地震灾区农村住房恢复重建任务已基本完成，城镇住房恢复重建工作进展顺利。

（九）救灾社会动员机制

我国政府坚持"政府主导和社会参与相结合"的原则，不断健全减灾救灾社会动员机制。一是建立社会捐助制度。鼓励社会各界参与救灾捐赠，规范捐赠款物的管理和使用，完善政府社会协同推进救灾捐赠的工作机制。二是发展救灾志愿服务。引导各类非政府组织、志愿者、社会工作者投身减灾救灾，在现场救援、医疗救护、卫生防疫、心理抚慰、物资配送、减灾宣传等方面配合政府做好工作。三是健全应急救援征用补偿制度，规范紧急救援所需物资征调、使用、归还、补偿各环节工作。同时，积极探索建立灾害保险制度。汶川地震后，全国共接收国内外社会各界捐赠款物 797.03 亿元（截至 2009 年 9 月 30 日统计），创纪录的救灾捐赠款物极大地扩充了救灾资金来源渠道，弥补了财政资金的不足；有效的心理抚慰等个性化服务，帮助灾区群众树立起战胜灾害的信心。为充分发挥社会力量的作用，灾区各级政府及时发布灾情和灾区需求信息，加强引导，规范管理，提供服务，不断完善社会动员机制，统筹安排政府资源和社会力量，形成了优势互补、协同配合的抗灾救灾工作格局。

（十）国际交流合作机制

我国历来重视灾害管理领域的国际合作与交流，努力完善国际减灾救灾合作机制，切实加强减灾救灾能力建设。近年来，我国成功举办了第一届亚洲减灾大会，与有关国家讨论签署双边或多边减灾救灾协定，积极参加国际救灾合作演练。在应对重大自然灾害中，我国和国际社会相互支持，相互援助。印度洋地震海啸、南亚大地震、缅甸"纳尔吉斯"热带风暴等巨灾发生后，我国政府向相关受灾国及时提供了力所能及的援助，并及时派出救援队和医疗队。"5·12"汶川地震发生后，先后有 170 多个国家和地区、20 多个国际组织向我国提供了资金或物资援助。国际社会向我国地震灾区提供了现金援助 44 亿多元人民币以及大批救灾物资。近年来，我国参与减灾救灾国际合作的广度、深度进一步拓展，与有关国家政府、联合国机构、国际和区域组织的减灾救灾交流合作更加密切，合作领域不断扩展，合作机制不断规范。服从和服务国家外交战略大局，积极响应国际防灾减灾倡议、履行国际减灾义务，务实推进减灾国际交流合作，充分展示了负责任大国形象。参与《2015—2030 年仙台减轻灾害风险框架》磋商与制定，为联合国灾害管理与应急反应天基信息技术平台（UN-SPIDER）北京办公室提供人员、资金、场地和技术支持。主办或参加了亚洲部长级减灾大会、上合组织成员国紧急救灾部门领导人会议、中日韩灾害管理部长级会议、上合组织成员国联合救灾演练、东盟地区论坛救灾演练等重要救灾会议和活动。发挥监测预警技术资源优势，针对缅甸洪涝灾害、厄瓜多尔地震等国际重大灾害，利用环境减灾卫星、高分系列卫星，协助开展灾害范围监测。提供灾害管理技术支撑，先后派出专家组赴尼泊尔、厄瓜多尔等国，协助开展地震灾害损失综合评估。协助商务部开展对外人道主义援助，负责对孟加拉国实施防灾减灾一揽子援助的项目设计，累计向尼泊尔、厄瓜多尔、斯里兰卡、古巴、孟加拉国等国紧急调运 16 000 多顶帐篷、13 000 多张折叠床和 3000 多张苫布。利用亚洲专项合作基金、周边友好基金、联合国外空司、亚太经合组织和英国国际发展部等资金举办了各类研讨会和培训班共 33 期，累计为 290 个国家、国际（地区）组织、科研院校与企业的 948 名外宾提供研讨和培训的平台，在防灾减灾救灾领域发出更多中国声音、提出中国方案、贡献中国智慧。[1]

我国灾害救助工作经过不断发展和创新，已从过去单纯的灾后救济，发展为统筹灾前、灾中和灾后的全过程管理；灾害救助模式从单纯依靠政府，发展到充分发挥市场、金融、企业和社会组织的作用，充分动员全社会力量共同参与；灾后恢复重建从单纯的物质援助，发展到精神重建与物资重建并重。我国现有的灾害救助管理体制机制在救灾实践中发挥了重要作用，有效地减轻了灾害损失，有力地保障了灾区群众的基本生活，维护了社会稳定和经济发展。

六、灾害救助主体形式

（一）国家救助形式

在自然灾害救助方面，特别是特、重大自然灾害发生后，能够在短时间内组织起大量的人力、物力、财力来实施紧急抢救，这是任何群体和组织都难以胜任的，只有国家才能充分组织、调动大量人力、物力、财力，有计划地实施救助。尤其是在依靠集体的力量，通过生产自救，依然有无法解决的困难时，国家要给予救助和扶持，这正是国家在自然灾害救助工作中发挥保障作用的具体体现。

国家的救助和扶持主要表现在两个方面：一是对在灾害中发生吃饭、穿衣、住房、医疗等生活困难的灾民给予物质帮助，对灾后因灾发生的口粮、衣被短缺、无钱治病、恢复重建住房等方面困难的灾民给予帮助；二是对有生产能力但生活困难的灾民，通过物质帮助、政策优惠、精神鼓励等措施，使其增强战胜灾害的信心，广开生产门路，尽快恢复生产，通过国家的救助和扶持，确保灾民的基本生活，灾区的社会稳定，为恢复和发展灾区生产奠定基础。

国家的救助和扶持，体现了国家在灾害救助中的主导作用，也体现了国家在灾害救助工

---

① 民政部救灾司. 党的十八大以来防灾减灾救灾工作取得辉煌成就[N]. 中国社会报，2017-10-09.

作中的职责。但是由于我国幅员辽阔，人口众多，国家不可能包揽整个灾害救助，因此，这种救助和扶持应在保障灾民生活的前提之下，重点使用，使有限的救灾款物发挥最大的效益。

（二）生产自救形式

这种自然灾害救助的方式，立足于灾民自身，即依靠自己的力量，发展和恢复生产，达到自我救助的目的。长期以来，生产自救都是我国救灾工作方针的核心，是灾害救助的主体形式，生产自救成为国家救助以外的一种重要补充。

生产自救主要包括以下几方面的内容：首先是农业生产。对受灾的农作物要尽力设法抢救，不放纵任何一个微小的损失。对无法挽救的农作物，则要及时组织进行补种、改种，力求多生产粮食，首先解决吃饭问题。有条件的地区还可以搞副业生产，提高灾民的生活水平。另外还可以采取以工代赈的方式使灾民得到实惠。由于自然灾害的发生，一些重大的工程项目遭到破坏，需要大量的劳力帮助恢复，可以组织灾民参加这些工程建设，这样，一举多得，不仅解决了工厂建设的劳动力问题，还可以帮助灾民解决自己的生活，甚至是部分家属的生活困难问题。

（三）社会互助形式

中国素有"文明之邦"的美称，扶危济困是中华民族的传统美德。当前，"一方有难，八方支援"的风尚进一步发扬光大，在民政部门的积极倡导和有效组织下，社会互助互济活动达到了空前的规模，成为灾害救助工作不可缺少的部分，构成了全国灾害救助体系的重要环节。如今灾区之间、非灾区与灾区之间、城乡之间以及群众间、邻里间、亲友间的互助互济活动日益活跃、蔚然成风，并向深度和广度发展。2017 年度我国境内接收国内外款物捐赠再创新高，共计 1499.86 亿元，较 2016 年增长 7.68%；捐赠总额占同年全国 GDP 的 0.18%，人均捐赠额 107.90 元，比上年增长 7.11%。这些款物为帮助灾区群众解决实际困难、激发灾区群众战胜灾害的信心发挥了巨大的作用。现在，社会互助活动已由原来的亲友、邻里之间的互帮互助，发展到区域内的团结协作和跨区域、跨部门的对口支援，推动了灾害救助工作的社会化进程。

（四）国际援助形式

国际援助这一救助形式的发展体现了灾害救助的开放性。它主要是指国际组织、友好国家、国际友人等向灾区提供的物资、技术以及现金等方面的援助。从 20 世纪 80 年代初我国打破以往谢绝外援的做法，正式向外呼吁人道主义的救灾援助，到 90 年代我国成功召开国际减灾战略研讨会，向国际社会介绍我国灾情以及我国的救灾方针、政策等，我国的灾害救助已不仅仅局限于内向型的发展模式，而是朝着外向型的发展模式拓展。1980 年以来，我国接受了外国和国外组织提供的价值上百亿元的救灾援助，并与近百个国家、地区和国际组织的救灾部门建立起了交往协作关系。

第六章　自然灾害救助

第三节　救助准备

一、自然灾害救助应急预案

政府的应急能力和管理水平作为一个国家综合国力的主要组成部分，已成为评价其政府工作与进步程度的一个重要标志。改革开放 40 年来，我们党和政府高度重视应急管理工作，坚持从维护人民群众的根本利益出发，积极预防各类突发公共事件的发生，尽量减少损失。灾害救助应急预案的出台和实施进一步建立和完善了紧急性突发自然灾害紧急救助体系和运行机制，增强了救灾工作的预见性、规范性和时效性。

《自然灾害救助条例》（民发〔2010〕121 号）规定："县级以上地方人民政府及其有关部门应当根据有关法律、法规、规章，上级人民政府及其有关部门的应急预案以及本行政区域的自然灾害风险调查情况，制定相应的自然灾害救助应急预案。"

自然灾害救助应急预案应当包括下列内容：（1）自然灾害救助应急组织指挥体系及其职责；（2）自然灾害救助应急队伍；（3）自然灾害救助应急资金、物资、设备；（4）自然灾害的预警预报和灾情信息的报告、处理；（5）自然灾害救助应急响应的等级和相应措施；（6）灾后应急救助和居民住房恢复重建措施。

建立和完善应急预案体系，做好预防和处置各类危机的思想准备、组织准备、物质准备和技术准备，是应急管理工作的基础。2003 年非典疫情发生后，我国加速了突发公共事件应急预案建设。2004 年，我国制定、修订了包括自然灾害在内的各类公共突发事件应急预案。2006 年 1 月 8 日，国务院发布了《国家突发公共事件总体应急预案》，它明确界定了突发公共事件时政府的管理权限、应急处置措施和程序、政府责任、公民权利和义务等内容，为政府实施应急处置提供了具有可操作性的依据，同时还可以起到限制滥用行政权力的作用。总体预案按照各类突发公共事件的性质、严重程度、可控性和影响范围等因素，分为四级，即 I 级（特别重大）、II 级（重大）、III 级（较大）和 IV 级（一般）。到 2007 年 11 月，全国已制定总体预案、专项预案（21 件）、部门预案（57 件）、地方预案、企事业单位预案五个层次的应急预案 130 多万件，覆盖了各类突发事件，"纵向到底、横向到边"的预案体系基本形成。当前，我国政府在应急预案体系的基础上加强了对预案的修订和完善工作，初步建立了动态管理制度。并且，基于省、市、县级预案编制工作已经完成，应急预案编制工作已经向社区、农村和各类企事业单位推进。

2016 年 7 月 28 日，习近平总书记在唐山抗震救灾和新唐山建设 40 年之际，来到河北唐山市，就实施"十三五"规划、促进经济社会发展、加强防灾减灾救灾能力建设进行调研考察。他强调，要更加自觉地处理好人和自然的关系，正确处理防灾减灾救灾和经济社会发展的关系，不断从抵御各种自然灾害的实践中总结经验、落实责任、完善体系、整合资源、统筹力量，提高全民防灾抗灾意识，全面提高国家综合防灾减灾救灾能力。自 2008 年汶川地震以来，各级政府制定了全方位的自然灾害救助应急预案，从中央到地方的减灾相关单位都设置了相应的应急预案，并在青海玉树 7.1 级地震、四川芦山 7.0 级地震、云南鲁甸 6.5 级地震、2011 年新滩滑坡、2017 年茂县大滑坡等灾害救援实践中，以及多次应急救灾演练中不断改进。现今应急预案不仅仅包括灾后反应时间，还包括详细的灾后工作的信息机制、联动机制、协调机制、物资保障机制、军地一体保障机制、应急人员保障和针对本地的救灾方案。从内容上来说，应急预案不仅包括最重要的医疗保障和现场挖掘，还包括公安消防、电力通信、交通保障、物资运输、宣传报道等各个方面。此外，航空铁路、旅游、通信、银行、保险、红十字会等社会力量也有相应的应急预案，有序快速地参与了救灾。

二、防灾减灾工作

（一）灾害监测和预警

灾害到来之前，若能及时监测并预警，可以大大减轻灾害对人类的损害。我国政府十分重视灾害的监测和预警工作。通过几十年的不懈努力，目前全国已经形成了气象监测预报网、地震监测和地震前兆观测系统、农作物和森林病虫害测报网、海洋环境监测网、森林和草原大火监测网、地质灾害勘察和报灾系统，初步形成了利用电话、无线电通信、电视和基层广播发布预警信息的网络，为各级政府及时组织防灾抗灾工作提供了保障。国家专门建立了灾害预警系统，运用卫星技术、遥感技术、现代通讯、计算机系统等新型装备，进行灾害监测预警，信息传输反馈，各部门各司其职、分工负责。具体为：国家气象局对各类天气进行预报；水利部对洪涝和干旱灾害进行监测；国土资源部对各类地质灾害进行监测；农业部对各类农业灾害进行监测；中国地震局对地震灾害进行监测；国家海洋局对各类海洋灾害进行监测；国家民政部统一向社会发布各类灾情信息。

（二）基层减灾能力建设

民政部在每年全国防灾减灾日、国际减灾日等期间，组织全国各地开展应急演练、科普知识宣传、人员培训、知识竞赛、模拟体验等形式多样的防灾减灾科普宣传教育活动，直接受益人群超 2 亿人次，全民防灾减灾意识明显提升。不断加强社区层面减灾资源和力量统筹，制修订全国综合减灾示范社区标准，深入创建综合减灾示范社区 6725 个，启动了以县为单位的自然灾害综合风险与减灾能力调查试点，不断强化灾害风险防范。2017 年 8 月 8 日、9 日，四川九寨沟、新疆精河县接连发生 7.0 级和 6.6 级地震，地震震级大、震源深度浅，但人员伤亡数较小，特别是四川九寨沟 7.0 级地震发生后，相关部门在 24 小时内高效完成了 6 万人大撤离，新疆精河 6.6 级地震实现零死亡，城市社区抵御自然灾害的能力已明显增强，充分彰显了党的十八大以来，以习近平同志为核心的党中央坚持以人民为中心的发展思想，在全面提升全社会抵御自然灾害综合防范能力方面取得了巨大成就，赢得了广大人民群众的高度赞誉。

（三）灾情信息管理

我国的灾情信息管理包括了灾情报送工作、灾情统计工作和灾害评估工作。科学的灾害管理，要以迅速、准确的各类灾害信息为依据，因此，灾情信息管理是灾害管理的重要组成部分。民政部是我国灾害管理的主要职能部门之一。根据国务院确定的职责，民政部负责组织核查并统一发布灾情。改革开放以来，已逐步建立起了民政部统一领导，地方各级民政部门分级负责的救灾信息管理体系，形成了"中央—省—地—县—乡"5级灾情统计和报送体系，确保了及时掌握汇总各类自然灾害的损失情况和救灾工作情况。为切实做好全国救灾工作信息的收集、分析处理和评估工作，民政部在国家减灾中心设立了专门的灾害信息管理部门。各级民政部门承担地方灾害信息的管理与报送工作。自然灾害发生后，各级民政部门按照灾情统计制度的要求，对新发灾害及时进行初报、续报和核报，及时、高效地收集和报告灾害情况，在抗灾救灾工作中发挥着重要作用。

各地民政部门要切实加强灾情管理工作，认真做好灾情发布和报送。发生突发自然灾害，凡造成人员伤亡和较大财产损失的，各地民政部门要在第一时间掌握灾情，及时通报情况。对造成死亡和失踪 10 人以上（含 10 人）或其他严重损失的重大灾害，当地民政部门必须在灾害发生后 2 小时内报上级民政部门并直报民政部。要进一步加强灾情管理的规范化和程序化，灾情报送通过国家自然灾害灾情管理系统，灾情评估与有关部门认真会商核定，灾情发布客观真实及时统一，保证灾害信息快报及时、核报准确、评估科学、发布规范。民政部将对各省（自治区、直辖市）民政厅（局）灾情报送的及时性、规范性、准确性和国家自然灾害灾情管理系统的使用情况进行评估并定期通报。

近年来我国非常重视灾情信息管理工作，灾情信息管理更加精细，体现在以下几个方面：

一是灾情统计报送更加及时有效。建立了"中央—省—市—县—乡—村"6级灾害信息员队伍，开发了全国灾害信息员数据库系统，完成了 70.3 万名灾害信息员的信息录入和备案登记工作。以灾害信息员队伍为依托，开发并不断更新完善"国家自然灾害灾情管理系统"，实现了全国各省（区、市）乡镇网络报灾全覆盖，年均接收地方报灾的灾情信息 10 万余条，每年在京组织灾害信息员师资培训班，为各省培训灾害信息员师资人员 2200 余人次，灾情报送的时效性和信息化、规范化水平明显提高。

二是灾情会商发布更加规范。进一步健全完善跨部门灾情会商制度，定期组织召开民政系统灾情核定会、部际灾情会商会，做好月度、季度和年度灾情会商、核定和趋势预测分析工作。为做好灾情信息的对外发布工作，民政部充分利用电视、网络和平面媒体，实时发布地方上报灾情，定期发布月度、年度全国灾情，不定期发布重特大自然灾害救灾工作开展情况。

三是灾害损失评估制度逐步形成。不断探索完善地震等主要灾害快速评估业务，累计开展灾害快速评估近 400 次，年均 70 余次，逐步形成重特大灾害损失评估指标体系。重特大自然灾害发生后，按照国务院统一部署，会同有关部门和受灾省份共同开展灾害损失综合评估工作，近年来先后组织完成了四川芦山地震、云南鲁甸地震、尼泊尔地震（西藏灾区）等重特大灾害灾损评估，为有效救助受灾群众和受灾地区科学恢复重建提供了重要参考。

三、自然灾害救助物资储备

我国是世界上遭受自然灾害影响最严重的国家之一，尤其是近年来重特大自然灾害多发频发、突发连发，救灾工作异常繁重、任务艰巨。加强自然灾害救助物资（以下简称"救灾物资"）储备体系建设，事关受灾群众基本生活保障，事关社会和谐稳定，是自然灾害应急救助体系建设的重要组成部分，也是各级政府依法行政、履行救灾职责的重要保证。

自然灾害救助物资是指自然灾害发生后为受灾人员提供衣、食、住等基本生活保障的生活类救灾物资，主要包括食品、饮用水、救灾帐篷、简易厕所、棉衣被、多用途睡袋、背囊、软体储水罐、气垫床、折叠桌椅、折叠床照明灯等。自然灾害救助物资储备事关受灾人员基本生活保障，是灾害应急救助体系建设的重要组成部分，也是政府及其有关部门履行救助职责的重要物质基础。地方要建立自然灾害救助物资储备制度。设区的市级以上人民政府和自然灾害多发、易发地区的县级人民政府应当根据自然灾害特点、居民人口数量和分布等情况，遵循"统一规划、分级负责"的方针和"布局合理、规划适度"的原则，同时要从实际出发，成立专门机构，配备工作人员，提供工作经费等保障，认真做好自然灾害救助物资储备库的规划和建设。在储备库的规划建设过程中，要综合考虑所辖行政区域的多种因素来确定其地理位置和建设规模：一是自然灾害的种类、发生特点和灾害风险水平；二是居民人口数量和分布，特别是可能受到自然灾害影响的居民分布情况；三是铁路、公路、航空等交通运输的便利程度；四是当地经济社会发展水平和居民抗灾自救能力。

以市级储备库和多灾易灾县级储备库为主的地方自然灾害救助物资储备库是救助物资储备体系的重要组成部分。重大自然灾害发生后，地方储备库应在第一时间将救助物资送到受灾人员手中，保障其基本生活；在地方储备不能满足救助需求时，可向上级政府及其有关部门申请调拨。

目前，我国救灾物资储备体系建设取得较大成效，"中央—省—市—县"四级救灾物资储备体系已基本建立。在储备库建设方面，全国建设了中央救灾物资储备库19个，包括北京、天津、沈阳、哈尔滨、合肥、福州、郑州、武汉、长沙、南宁、成都、昆明、拉萨、渭南、兰州、西宁、格尔木、乌鲁木齐、喀什等。组织实施全国自然灾害救助物资储备体系建设工程项目，"十三五"期间，国家安排中央预算内投资20亿元，每年4亿元，支持中西部多灾易灾地区123个地市级和714个县级救灾物资储备库建设项目。2016年和2017年，国家发展改革委会同民政部下达了42个地市级储备库和237个县级储备库的中央预算内投资计划。截至目前，已形成了中央救灾物资储备库19个，省级救灾物资储备库和省级分库60个，地级库240个，县级库2000余个的储备网络，确保自然灾害发生12小时之内受灾群众基本生活得到初步救助。在物资储备方面，不断丰富储备品种，目前中央救灾物资储备有三大类 17 个品种，包括帐篷、棉大衣、棉被、睡袋、折叠床、折叠桌椅、简易厕所、场地照明设备、苫布、炉子和应急灯等生活类救灾物资。党的十八大以来，中央财政共投入救灾物资采购资金近 10 亿元，中央救灾物资储备库常年存储价值 10 亿元的中央救灾物资，第一时间可保障 80 万名紧急转移安置群众基本生活。在技术装备保障方面，卫星遥感防灾减灾救灾应用与服务能力明显提升，成功攻克高分辨率遥感影像全自动化房屋轮廓检测、房屋损毁评估、建成区检测等关键技术，建立了军、民、商、国际卫星遥感数据共享机制，卫星数据获取渠道进一步拓展。航空遥感减灾应用业务体系初步形成，搭建了全国无人机遥感应急网络，在除西藏、香港、澳门、台湾以外的全国 30 个省（自治区、直辖市）建立了无人机服务站点。2014 年，财政部、民政部安排中央财政专项资金 3.288 亿元，为中西部地区 1096 个多灾易灾县配备了救灾专用车辆，所有车辆已于 2015 年 8 月中旬前发放到县，确保灾情调查统计和救灾工作的有序开展。下一步的工作目标是全面加强救灾物资储备体系建设，提高国家整体救灾应急保障能力；提高救灾物资储备网络化、信息化、智能化管理水平，救灾物资调运更加高效快捷有序；加快形成高效畅通的救灾物资储备调运管理机制，切实增强抵御和应对自然灾害能力，不断提高自然灾害救助水平，有效保障受灾群众基本生活，为维护社会和谐稳定提供强有力支撑。

第四节　应急救助

一、灾害应急响应

重特大自然灾害发生后，灾区各级政府和相关部门根据灾情，按照分级管理、各司其职、属地为主的原则，第一时间启动相关层级和相关部门预案，做好灾害应急救助工作，最大程度地减少人民群众生命和财产损失。国家根据灾害的危害程度等因素，设定四个响应级别（见表 6.1），凡是达到国家设定响应条件的，国家减灾委、民政部立即启动灾害应急救助工作机制。

表 6.1　《国家自然灾害救助应急预案》响应指标体系

响应等级	指标 灾种	死亡人口 （人）	转移安置 （万人）	倒塌房屋 （万间）	其他情况
一级响应	各类自然灾害	＞200	＞100	＞20	发生事故灾难、公共卫生事件、社会安全事件等其他突发公共事件造成大量人员伤亡，需要紧急转移安置或生活救助
二级响应	各类自然灾害	100～200	80～100	15～20	
三级响应	各类自然灾害	50～100	30～80	10～15	
四级响应	破坏性地震	20～50	10～30	1～10	
	其他自然灾害	30～50	10～30	1～10	

实施自然灾害应急救助的主体是县级以上人民政府或者人民政府的自然灾害救助应急综合协调机构。在中央层面，国家减灾委员会负责组织、领导全国的自然灾害救助工作，协调开展重大自然灾害救助活动，国务院民政部门负责全国的自然灾害救助工作，承担国家减灾委员会的具体工作。

自然灾害救助工作是一项复杂的系统工程，涉及部门广、环节多。在地方层面，仅仅依靠民政部门同样无法承担救灾工作的重任，也需要成立综合协调机构，发挥各相关涉灾部门的职能，合力开展自然灾害救助工作。近年来，各地切实加强自然灾害救助综合协调机制建设。截至 2013 年 11 月，除天津、上海和重庆 3 个直辖市外，其余各省、自治区、直辖市和新疆生产建设兵团均设立了省级自然灾害救助应急综合协调机构，大连、宁波、青岛 3 个计划单列市设立了市级自然灾害救助应急综合协调机构，部分多灾易灾的市、县也设立了自然灾害救助应急综合协调机构，部分省份还成立了省级减灾中心。凡是成立自然灾害救助应急综合协调机构的地方，由该协调机构具体负责本行政区域内自然灾害救助工作的组织和协调；尚未建立自然灾害救助应急综合协调机构的，则由县级以上地方人民政府直接负责本行政区域内自然灾害救助工作的组织和协调工作。

自然灾害发生后，根据本行政区域制定的自然灾害救助应急预案，当灾害损失达到相关预案启动条件时，由本级人民政府或者人民政府的自然灾害救助应急综合协调机构启动预案，进入灾害救助应急响应状态，按照预案规定的相关措施和灾害情况，确定自然灾害救助应急工作方案，开展自然灾害救助应急工作。如，立即发布应对和防范措施，紧急转移安置受灾人员，保障受灾人员的基本生活，抚慰受灾人员，处理善后事宜，组织开展自救互救，开展评估、采取救助措施等。

党和政府向来把抢救人民群众生命财产作为救灾工作的重中之重，"救人第一"始终是救灾工作的最重要原则。在历次抗灾救灾工作中，灾区各级政府都根据灾害预警预报信息，将处于灾害威胁下的人员和财产及时转移到安全区域。据民政部门统计，我国年均有 900 多万人（次）需要紧急转移安置，受灾群众的吃饭、穿衣、住房、饮水、医治等临时生活困难需要妥善解决，各级政府在受灾群众转移安置方面投入了巨大的人力、物力和财力。据初步统计，中华人民共和国成立以来，共转移受灾群众 2 亿多人次，转移群众财产数百亿元，最大限度地减小了灾害所造成的损失。在临时安置受灾群众方面，灾区政府坚持就地安置与异地安置、集中安置与分散安置、政府安置与投亲靠友、自行安置相结合的原则，因地制宜，妥善安排好受灾群众的基本生活。

21 世纪以来，我国各类突发公共事件频发多发，各级政府、各有关部门十分重视跨部门、跨地区应急联动机制的建立，在应急救灾其间，通过多方协调联动，密切配合，合理配置救灾资源，充分发挥其最大社会效益。如 2008 年初我国南方部分地区严重低温雨雪冰冻灾害发生后，为给大雪围困地区运送救灾物资，民政部迅速启动应急联动机制，紧急协商总参作战部，动用 9 架直升机，克服大雾等不利天气因素，为四川宜宾、万源地区和广西桂林地区的边远山区乡镇紧急空投 43 吨棉衣棉被等御寒物资和方便食品，解决了受灾群众的燃眉之急。

《国家自然灾害救助应急预案》明确规定"事故灾难、公共卫生事件、社会安全事件等其他突发公共事件造成大量人员伤亡、需要紧急转移安置或生活救助，视情况启动本预案"，在近年的救灾工作实践中，灾害救助对象不断扩展，救灾范围也从农村为主扩大到城市与农村兼顾。2008 年初我国南方部分地区严重低温雨雪冰冻灾害发生后，按照《国家自然灾害救助应急预案》要求，各级政府首次将铁路、公路上滞留人员和城市被困人员纳入应急救助工作范围，在应急抢险抗灾阶段，累计救助铁路公路滞留人员和受灾受困人员 655.5 万人，受灾受困群众基本生活得到了切实保障。

2018 年 7 月 11 日 17 时，国家减灾委、应急管理部针对今年第 8 号台风"玛莉亚"给福建、浙江两省造成的严重灾害影响紧急启动国家Ⅳ级救灾应急响应，应急管理部前期派出的预警响应工作组就地转为国家救灾应急响应工作组，在受台风影响最为严重的福建宁德、浙江温州实地查看灾情，全力指导和协助地方开展应急救灾各项工作。据福建、浙江两省民政厅报告，截至 7 月 11 日 16 时，"玛莉亚"台风灾害共造成福建省宁德、福州、南平、厦门、莆田等 8 市 62 个县（市、区）23.8 万人受灾，17 万人紧急转移安置，700 余间房屋不同程度损坏，直接经济损失 2.4 亿元；造成浙江省温州、台州 2 市 15 个县（市、区）34 万人受灾，29.9 万人紧急转移安置，农作物受灾面积 800 余公顷，直接经济损失 2.5 亿元。具体灾情仍在进一步核查统计中。灾害发生后，福建、浙江两省减灾委、民政厅均紧急启动省级自然灾害救助Ⅲ级响应，福建省紧急下拨省级救灾资金 2000 万元，省民政厅派出工作组分赴宁德、福州等地，开放避灾安置点 2130 个，向重点防区预置抢险救灾兵力 19928 名，省消防总队出警 39 起，出动车辆 36 辆、人员 194 人次，全力做好灾害紧急救援工作。浙江省拟紧急下拨省级救灾资金 2300 万元，全省已启用各级避灾安置场所 2398 个，温州市投入生活保障金 238 万元，县级下拨价值近 300 万元物资，市消防支队共接警 50 起，出动警力 51 车 222 人，搜救被困人员 8 人。

二、转移安置

转移安置是通过组织灾害避险以减少人员伤亡的有效手段。实施人员转移，将处于危险区的群众转移到安全地带，政府要做好灾害预警预报，让群众明白灾害的威胁，促使群众充分认识灾害风险，积极配合政府落实转移安置措施。一部分群众会自动转移到预先指定的地方，还有一些心存侥幸的群众不愿意转移，政府机关要采取劝说等措施，实行有组织的转移，把危险区群众转移出来。另外还有一些年老体弱者、残疾人等弱势群众，靠自身能力无法进行转移，政府机关必须安排人员和运输工具，帮助他们转移到安全地方。转移出来以后，选择安全的安置点，通过搭建帐篷、借住公用房屋、投亲靠友等途径，妥善安置转移出来的受灾人员。

政府要采取有效措施，及时为受灾人员提供必要的食品、饮用水、衣被、取暖、临时住所、医疗防疫等应急救助，保证群众有安全住所、有饭吃、有衣穿、有洁净水喝、有病能得到及时医治，使受灾人员基本生活有保障。在自然灾害应急阶段，灾区县级人民政府应首先投入应急资金和物资，不等不靠，保证受灾人员在 12 小时内得到初步救助。在救助资金和物资紧张、靠自身能力存在困难时，可以向上级人民政府及其有关部门提出书面申请，请求资金和物资帮助。

三、过渡性安置

过渡性安置是指在应急救助阶段结束后至住房恢复重建完成前，对于基本生活依然存在困难的受灾人员给予一定时期的临时住所安排和生活救助，是妥善安排受灾人员生活、稳定人心、维护社会秩序、保障自然灾害应急救助向灾后恢复重建平稳过渡的重要环节，也是灾后恢复重建的基础性工作。

过渡性安置按照地点可分为就地安置和异地安置，按照责任主体可分为政府安置和自行安置。

就地安置是指在受灾地区县级区域范围内就近安置，而就地安置以外的安置就是异地安置。如果受灾地区本地存在安全隐患，确实不适宜受灾人员安置，受灾地区人民政府可以采取异地安置。

政府安置是指受灾地区人民政府通过采取搭建帐篷篷布房、活动板房，或者通过借用公房、体育场馆等作为临时过渡安置点集中安置受灾人员。这种安置方式可以更好地使用公共设施，也便于管理。自行安置是指受灾人员采取投亲靠友、自行筹建确保安全的临时住所以及其他方式自行安置，国家对这部分群众给予适当补助。在安置措施的选择上，国家鼓励受灾人员采取自行安置由国家给予补助的方式。如安排临时住所确实存在困难的，可以采取政府安置措施。

过渡性安置应当依据受灾地区的实际情况，采取灵活多样的方式进行安置。在安置中，不论是就地安置，还是异地安置，当地政府都要做好安置点的管理，尽早重建临时社区，切实加强防火、防疫等工作，确保安置点的安全、卫生。

作为过渡性安置点选取的基本原则，交通便利有利于受灾人员恢复生产、生活所需物资的运输，为群众生产自救创造条件。同时，便于生产和生活的地点也可以最大限度地节约成本，取得事半功倍的效果。要十分注重加强耕地的保护，尽量选择占用废弃地，不占用或少占用耕地。如果确需占用少量耕地的，要按照国家和地方政府有关规定报批，在施工过程中也要为将来复耕打好基础。2008 年汶川地震发生后，根据不同时段受灾群众生活所需，国务院及时出台了临时生活救助、后续生活救助、"三孤"人员（即因灾造成的孤儿、孤老、孤残人员）救助安置等政策，即 2008 年 6—8 月 3 个月内向受灾"三无"人员（即因灾无房可住、无生产资料和无收入来源的困难群众）每人每天发放 10 元钱和 1 斤粮、向受灾"三孤"人员每人每月发放 600 元钱；2008 年 9—11 月对地震灾区"三孤"人员等生活困难仍需救助的受灾群众平均每人每月补助 200 元。

2010 年 8 月，经国务院批准，民政部、财政部增设过渡性生活救助项目，对国家启动Ⅳ级以上自然灾害应急响应的受灾地区，向"因灾房屋倒塌或严重损坏无房可住、无生活来源、无自救能力"的受灾群众，按照每人每天补助 10 元钱、救助期限 3 个月的标准实施过渡性生活救助。对受灾范围大且国家启动Ⅱ级以上自然灾害应急响应地区的受灾群众，每人每天增发 1 斤粮。过渡性生活救助政策到期后，对基本生活仍有困难的受灾群众，纳入当地城乡最低生活保障、农村五保供养和冬春受灾群众临时生活救助等现行社会救助制度，切实保障其基本生活需求。

此外，为使受灾地区尽早摆脱灾害造成的不利影响，尽快恢复灾区正常的生产生活秩序，受灾地区人民政府应当鼓励并组织受灾人员第一时间进行生产自救、互帮互助、重建家园，增强受灾地区的自救能力和恢复速度。总之，过渡性安置期间尽快开展自救互救、恢复生产是做好整个灾后恢复重建工作的基础，对于受灾地区社会经济秩序的恢复和发展具有重要的意义。

四、灾情报告

自然灾害发生后，到灾害结束前，灾情一直处于动态发展中。为确保上级部门能及时掌握最新灾情，以便在最短时间内作出救灾决策，受灾地区人民政府应当将每天的最新灾情，主要包括人员伤亡、财产损失、灾情发展趋势、自然灾害救助工作开展等情况逐级上报。同时，政府应及时向社会发布灾情和救灾工作动态，未经政府授权，任何部门原则上不得擅自对外发布。发布灾情和救助工作动态是引导社会公众参与灾害救助的重要手段，灾害信息的发布，能够使灾区以外的社会公众了解灾害发生发展的趋势和政府开展的救助工作，能够引导广大社会成员、志愿者积极投身到灾害救助工作中；对于灾区群众，了解灾情，能够判断自身面临的灾害形势，可以采取恰当的方式，开展灾害避险和自救互救活动，降低灾害风险，减少灾害损失。根据民政部《自然灾害情况统计制度》（民发〔2013〕215 号）要求，灾情报告的内容主要包括灾害损失和救灾工作开展情况。灾害损失情况的核心指标包括受灾人口、因灾死亡人口、因灾失踪人口、紧急转移安置人口、需紧急生活救助人口（旱灾时统计因旱需生活救助人口、因旱饮水困难需救助人口）、农作物受灾面积、农作物绝收面积、倒塌房屋户数和间数、严重损坏房屋户数和间数、一般损坏房屋户数和间数、直接经济损失等；救灾工作情况的核心指标包括各级启动救灾响应的时间和级别、各级已支出自然灾害生活补助资金、各级发放衣被数量、各级搭建帐篷数量和各级其他生活类物资投入折款等。

在向社会发布灾情时，必须做到及时发布，将最新灾情和救助工作开展情况向社会公众发布。灾害信息发布不及时，滞后于群众了解到的信息，信息发布会失去应有的作用，或者发挥不了很好的效果，造成灾害救助工作的被动局面和消极影响。因此，政府向社会发布灾情和救助工作动态信息，一定要做到快速、准确、及时，使得所发布的信息充分发挥告知情况、引导舆论、鼓舞士气的作用。

灾后对自然灾害损失情况进行评估、核定，是对本次灾害过程的全面总结，是对灾害损失的最终认定。开展灾害损失评估，是灾害恢复重建工作的基础。科学准确的评估，对灾后救助和灾区恢复重建规划、恢复重建方案制定具有重要意义。灾情稳定后，受灾地区县级以上人民政府需开展灾害评估，核定并发布灾害损失情况。开展评估、核定并发布自然灾害损失情况的主体是县级以上人民政府或者人民政府的自然灾害救助应急综合协调机构。县级以上人民政府开展的灾害评估工作，应该是对自然灾害的综合评估，全面反映灾害发生发展过程和特点、灾害损失、社会影响等情况。在开展评估过程中，要协调各有关职能部门参与灾情会商和灾害评估，共同核定灾情，确定灾害评估结论，由县级以上人民政府统一组织发布。

各地民政部门要切实加强新闻宣传工作，进一步密切与新闻媒体和宣传部门的沟通，充分利用广播、电视、报纸、互联网和手机短信等多种途径，认真做好新闻宣传和舆论引导工作。要及时发布最新灾情、各级政府救灾工作进展情况、社会各界参与救灾情况等，同时要加大对先进人物、先进事迹的宣传力度，鼓励灾区群众积极开展生产自救，引导舆论支持抗灾救灾工作。要密切关注舆情动态，及时研究解决新闻媒体反映的有关问题，为救灾工作营造良好的社会舆论氛围。

五、救灾资金管理

（一）救灾资金的来源

救灾资金是实施灾害救助的前提和保证。除了必要的减灾和防灾费用外，任何国家和政府都需要在财政预算中留出必要的救灾开支以备急用。基于灾害的难以避免特性，越来越多的国家和地区开始设立专门的资金储备制度，以增强突发灾害时政府财政的支付能力。另外，拓展救灾资金的来源渠道，由财政供给向以财政为主、社会化筹集为辅的方向转变，也是现代世界各国灾害救助的一个发展趋势。概括来说，灾害救助资金由以下几部分组成：

1. 财政专项救助拨款

我国实行救灾款分级负担，地方自筹为主，中央财政补助为辅的原则。全国省、直辖市、自治区都建立了由地方负担的自然灾害救助事业，在财政预算中列支了救灾款。一些经济实力较强的省、市充分发挥财政实力强的优势，大幅度增加了救灾款的预算，使得灾害救助能力明显增强。一些地方根据本区域乡、镇已成为一级财政的实际情况，把分级管理直接推行到了乡、镇。财政专项救灾物资还应遵循救灾资金补助数额与灾害程度相一致原则，遵循及时拨付到位、专款专用的原则。

2. 从中央到地方各级政府设立的救灾预备金

即每年年初由同级财政划拨一笔救灾专款给民政部门，专户存储，由民政部门掌握，根据实际情况调剂使用。灾年多用，平时少用，结转使用，逐年积累增值。一些地方政府也根据多年来在救灾方面的经验数据，建立了救灾预备金。

3. 救灾资金的社会捐赠

一般是发生较严重的灾害后，由政府部门或社会团体有组织地向海内外各界募集到的资金。按捐赠者的不同，我国的救灾捐款可分为以下几类：（1）别国政府或国际组织提供的捐赠；（2）国外企业、民间组织和个人的捐赠；（3）港、澳、台同胞的捐赠；（4）旅居海外的华侨的捐赠；（5）国内机关、企事业单位、军队、学校等组织提供的捐赠；（6）个人被组织动员或自发的捐赠。

事实上，仅靠国家和地方财力是难以满足解决灾民和特困群众生活困难的需要的，多渠道筹措救灾救济资金，有助于扩大政府和社会向灾区灾民提供灾害救助的能力。这就要求在国家和地方各级财政加大列支救灾救济资金力度的同时，积极、有效地争取国际援助、组织社会捐助，而且要采取多种方式引导和组织群众开展生产自救，以尽量减轻灾害救助的压力。另外，救灾资金是用来解决灾民生活困难和生产发展的专项资金，如何合理分配有限的资金，也是灾害救助需要解决的一个难题。

（二）救灾资金的使用范围

各地民政部门要按照《自然灾害生活救助资金管理暂行办法》的规定，认真安排好各级救灾资金预算和救灾工作经费，切实加强救灾资金的管理使用，确保资金安全和使用效益。要进一步规范资金拨付程序，切实简化拨付手续，确保资金及时、足额拨付到位。要按照"专款专用、重点使用，公平公正、公开透明"的要求，区分救助对象，建立工作台账，定期公布资金分配、使用和发放等情况，主动接受审计监督、社会监督和舆论监督，认真做好救灾资金的发放和监管工作，切实提高资金使用的透明度和社会效益。如何使用救灾资金有着严格的规定，不得超越其范围。这主要集中在如下方面：

（1）用于解决灾民无力克服的吃、穿、住、医等生活困难。首先，这种生活困难必须是因自然灾害造成的，非自然灾害造成的困难不属于救灾范围。其次，必须是灾民自身无力解决的困难，灾害救助中最迫切的是解决受灾群众的生存和基本生活问题。

（2）用于解决灾民紧急转移安置过程中发生的费用。特别是地震、洪水、山体滑坡、沙尘暴等破坏力极大的自然灾害，容易造成群众房屋倒塌、损坏，甚至是居民生命危险。居民被困、一些尚处于危险之中的居住区需要搬迁等现象时有发生。这种紧急抢救和转移安置急需使用的资金，是救灾资金必须支出的部分。

（3）用于加工、储运救灾物资的必要费用。灾害救助中所急需的大量物资，包括食物、药品、帐篷、衣物等，在加工、储存及调运的过程中需要发生一大笔费用。

（4）部分的恢复重建资金。重点是对灾民倒房恢复重建和危房修缮给予补助。

（5）必要的管理费用。用于救灾机构建设、救灾人员配备等方面的费用。

（三）救灾资金的使用原则

要进一步完善灾害救助资金物资管理和使用监督制度，规范灾害救助的工作程序，强化民主评议机制，全面推行灾害救助资金物资社会化发放方式，实行科学化、规范化管理。要进一步完善灾害救助资金物资的管理和使用监督制度，完善救灾捐赠工作规程，建立健全款物管理使用公开制度，确保各项灾害救助款物使用安全、合规、有效。为使灾害救助资金和物资能够科学合理地得到分配，以使灾民尽早摆脱因灾害造成的生存困境，救灾资金在使用过程中必须遵循以下三个原则：

1. 专款专用和重点使用原则

专款专用是指救灾资金和物资必须按上述规定的范围使用，必须用于灾情严重、连年遭灾的地区和自救能力较差的重灾区和重灾户。重点使用原则是指要把救灾资金和物资用于解决特重、特困灾民和特困户的生活困难，不能搞平均分配，不能优亲厚友。

2. 生活救助与生产救助相结合的原则

生活救助是灾害救助的主要方式。灾害救助资金必须将其主要部分，无偿用于解决灾民的生活问题，使灾民通过救灾款物得以保障其基本生活条件，确保生存不会由于自然灾害的发生而受到威胁。同时，将灾害救助款的一部分用于扶持灾民生产自救，也有利于灾民摆脱困境，使其走上正常的发展道路。这对于帮助灾民尽早摆脱灾害造成的损害，恢复灾区和灾民的正常生产生活秩序是十分重要的。

3. 严格管理、规范操作原则

救灾资金由中央和地方各级财政预算安排，是用于解决受灾群众生活困难的专项经费，管理使用好救灾资金，使其在保障灾民和特困群众基本生活方面发挥最大效益，是各级民政部门、财政部门的神圣职责。严格救灾救济款物的审批发放程序，强化透明度是管好用好救灾救济资金的有效措施。

第五节　灾后救助

一、居民住房恢复重建

灾后恢复重建是救灾工作的延续，它既是对灾毁家园的基本恢复，也是经济发展新的增长点。灾情稳定后，各级政府立即组织力量，核查、评估灾情，投入重建资金，抢修基础设施，恢复水、电、气等生命线工程。因灾倒塌居民住房恢复重建涉及千家万户，关系到受灾群众的切身利益，各级党委、政府高度重视，将住房重建列为灾区恢复重建的重中之重，优先制定重建政策和方案。据民政部灾情统计数据，全国因灾倒塌民房年均约 300 万间，大量受灾群众需要政府在较短的时间内帮助恢复住房、重建家园，近 20 年以来，中央救灾资金共帮助灾区群众恢复重建民房近 7000 万间，为灾区群众重建家园发挥了积极作用。

为了规范灾区民房恢复重建工作，提高恢复重建工作效率，保证恢复重建工作质量，民政部制定了灾区民房恢复重建项目管理办法。2004 年 11 月，民政部印发了《灾区民房恢复重建管理工作规程》，明确了统筹规划、科学指导、协调发展原则，进一步规范了灾区民房恢复重建管理工作。灾区民房恢复重建项目管理是指灾区民房恢复重建项目计划、申请、审批、实施、监督和评价的全过程。

（一）成立机构

自然灾害造成大量住房倒塌和损坏时，中央、省、地、县四级人民政府根据住房灾损情况，适时建立灾后民房恢复重建领导协调机构。灾后恢复重建的具体实施工作由灾害发生地县级人民政府承担。在灾情稳定后，各县都建立灾区民房恢复重建项目领导小组；县级政府成立灾区民房重建领导工作机构，由民政、财政、计划发展改革、建设、国土、水利、扶贫移民、林业、内贸、工商、税务、纪检、监察审计等有关部门组成。民政部门负责牵头协调灾区民房恢复重建工作，并确定专人负责恢复重建项目的汇总、编制、上报、审批、协调和管理工作。

（二）调查核定

县级民政部门：一次灾害过程结束后，立即组织人员对本区域因灾倒损房屋情况逐村逐户进行调查、登记；在 15 日内完成核定工作，并建立因灾倒房和恢复重建台账；填写分乡镇的汇总统计表，并将分乡镇的汇总表上报地级民政部门。

地级民政部门：接到县级民政部门报表后 7 日内，组织专门人员对重灾县进行抽查，并根据抽查分析结果填写分县的汇总统计表，上报省级民政部门。

省级民政部门：接到地级民政部门的报表后 7 日内，对重灾地（市）进行抽查、核实；根据抽查、核实情况填写汇总统计表，将全省汇总数据（含分市、分县数据）向民政部报告；并以政府名义上报灾区民房恢复重建资金请示。

民政部：根据省级核定的倒损房屋汇总情况，组织有关专家和工作人员赴灾区进行现场评估。

（三）资金管理

灾区民房恢复重建资金的主要来源有：中央恢复重建补助资金、地方各级政府配套补助资金、社会捐助资金、建房优惠政策、受灾群众自筹资金。2003 年至 2008 年，中央财政共安排恢复重建资金 380.4 亿元，重建民房约 2000 万间。其中，2003 年安排 15.2 亿元，重建民房 342.34 万间；2004 年安排 7.77 亿元，重建民房 154 万间；2005 年安排 12.88 亿元，重建民房 198.53 万间；2006 年安排 12.28 亿元，重建民房 188.8 万间；2007 年安排 11.09 亿元，重建民房 150.38 万间；2008 年安排 321.2 亿元，重建民房约 1000 万间。灾后民房恢复重建资金的申请、拨付、分配和发放程序如下：

民政部：收到受灾省的重建资金申请报告后，根据倒损房情况评估结果，按照中央恢复重建资金的补助标准，提出补助方案商财政部下拨重建资金；实施灾区民房恢复重建项目管理，指导地方开展灾区民房恢复重建；协调有关部门落实相关专项资金和出台灾区民房恢复重建优惠政策；按照有关规定，在规定的时间内商财政部向省级下拨灾区民房恢复重建补助资金；中央恢复重建补助资金下拨后，民政部每20天向社会公布一次各地恢复重建资金的下拨进展情况；检查灾区民房恢复重建进展情况和资金使用情况；评估灾区民房恢复重建效果。

省级民政部门：按照省政府批准的灾区民房恢复重建工作实施意见或省政府的安排部署，商同级财政部门落实本级灾区民房恢复重建资金；及时下拨中央灾区民房恢复重建资金；对灾区民房恢复重建实施项目管理，指导本省灾区开展灾区民房恢复重建；协调有关部门落实资金和政策；按规定时间和灾区民房恢复重建进度，下拨中央灾区民房恢复重建资金和本级配套资金；配合民政部通报，每20天在本行政区域内通报恢复重建资金进度和恢复重建工作开展情况；监督地级民政部门下拨重建资金和重建方案的执行；检查地、县两级重建措施的落实情况及重建资金使用情况。

地级民政部门：按照地级政府批准的灾区民房恢复重建工作实施意见或地级政府的安排部署，商同级财政部门落实本级灾区民房恢复重建资金；及时拨付上级下达的灾区民房恢复重建资金；指导和督促县级开展灾区民房恢复重建工作；督促重建资金和重建优惠政策的落实；按规定要求下拨各类恢复重建资金；在本行政区域内定期通报恢复重建资金使用情况和工作进度；监督县级民政部门每一个月在本行政区域内对建房对象的公示到位情况、资金到户情况、政策措施落实情况及重建方案执行情况；检查集中建房的规划、补助标准、建设进度和质量情况；检查恢复重建资金的安排和使用情况。

县级民政部门及有关部门：灾区民房恢复重建的主要责任在县级，实行县、乡两级政府行政首长负责制。（1）县级政府成立灾区民房重建领导工作机构，民政部门负责牵头协调灾区民房恢复重建工作；（2）确定重建对象；（3）县级政府灾区民房恢复重建领导机构牵头协调建设、国土部门搞好重建选址、规划；（4）恢复重建的标准，由县级政府灾区民房恢复重建领导机构结合本地实际制定；（5）根据实际需要确定和落实灾区民房恢复重建资金；（6）对灾区民房恢复重建，地方政府要出台文件，制定专项优惠政策，减免相关税费；（7）组织实施；（8）按建房进度和补助标准下拨恢复重建资金；督察乡村两级对重建资金的使用及建房对象的公示；检查乡镇、村两级对恢复重建资金的使用、资金到户和政策落实到户情况。

表6.2　灾区民房恢复重建资金主要筹集渠道

序号	种类	主要内容
1	中央补助资金	灾民倒房恢复重建补助资金，用于解决灾后恢复阶段受灾群众的生活困难，重点解决因灾倒塌房屋的恢复重建和损坏房屋的修缮。对于较大规模的自然灾害，凡是达到启动《国家自然灾害救助应急预案》的，中央财政原则上会向灾区下拨灾区民房恢复重建资金，帮助灾区开展恢复重建工作。汶川地震后，国家建立了灾后恢复重建基金，安排400亿元专项用于灾后恢复重建

序号	种类	主要内容
2	地方配套资金	按照救灾工作分级管理、救灾资金分级负担的原则，地方政府应当投入了恢复重建配套资金
3	对口支援资金	"5·12"汶川地震后，国家通过制定对口支援政策，推进非灾区支援受灾区、城市支援农村灾区、工业支援农业灾区。民政部积极协调各受灾省将农户住房重建纳入对口援建范围，各对口支援省份加大工作力度，安排对口援建资金支持农房重建，积极协助做好农村道路、桥梁、供水、供电等配套基础设施建设
4	社会捐赠资金	社会捐赠资金是灾后民房恢复重建资金的重要来源。汶川地震后，民政部协调红十字会总会、中华慈善总会安排捐赠资金用于农房重建。会同中组部、发展改革委、财政部安排51.68亿元"特殊党费"，重点帮助困难农户恢复重建住房。甘肃省将接收的非定向捐赠资金和"特殊党费"共24.98亿元全部用于农户住房重建
5	群众自筹资金	受灾群众通过亲友相帮、邻里互助、生产自救等方式自筹部分重建资金，改变单纯依赖国家的思想，调动受灾群众开展恢复重建的积极性
6	重建政策优惠	大灾之后，灾区的国土、建设、财政、税务、林业等部门会出台一系列优惠政策，通过减免各项税费和提供优惠贷款等形式，帮助受灾群众开展恢复重建工作。汶川地震后，甘肃省对政府补助后重建维修仍有困难的，按每户不超过3万元额度，给予3年的财政贴息贷款

（四）实施重建

有恢复重建任务的地方政府，在各受灾乡、村两级确定专人负责重建项目的实施，并组织人员对灾民房屋受损情况进行逐村逐户调查，建立《因灾倒房户台账》。依据本人申请、群众评议、张榜公布、严格审批的原则，确定因灾造成的无自救能力的低保户、特困户、五保户等重点帮扶对象和优抚对象。确定程序为：分散建房的由本人申请、村委申报、乡镇政府审核、县级民政部门审批；集中建房的由村委会申请、乡镇审核申报、县级民政部门审批、地级、省级民政部门备案。分散建房和集中建房审批结果均要在村级张榜公布。省、地级民政部门制定出到县级的恢复重建资金分配方案，下拨中央补助资金。县级政府根据恢复重建项目计划，立即投入恢复重建施工组织和项目实施。

（五）绩效评估

为了对灾区恢复重建资金的使用情况和工作进度进行跟踪和监督，民政部制定了恢复重建绩效评估制度，定期通报全国恢复重建工作的进展情况，召开全国恢复重建会议，总结经验和教训，督促地方政府落实好恢复重建工作。各级民政部门需要落实的工作如下：（1）恢复重建前，县级民政部门要将恢复重建实施方案、灾区民房恢复重建审定情况汇总表上报地级民政部门；恢复重建过程中，定期上报重建进度；重建工作结束后，对重建工作进行质量检查、验收评估、总结，并将总体情况上报地级民政部门。（2）地级民政部门全面收集县级灾区民房恢复重建方案及灾区民房恢复重建进度情况，汇总、统计到县、到乡镇灾区民房恢复重建情况，并将情况和报表及时上报省级民政部门。（3）省级民政部门收集、整理地（市）、县级灾区民房恢复重建规划、方案、工作措施及进展情况，汇总到市、到县灾区民房恢复重建情况，按期上报民政部。（4）民政部根据省级民政部门上报的工作信息，对全国灾区恢复重建工作实施绩效评估。

二、冬春生活救助

我国自然灾害发生频繁，损失严重，是每年春荒冬寒需救济人口多的直接原因。春荒冬寒（或冬春）受灾群众生活救助的重点是解决受灾人员冬春期间口粮、饮水、衣被、取暖、医疗等基本生活困难。2008 年前，每年分为冬寒和春荒两个救助时段。春荒救助时段为当年的 3~5 月（一季作物区为每年的 3~7 月），冬寒救助时段为当年的 12 月至第二年的 2 月。据民政部统计，近年来，我国春荒冬寒期间需政府救助人口总量约 6000~8000 万人。春荒需救济人口占上一年受灾人口的比例在 17%~27%，平均为 22%；冬寒需救济人口为当年受灾人口的 16%~26%，平均为 19%。2008 年后，中央将春荒救助和冬寒救助合并为冬春生活救助，确保救助时段的前后衔接和政策的延续性，救助方案的制定不再分为两次，合并为一次。在政府救助基础上，各地结合劳务输出、群众互助等措施，最大限度地保障了受灾群众生活，维护了灾区稳定。对于享受冬春救助政策后生活仍然存在困难的群众，民政部门将按照国家有关政策，对符合条件的及时纳入城乡低保救助体系。

为规范春荒和冬寒受灾群众的生活救助工作，2004 年 11 月，民政部印发了《春荒、冬寒灾民生活救助工作规程》。2009 年 10 月，民政部修订并印发了《受灾人员冬春生活救助工作规程》，主要包含以下几个方面的管理制度。

（一）调查评估制度

冬春救助工作实施前，各级民政部门应组织力量深入基层调查当年灾害损失情况，受灾困难人员的家庭基本情况、自救能力及口粮、饮水、衣被、取暖、医疗等方面的困难等。

1. 开展调查评估

县级人民政府民政部门：9 月下旬开始调查汇总当年冬季和下年春季本行政区域内受灾困难人员需救助情况，填报《受灾人员冬春生活需救助情况统计表》，与有关部门进行会商和评估，制定本级冬春救助方案，10 月 15 日前报上一级民政部门。实行省管县财政体制的省份，县级方案上报时，可直接报至省级，同时报地级人民政府民政部门备案。

地级人民政府民政部门：接到下级民政部门的报表和救助方案后，对上报灾情和需救助情况进行核查，汇总本级需救助数据，与有关部门进行会商和评估，制定本级救助方案，10月20日前报上一级民政部门。

省级人民政府民政部门：接到下级民政部门的报表和救助方案后，对上报灾情和需救助情况进行核查，汇总本级需救助数据，与有关部门进行会商和评估，制定本级救助方案，10月25日前报民政部。

民政部：接到省级人民政府民政部门的报表和救助方案后，对上报灾情和需救助情况进行核查，汇总全国需救助数据（含分县数据），组织会商和评估，形成全国冬春需救助情况评估报告。

2. 制定救助方案

地方冬春救助方案。由地方各级人民政府民政部门制定，主要内容包括：本行政区域内农业人口，财政收入，当年自然灾害情况；受灾人员需救助情况及分析；本级地方财政投入及可解决的问题；存在的资金缺口。

全国冬春救助方案。由民政部制定，主要内容包括：当年全国自然灾害及区域分布情况；受灾人员需救助情况及需救助的重点区域分析；地方各级财政投入占总需求比例的分析；中央财政需安排救灾资金总量测算。

（二）资金拨付制度

1. 救灾资金的申请和安排

资金申请。地方完成救助任务确有困难的，由本级民政、财政部门联合向上一级民政、财政部门，或者建议本级人民政府向上一级人民政府，逐级上报申请资金补助。省一级的资金申请报告应于10月25日前报国务院或者民政部、财政部，同时上报《受灾人员冬春生活困难状况评估报告》和到县一级的需救助数据汇总表。评估报告内容包括：本行政区域内当年自然灾害主要特点及造成的损失，受灾人员需救助情况及原因分析等。

地方各级救灾资金安排。中央救灾资金下拨到位之前，省、地、县人民政府要结合本行政区域内当年自然灾害程度、受灾人员实际困难等情况，按照已经制订的各级冬春救助方案，提前安排全部或部分本级财政资金，帮助解决受灾人员冬春期间的生活困难。

中央救灾资金安排。民政部在接到省级人民政府（或省级人民政府民政、财政）的冬春救助资金申请报告后，根据全国灾情评估结果和冬春救助方案，按照中央救灾补助标准，结合各地自然灾害情况、财力状况和救灾工作开展情况等因素综合分析测算，制定冬春救助资金总体方案和分配方案，11月10日前商财政部办理。总体拨款方案确定后，资金分两批下拨：冬寒救助资金应在12月中旬前下拨，春荒救助资金应在第二年2月中旬前下拨。两部门的联合拨款文件同时抄送国务院办公厅、国家审计署以及有关省级人民政府办公厅和财政部驻有关省份财政监察专员办事处。

省级、地级人民政府民政部门接上级的拨款文件后，根据本级财政状况，结合本级财政投入，提出资金整体分配方案，商同级财政部门确定后，两部门联合下文拨付，同时报上一级民政部门和财政部门备案。根据上级下拨的救灾补助资金和本级资金安排情况，完善原冬春救助方案并报上一级民政部门备案，上报数据具体到县级。冬寒救助资金应在 12 月中旬前拨至县级，春荒救助资金应在第二年 3 月中旬前拨至县级。实行省管县财政体制的省份，省级向县级下拨资金时，同时通报地级人民政府民政部门。

2. 救灾资金的发放

县级人民政府民政部门根据上级下拨的救灾补助资金和本级资金安排情况，完善原冬春救助方案，确定实际的救助对象和救灾款物。救灾款物应在 15 日内发放到救助对象手中。具体程序是：

确定救助对象。由受灾人员本人申请或者村（居）民小组提名，经村（居）民委员会民主评议，符合救助条件的，在社区范围内公告；无异议或者经村（居）民委员会民主评议异议不能成立的，由村（居）民委员会将评议意见和有关材料提交乡（镇）人民政府、街道办事处审核后，报县级人民政府民政部门审批。

建立工作台账。县级人民政府民政部门以户为单位建立受灾人员冬春救助工作台账，并报上一级民政部门备案。受灾人员冬春救助工作台账由县级以上人民政府民政部门根据当地实际情况统一印制，其主要内容应包括：户主姓名、身份证号、家庭类型、家庭人口、需救助情况（人数、总量）、救灾款物发放情况。

制发救助卡片。《灾民救助卡》是受灾人员领取政府救助款物的凭证，由县级以上人民政府民政部门根据当地实际情况统一印制，由县级人民政府民政部门盖章后生效，其主要内容应包括：户主姓名、身份证号、需救助情况（人数、时段、总量）、实际救助款物的发放情况等。县级人民政府民政部门根据受灾人员冬春救助工作台账，以户为单位向救助对象发放《灾民救助卡》。

发放救灾款物。县级人民政府民政部门和乡镇根据受灾人员冬春救助台账和《灾民救助卡》向救助对象发放救灾款物。救灾资金尽量通过银行发放，已实行涉农资金"一卡（折）通"的地方应将救灾资金一并纳入发放。实行实物救助时，要对采购的物资统一标识，以便监督检查。

（三）监督管理制度

1. 民政部

汇总全国冬春救助资金实际分配和到位情况；中央冬春救助资金下拨 30 天后，定期通报各地下拨进度，并会同财政部对各地中央救灾资金管理使用情况进行监督检查。对不及时下拨中央冬寒救助资金的省份，在拨付中央春荒救助资金时酌情减少。对不及时下拨中央春荒救助资金的省份，在安排当年应对新灾的中央救灾资金时酌情减少。

2. 地方民政部门

信息公开。省级、地级人民政府民政部门应会同本级财政部门做好本行政区域内救灾资金下拨进度的信息公开，直至资金全部下拨。各级民政部门应主动接受社会公众和新闻媒体的监督。

监督检查。省级、地级人民政府民政部门根据县级人民政府民政部门上报的受灾人员冬春救助台账，对救助对象采取抽样调查的方式监督检查救助款物分配、发放情况，并向社会公布监督检查结果。

工作报告。省级人民政府民政部门应及时填报《受灾人员冬春生活救助情况统计表》，在当年 12 月至第二年 5 月（一季作物区为 7 月）间的每月 25 日前报民政部。

（四）绩效评估制度

在冬春救助期间，地方各级民政部门应采取抽样调查等方式，对本行政区域内的实际救助效果进行中期和终期绩效评估，各地评估结果报上一级民政部门，省级人民政府民政部门负责汇总本行政区域内的评估情况报民政部，民政部对全国冬春救助工作进行中期和终期评估。绩效评估的主要内容包括：实际救助户数和人数（及占受灾人员的比例），实际救助标准，实际救助效果（与上年同期相比），存在的问题及解决情况，好的做法、经验和建议。

【课后思考】

1. 什么是自然灾害？我国自然灾害的特点是什么？
2. 现代灾害救助的目标是什么？
3. 我国的灾害救助管理体制是什么？
4. 我国灾害救助主体形式有哪些？
5. 灾前准备工作包括哪些内容？
6. 《国家自然灾害救助应急预案》是如何规定应急响应等级的？
7. 什么是冬春生活救助工作？如何安排？

第七章　专项救助

【本章概览】

加强最低生活保障与其他专项救助制度相衔接，全方位筑牢困难群众保障网，推动社会救助由生存型向发展型转变。本章从救助对象范围、救助方式、申请审批程序、相关政策规定等几个方面介绍了我国社会救助体系中的医疗救助、住房救助、教育救助、就业救助等专项救助制度。

【学习目标】

1. 掌握医疗救助含义。
2. 了解我国医疗救助制度建设历程。
3. 掌握医疗救助的对象范围、方式、标准。
4. 了解我国教育救助对象、范围及救助方式。
5. 了解住房救助对象、实施方式及标准。
6. 掌握就业救助的含义和救助工作的重点。
7. 了解就业救助的对象及实施方式。

【案例导入】

民政部：2016 年全国累计实施医疗救助 8720.4 万人次

中新网 2 月 21 日电　民政部社会救助司副司长蒋玮 21 日表示，据初步统计，2016 年全国累计实施医疗救助 8720.4 万人次。《关于进一步加强医疗救助与城乡居民大病保险有效衔接的通知》明确了大病保险采取"一降一提一扩"倾斜政策，即降低起付线、提高报销比例、扩大合规医药费用报销范围，对困难群众实施精准支付。

民政部 21 日举行 2017 年一季度例行新闻发布会，请民政部基层政权和社区建设司司长陈越良和社会救助司副司长蒋玮，分别介绍近日中办国办印发的《关于加强乡镇政府服务能力建设的意见》有关情况，解读民政部等部门印发的《关于进一步加强医疗救助与城乡居民大病保险有效衔接的通知》，并回答问题。

据蒋玮介绍，据初步统计，2016 年全国累计实施医疗救助 8720.4 万人次，其中住院救助和门诊救助 3099.8 万人次，资助困难群众参加基本医疗保险 5620.6 万人，支出救助资金 298.7 亿元。

蒋玮在介绍《关于进一步加强医疗救助与城乡居民大病保险有效衔接的通知》时说，《通知》坚持问题导向，立足于发挥医疗救助和城乡居民大病保险保障困难群众基本医疗权益的基础性作用，以提升制度可及性、精准性和群众满意度为目标，着力通过加强两项制度衔接，提高医疗保险和医疗救助制度综合保障效益。重点对做好两项制度在保障对象、支付政策、经办服务、监督管理等四个方面的衔接作了规范。

一是加强保障对象衔接。要求各地资助低保对象、特困人员、建档立卡贫困人口等困难群众参加基本医疗保险，同时将建档立卡农村贫困人口全部纳入重特大疾病医疗救助。

二是加强支付政策衔接。一方面，明确大病保险采取"一降一提一扩"倾斜政策，即降低起付线、提高报销比例、扩大合规医药费用报销范围，对困难群众实施精准支付，并要求各地将这些倾斜照顾措施纳入各地的大病保险实施方案予以落实。另一方面，要求各地全面实施重特大疾病医疗救助，逐步将低收入家庭老年人、未成年人、重度残疾人、重病患者和因病致贫家庭重病患者纳入救助范围。根据患病家庭负担能力等情况，分类分段设置救助比例和救助限额，稳步提升救助水平。

三是加强经办服务衔接。要求各地遵循"保险在前、救助在后"的结算顺序，区分不同情况规范费用结算工作。同时，积极推进"一站式"即时结算和信息共享，在发挥两项制度衔接互补作用的同时，努力让群众少跑路就能报费用。

四是加强监督管理衔接。要求各地各相关部门加强服务运行监管，做好医疗服务行为的质量监督和规范管理，防控不合理医疗行为和费用。同时要求各地建立健全医疗救助绩效评价机制，推动重特大疾病医疗救助的开展。

（资料来源：中国新闻网　2017-02-21　）

第一节　医疗救助

一、医疗救助的含义

医疗救助制度是指通过政府拨款和社会捐助等多渠道筹资建立基金，对患大病的农村五保户和贫困农民家庭、城市居民最低生活保障对象中未参加城镇职工基本医疗保险人员、已参加城镇职工基本医疗保险但个人负担仍然较重的人员以及其他特殊困难群众给予医疗费用补助的救助制度。医疗救助制度与城镇职工基本医疗保险、城镇居民基本医疗保险、新型农村合作医疗共同组成我国的基本医疗保障体系。

医疗救助制度主要针对城乡困难人群，对其参保参合及其难以负担的医疗费用提供补助，承担医疗保障托底功能，既是我国基本医疗保障体系的重要组成部分，也是我国社会救助体系中一项重要的专项救助制度。《中华人民共和国宪法》赋予公民在疾病的情况下有从国家和社会获得物质帮助的权利。尽管医疗救助在《中华人民共和国传染病防治法》《中华人民共和国职业病防治法》《中华人民共和国精神卫生法》《中华人民共和国残疾人保障法》等法律中都有所提及，但是作为一项制度并没有专门的法律法规予以系统性规范。《社会救助暂行办法》第一次将医疗救助作为社会救助制度中的一项专门制度，以国务院行政法规的形式系统地予以明确和规范，这对于保障困难人群的基本医疗权益有着重要意义。

二、我国医疗救助制度的建立过程

改革开放以来，随着社会主义市场经济体制的建立完善，市场在资源配置中发挥的作用越来越突出，医疗卫生领域暴露出来的问题也越来越多，部分群众因病致贫、因病返贫现象日益突出，特别是贫困群众看病就医难的问题亟待解决。为此，2002年10月，中共中央、国务院下发《关于进一步加强农村卫生工作的决定》（中发〔2002〕13号），明确要求对农村贫困家庭实施医疗救助。2003年，民政部、原卫生部、财政部联合下发《关于实施农村医疗救助的意见》（民发〔2003〕158号），部署建立农村医疗救助制度。2005年，国务院办公厅转发《民政部等部门关于建立城市医疗救助制度试点工作意见》（国办发〔2005〕10号），试点建立城市医疗救助制度。到2008年，医疗救助制度在全国所有城镇和农村地区全面建立。2009年，民政部、财政部、原卫生部、人力资源和社会保障部联合下发《关于进一步完善城乡医疗救助制度的意见》（民发〔2008〕1号），要求探索建立城乡一体化的医疗救助制度，用三年左右时间，在全国基本建立起资金来源稳定，管理运行规范，救助效果明显，能够为困难群众提供方便、快捷服务的医疗救助制度。

近年来，我国医疗救助制度发展迅速。覆盖人群逐步由低保对象、农村五保供养对象延伸至低收入家庭患病成员以及因病致贫家庭；救助方式由单一的临时性医疗费用补助发展为住院、门诊、资助参保参合等多种救助方式；结算服务从"医前垫付、医后报销"转向"随来随治、随走随结"的"一站式"即时结算；资金支出从最初的每年16亿元，增加到2013年的257亿元；救助人次从最初的每年1274万人次，增加到2013年的10832万人次；住院救助水平从最初的人均954元，增加到2013年的1673元。2013年底，财政部、民政部合并了城市和农村医疗救助两个基金账户，有力推进了医疗救助制度城乡统筹。《社会救助暂行办法》总结、规范了近些年医疗救助制度建设的成果，进一步明确了国家的主体责任和制度发展的目标，按照城乡统筹的原则在对象范围、救助方式、救助程序、救助标准、结算服务等方面作出更为清晰的规定。2003年、2005年，农村和城市医疗救助分别开展试点时，民政部会同财政部分别出台了《关于印发〈农村医疗救助基金管理试行办法〉的通知》（财社〔2004〕

1 号）和《关于加强城市医疗救助基金管理的意见》（财社〔2005〕39 号），指导各地分别建立了农村医疗救助基金和城市医疗救助基金，要求实行专账核算、专项管理、专款专用。中央财政于试点当年分别安排 3 亿元彩票公益金，支持各地开展农村和城市医疗救助工作。2009 年我国启动新一轮深化医药卫生体制改革后，中共中央、国务院出台《关于深化医药卫生体制改革的意见》（中发〔2009〕6 号），要求进一步完善政府对基本医疗保障的投入机制，由政府提供必要的资金，支持城乡医疗救助制度的建立和完善。2013 年，财政部、民政部联合下发《关于印发〈城乡医疗救助基金管理办法〉的通知》（财社〔2013〕217 号），将原来在社保基金专户中分设的"城市医疗救助基金专账"和"农村医疗救助基金专账"合并，建立"城乡医疗救助基金专账"，实现了两项基金合并使用。国家通过完善法规，建立健全医疗救助制度，这表明政府在医疗救助工作中的主体责任进一步强化。

三、医疗救助的目标

保障医疗救助对象获得基本医疗卫生服务是医疗救助的根本目标。《中共中央、国务院关于深化医药卫生体制改革的意见》指出，新医改的总目标是确保人人享有基本医疗卫生服务，基本适应人民群众多层次的医疗卫生需求，人民群众健康水平进一步提高。所谓基本医疗卫生服务，根据世界银行在《1993 年世界发展报告》中的定义，是指包括基本公共卫生服务包、基本医疗服务包等在内的一揽子基本卫生服务项目。我国基本医疗卫生服务的内涵借鉴了这一定义，主要包括两大部分：一是公共卫生服务，主要包括疾病预防控制、计划免疫、健康教育、卫生监督、妇幼保健、精神卫生、卫生应急、急救、采血服务以及食品安全、职业病防治和安全饮水 12 个领域；二是基本医疗服务，主要包括采用基本药物、使用适宜技术、按照规范诊疗程序提供的急慢性疾病的诊断、治疗和康复等医疗服务。由于困难群众依靠自身能力无法获得或不能获得必要的基本医疗卫生服务，因此医疗救助制度的功能就是保障符合条件的医疗救助对象获得基本医疗卫生服务，最终实现"人人享有基本医疗卫生服务"。

在实践工作中，根据现行法规规定，医疗救助制度应当与新一轮深化医药卫生体制改革同步发展，与基本医疗保险协调推进，适应并满足困难群众的基本医疗需求。现阶段，医疗救助制度应按照困难群众基本医疗卫生服务需求的紧迫程度来确定阶段性发展目标，目前应聚焦在健全制度、强化机制、规范程序、加强管理、注重衔接等方面。随着医疗卫生和医疗保障事业的整体推进，医疗卫生服务水平逐步提高，困难群众医疗需求日益增加，我国的医疗救助制度将随之进一步发展，为困难群众提供更多样、更丰富、更高效、更便捷的服务。

四、医疗救助的对象范围

一项救助制度的建立，首先必须明确其对象范围。在制度建立初期，医疗救助就明确其救助对象主要是城乡困难群众。但对于谁是城乡困难群众，在不同的时期有不同的界定。民政部、原卫生部、财政部联合下发的《关于实施农村医疗救助的意见》规定，农村医疗救助对象主要是农村五保户、农村贫困户家庭成员以及地方政府规定的其他符合条件的农村贫困农民。国务院办公厅转发《民政部等部门关于建立城市医疗救助制度试点工作意见》规定，城市医疗救助对象主要是城市低保对象中未参加城镇职工基本医疗保险人员、已参加城镇职工基本医疗保险但个人负担仍然较重的人员和其他特殊困难群众。民政部、财政部、原卫生部、人力资源和社会保障部联合下发的《关于进一步完善城乡医疗救助制度的意见》将城乡困难群众界定为城乡低保家庭成员、农村五保供养对象和其他经济困难家庭人员；"其他经济困难家庭人员"主要包括低收入家庭重病患者以及当地政府规定的其他特殊困难人员。当然，中央部门的规定相对原则，医疗救助对象的具体界定标准，应由地方民政部门会同财政等有关部门，根据本地经济条件和医疗救助基金筹集情况、困难群众的支付能力以及基本医疗需求等因素制定，并报同级人民政府批准。

近年来，为适应医疗救助实际需要，城乡困难群众的认定范围进一步拓展，一些低保对象之外的困难群众也陆续获得医疗救助。现行法规根据医疗救助的发展情况对医疗救助对象进行了系统归类和规范，将救助对象归为三大类：第一类为低保家庭成员，这当然是最需要救助的对象，保持了以往政策规定的延续性。第二类为特困供养人员，由原来政策规定中的"农村五保供养对象"扩展到城乡特困供养对象，也即所有无劳动能力、无生活来源且无法定赡养、抚养、扶养义务人，或者其法定赡养、抚养、扶养义务人无赡养、抚养、扶养能力的老年人、残疾人以及未满16周岁的未成年人。上述两类人员是医疗救助的重点救助对象。第三类为县级以上人民政府规定的其他特殊困难人员。这部分人员在《社会救助暂行办法》中没有明确界定，从工作实际看，应主要包括以下人员。

（一）低收入重病患者、重度残疾人、低收入家庭老年人等特殊困难人员

《中华人民共和国社会保险法》第二十五条规定，城镇居民基本医疗保险实行个人缴费和政府补贴相结合；享受最低生活保障的人、丧失劳动能力的残疾人、低收入家庭60周岁以上的老年人和未成年人等所需个人缴费部分，由政府给予补贴。《国务院办公厅关于印发医药卫生体制五项重点改革2011年度主要工作安排的通知》（国办发〔2011〕8号）要求，资助困难人群参保资助范围从低保对象、五保户扩大到低收入重病患者、重度残疾人、低收入家庭老年人等特殊困难群体。《国务院办公厅关于印发深化医药卫生体制改革2012年主要工作安排的通知》（国办发〔2012〕20号）进一步要求，救助范围从低保家庭成员、五保户扩大到低收入重病患者、重度残疾人以及低收入家庭老年人等困难群体，资助其参加城镇居民医保或新农合。由此可见，应将低收入重病患者、重度残疾人、低收入家庭老年人等视为其他特殊困难人员予以救助。

（二）因患重特大疾病导致医疗费用支出较大，家庭陷入贫困的人员

如果说低保属于收入型贫困家庭，那么因医疗费用超出家庭承受能力而导致的贫困就属于支出型贫困。这部分家庭的人均收入超过当地低保标准，但由于必需的医疗费用支出过大，收不抵支，从而使家庭陷入贫困状态。2012 年，民政部会同财政部、人力资源和社会保障部、原卫生部下发《关于开展重特大疾病医疗救助试点工作的意见》（民发〔2012〕21 号），要求各地在试点时将此类人员纳入重特大疾病医疗救助范围。对这部分人员的医疗救助，应根据当地经济社会发展水平和医疗救助基金筹集情况，统筹研究救助方式和救助标准。

（三）罹患特殊疾病的人员

一些罹患特殊疾病的人员，由于救治费用高，个人一般无力承担，也应视为其他特殊困难人员。一是艾滋病机会性感染病人。2012 年，民政部会同财政部、人力资源和社会保障部、原卫生部下发《关于对艾滋病机会性感染病人实施医疗救助的意见》（民发〔2013〕21 号），要求在艾滋病高流行地区探索开展对艾滋病机会性感染病人实施医疗救助，为这部分人享受医疗救助提供了政策依据。二是严重精神障碍患者。根据国务院办公厅转发中央综治办等部门的有关通知要求，各地应当将严重精神障碍患者作为重度残疾人全部资助参保参合，并对其中的贫困患者按照规定给予门诊和住院医疗费用救助。除上述人员以外，部分地方人民政府还可以根据实际情况，另外规定对其他特殊困难人员实施医疗救助。

五、医疗救助的方式

（一）对救助对象参加城镇居民基本医疗保险或者新型农村合作医疗的个人缴费部分，给予补贴

这是医疗救助制度最基本的一种救助方式。随着国家对基本医疗保障投入的大幅增加，针对城乡困难群众的医疗救助显得越来越重要。按照"人人享有基本医疗卫生服务"的改革目标，基本医疗保险在基本医疗保障体系中承担基础支撑功能，获得基本医疗保险是确保公民公平享有基本医疗卫生服务的基础和前提。医疗救助帮助困难群众缴纳部分或者全部医疗保险费用，一方面减轻了困难群众的经济负担；另一方面也确保了困难群众参加医疗保险后能够公平享有基本医疗卫生服务。

地方人民政府应确保对所有最低生活保障家庭成员、特困供养人员参加城镇居民基本医疗保险或新型农村合作医疗的个人缴费部分给予补助，保障其获得基本医疗服务。其中，对特困供养人员的个人缴费部分一般应全额补助，对最低生活保障家庭成员的个人缴费部分应结合其家庭经济状况以及本地实际，予以全额或者差额补助，补助额度原则上不高于特困供养人员。对纳入救助对象之前已经参加基本医疗保险的人员，不再追加补助。

在做好资助最低生活保障家庭成员、特困供养人员参加基本医疗保险的基础上，各地还可以结合当地实施，逐步探索将资助范围扩大到低收入家庭老年人、未成年人、重度残疾人

（含严重精神障碍患者）和重病患者等，资助标准由各地根据当地医疗救助制度发展情况、医疗救助资金筹集情况等确定，一般不高于特困供养人员和最低生活保障家庭成员。原则上，医疗救助基金对参加城镇职工基本医疗保险的个人缴费部分不予补助。资助参保参合的程序，一般由县级人民政府民政部门将基本医疗保险经办机构确认后的符合救助条件的医疗救助人数、参保参合资助标准以及资金需求总量提供给同级财政部门，经同级财政部门审核后，将所需资金拨至基本医疗保险相应账户中。

（二）对医疗救助对象经基本医疗保险（包括城镇职工基本医疗保险、城镇居民基本医疗保险和新型农村合作医疗）、城乡居民大病保险以及其他各类补充医疗保险支付后，其个人承担的医疗费用给予补助

这是医疗救助的另一种重要形式。医疗救助补助个人医疗费用包括门诊救助费用和住院救助费用两大类。门诊救助主要针对患有糖尿病、高血压等慢性病的救助对象以及患重特大疾病需要长期门诊治疗的救助对象。对终末期肾病等卫生计生部门已经明确诊疗路径、可以通过门诊治疗、且已经采取单病种付费方式的病种，应在基本医疗保险等补偿后给予门诊医疗救助；对政策范围内个人负担门诊费用较高的，可以采取年度定额补助的方式，也可以采取按一定比例补助费用的救助方式。住院救助主要针对医疗救助对象在定点医疗机构发生的政策范围内住院费用，对扣除各项保险支付后的个人负担费用按照规定的救助比例进行补助。医疗救助必须在基本医疗保险、大病保险以及其他各种补充医疗保险之后，这充分体现了"先保险后救助"的原则，明确先由各类保险发挥基础保障作用，再由医疗救助承担托底保障功能。当然，这并不是说对尚未参加基本医疗保险和其他各项补充医疗保险的对象不予以救助，而是强调要先发挥医疗保险的互助共济功能。

六、医疗救助的标准

医疗救助标准由县级以上人民政府按照经济社会发展水平和医疗救助资金情况确定、公布。医疗救助标准根据救助方式不同，可分为资助参保参合额度、门诊救助比例和门诊年度最高救助限额、住院救助比例和住院年度最高救助限额等几种。一般来说，救助标准应当根据本地区经济社会发展水平和医疗救助资金情况，按照救助对象的困难程度、医疗费用负担能力或患病类别等因素分别确定。从制定主体上看，《社会救助暂行办法》规定医疗救助标准应当由县级以上人民政府制定，根据经济社会发展、医疗卫生价格上涨等因素及时调整并向社会公布。

确定医疗救助标准应当考虑救助对象就诊的医院层级。一般情况下越是到基层的医疗机构就医，救助的标准越高，反之救助标准越低。其目的是鼓励救助对象到基层医疗机构就诊。为此，各地可以采取适当提高救助比例等措施，引导救助对象到乡镇卫生院、社区卫生服务机构等基层医疗机构就医。同时，为方便救助对象看病就医，医疗救助经办机构可通过财政

部门向定点医疗机构提供一定额度的预付资金，用于代缴医疗救助对象的住院押金。对因患重特大疾病导致医疗费用支出较大的救助对象，民政部门正在开展重特大疾病医疗救助试点工作，鼓励地方采取适当增加定点医院数量、放宽用药目录、提高救助比例和最高救助限额等措施提高医疗救助水平。

七、医疗救助申请审批程序

医疗救助的申请审批程序应坚持公开、公平、便捷的原则。根据救助对象、就医情况以及费用结算方式等方面的不同，医疗救助程序相应也有区别。

（一）最低生活保障家庭成员和特困供养人员

由于这部分人员同时获得了医疗救助资格，已经通过了家庭经济状况调查等审核审批程序，因此可以由县级人民政府民政部门直接办理，无须再经过乡镇人民政府、街道办事处审核公示和审批。具体来讲，在已经实行"一站式"即时结算服务的地区，最低生活保障家庭成员和特困供养人员持身份证、低保证等规定的有效证件到定点医疗机构看病就医，可直接获得医疗费用减免和救助。在尚未实行"一站式"即时结算服务的地区，救助对象则需到县级人民政府民政部门办理事后救助手续，即由医疗救助对象按规定提供基本医疗保险的补偿审核表或结算单、定点医疗机构复式处方或定点零售药店购药发票等能够证明合规医疗费用的有效凭证，由县级人民政府民政部门在规定时间内核批。县级人民政府民政部门核批后，还要向同级财政部门提出相应用款申请，同级财政部门通过城乡医疗救助基金专账，将救助资金直接支付给医疗救助对象。

（二）县级以上人民政府规定的其他特殊困难人员

对县级以上人民政府规定的其他特殊困难人员实施医疗救助，首先需要对其是否符合医疗救助条件进行认定。因此，该类人员应当向乡镇人民政府、街道办事处提出申请，由社会救助经办机构对其家庭经济状况进行核查，并对合规的医疗费用进行审核。经过审核、公示等环节后符合条件的，乡镇人民政府、街道办事处上报县级人民政府民政部门审批。根据《暂行办法》规定，该类人员申请医疗救助的程序与最低生活保障一样，即受理申请的责任主体是乡镇人民政府、街道办事处，村（居）委会可以协助其提出申请。对这部分人员的医疗救助资金支付方式也有两种：在就医前或出院结算前已经确认为医疗救助对象且就医所在定点医疗机构已开展"一站式"即时结算服务的，应当通过"一站式"即时结算其医疗救助费用；出院结算后确认为医疗救助对象的或在未开展"一站式"定点医疗机构就医的，可采用事后救助的方式支付救助资金。为确保公开、公平，现行法规对医疗救助申请审批程序中公示环节提出了明确要求。2009年民政部、财政部等部门发布的《关于进一步完善城乡医疗救助制度的意见》要求建立健全医疗救助工作的民主监督机制，及时将医疗救助对象的姓名、救助标准、救助金额等向社会公布，接受群众和社会监督。2013年12月财政部、民政部联合下发《关于印发〈城乡医疗救助基金管理办法〉的通知》进一步要求加强公示环节，城乡医疗救助对象和救助金额等情况应每季度在村（居）委会张榜公布，接受社会监督。因此，在实施医疗救助过程中，应当按照《暂行办法》要求，采取多种形式做好公示工作，以公示促公开，以公开促公平。

八、医疗救助结算方式和便携服务

政府将提供便捷的医疗救助服务作为目标，提出建立健全医疗救助与基本医疗保险、大病保险等医疗保障制度相衔接的医疗费用结算机制的要求。这对于进一步加快"一站式"即时结算机制的推广普及有着积极意义。

"一站式"即时结算机制是医疗救助工作中的一个创举，具体做法是：医疗救助对象凭相关证件或证明材料，到开展即时结算的定点医疗机构就医，出院时只需承担扣除保险支付和医疗救助补助部分之后的自负费用。这一做法实现了医疗救助和基本医疗保险等相关制度在费用结算上的无缝对接，极大地方便了困难群众就医。一是缩短了救助时限。救助对象所需医疗救助资金直接由医疗机构与民政部门结算，无须等到核批通过后到民政部门领取，简化了救助流程。二是提高了医疗服务可及性。医疗救助对象住院时可以免交或少交住院押金，无须在就医前垫付全部住院费用，使无力垫付医疗费用的贫困患者能够得到及时的医疗卫生服务。近年来，"一站式"即时结算机制快速发展，目前全国已有80%的县（市、区）初步建立了这一机制。

建立健全医疗救助"一站式"即时结算机制的关键是做好医疗救助与基本医疗保险、大病保险的衔接，充分发挥不同医疗保障制度的协同互补作用，形成制度合力，有效减轻困难群众医疗费用负担。因此，实施中必须明确各项制度的功能定位，按照"先保险后救助"的原则，由基本医疗保险和大病保险先行核算并按规定支付，再由医疗救助对符合规定的费用予以补助。具体操作中，可由定点医疗机构在结算时先扣除基本医疗保险和大病保险报销费用、医疗救助补助费用，再由救助对象结清个人应承担部分。定点医疗机构垫付的医疗救助资金，可在规定时间内报民政部门审核后，由民政部门向同级财政部门提出支付申请，同级财政部门通过城乡医疗救助基金专账直接支付给定点医疗机构。民政部门可以通过财政部门向定点医疗机构提供一定预付资金额度，帮助医疗机构减免救助对象住院押金，方便其看病就医。有条件的地方还可以逐步在定点医疗机构或定点零售药店推行门诊救助即时结算服务。

建立健全医疗救助"一站式"即时结算机制的重点是加强信息化建设，通过医疗救助信息系统与医院结算终端或基本医疗保险信息系统对接，及时掌握医疗救助对象医疗费用情况、各项医疗保险支付情况等，实现互联互通资源共用、信息共享、结算同步的"一站式"信息交换和即时结算。尚未实现信息化的地区，应当加快由手工结算向信息化结算的转变，提高结算效率和救助服务质量。随着重特大疾病医疗救助的加快推进，医疗救助"一站式"即时结算机制还需要解决跨区域结算问题，以方便困难群众异地就医。有条件的地方可依据有关规定精神，通过提高统筹层级、签订合作协议或建立信息服务平台等方式，选取辖区外一定数量的市级、省级三级医院作为重特大疾病跨区域即时结算定点医疗机构，探索实行医疗救助费用异地即时结算方式。

九、疾病应急救助

随着基本医疗保险覆盖面的扩大和保障水平的逐步提升，人民群众看病就医得到了基本保障，但仍有极少数需要急救的患者因身份不明、无能力支付医疗费用等原因，导致出现"等钱救命"的情况，最后由于得不到及时有效的治疗，造成了不良后果。建立疾病应急救助制度，解决这部分患者的急救保障问题，是健全多层次医疗保障体系的重要内容，是解决人民群众实际困难的客观要求，是坚持以人为本、构建和谐社会的具体体现。党中央、国务院高度重视这项工作，先后出台了《国务院办公厅关于建立疾病应急救助制度的指导意见》（国办发〔2013〕15号）等一系列文件，提出了建立疾病应急救助制度的要求。随后，财政部、国家卫生计生委印发了《疾病应急救助基金管理暂行办法》（财社〔2013〕94号），对疾病应急救助基金的设立、筹集、支付、管理等内容作了规定。根据《社会救助暂行办法》规定，疾病应急救助制度主要包括以下内容。

（一）疾病应急救助的对象

疾病应急救助的对象为需要急救但身份不明或者无力支付急救费用的急重危伤病患者。其中，根据国家卫生和计划生育委员会印发的《需要紧急救治的急危重伤病标准及诊疗规范》（国卫办医发〔2013〕32号）的规定，"需要急救"的"急重危伤病"是指各种若不及时救治病情可能加重甚至危及生命的疾病，其症状、体征、疾病符合急重危伤病标准。常见的急症疾病包括休克、胸痛、腹痛、呼吸困难、气道异物、呕血、咯血、意识障碍、小儿高热惊厥等。常见的重危症疾病包括心脏骤停、恶性心律失常等循环系统疾病，重症支气管哮喘、呼吸衰竭等呼吸系统疾病，糖尿病低血糖昏迷等内分泌系统疾病，急性脑血管病等神经系统疾病，坠落伤、爆炸伤等意外伤害，颅脑损伤、胸部损伤等外科危重症，产后出血、宫外孕等妇产科危重症。"身份不明"是指无法查明身份；"无力支付急救费用"仅指身份明确但无力缴费的患者，身份明确、有负担能力但拒绝付费的患者不属于疾病应急救助的对象。

（二）疾病应急救助的内容

各级各类医疗机构及其工作人员应当按照《需要紧急救治的急危重伤病标准及诊疗规范》的要求，对属于疾病应急救助对象的患者进行及时、有效的救治，不得以任何理由拒绝、推诿或拖延救治。对于违反规定的医疗机构，卫生计生行政部门要依法依规追究医疗机构及其主要负责人的责任。

（三）疾病应急救助基金

疾病应急救助基金是指通过财政投入和社会各界捐助等渠道筹集，按规定用于身份不明确或者无负担能力患者急救费用补助的专项基金。各省（区、市）、市（地）应当分级设立疾病应急救助基金。省级疾病应急救助基金主要承担募集资金，向市（地）级基金拨付应急救助资金的功能。市（地）级疾病应急救助基金主要承担募集资金、向医疗机构支付应急救助资金的功能。各级各类医疗机构，按照属地化原则，向所在市（地）级疾病应急救助基金申请支付应急救助资金。

疾病应急救助基金支付范围包括：（1）无法查明身份的患者所发生的急救费用；（2）身份明确但无力缴费的患者所拖欠的急救费用。救助对象发生的急救费用先由责任人、道路交通事故社会救助基金、流浪乞讨人员救助资金等渠道按规定支付。身份明确但无力缴费的患者所拖欠的急救费用还应先由工伤保险和基本医疗保险等各类保险、公共卫生经费、医疗救助基金等渠道按规定支付。无上述渠道或经上述渠道支付后费用仍有缺口的，由疾病应急救助基金给予补助。

各地区财政、卫生和计划生育行政部门可以根据相关规定，结合当地实际情况，制定本地区的具体管理办法或实施细则，明确、细化疾病应急救助对象身份确认办法和疾病应急救助基金具体支付范围等事项。

（四）有关部门的职责

卫生和计划生育行政部门牵头组织专家制定需紧急救治的急重危伤病的标准和急救规范；监督医疗机构及其工作人员无条件对救助对象进行急救，对拒绝、推诿或拖延救治的，要依法依规严肃处理；查处医疗机构及其工作人员虚报信息套取基金、过度医疗等违法行为。其中，各省级卫生计生行政部门应积极协调财政、人力资源社会保障、民政、公安等有关部门，建立疾病应急救助协调机制，负责日常协调工作。基本医疗保险管理部门要保障参保患者按规定享受基本医疗保险待遇。民政部门要协助基金管理机构共同做好对患者有无负担能力的鉴别工作；进一步完善现行医疗救助制度，将救助关口前移，加强与医疗机构的衔接，主动按规定对符合条件的患者进行救助，做到应救尽救。公安机关要积极协助医疗机构和基金管理机构核查患者的身份。

各地各相关部门要做好医疗服务行为的质量监督和规范管理，防控不合理医疗行为和费用。人力资源社会保障、卫生计生、民政、财政、保险监管等部门要定期对基本医疗保险、大病保险、医疗救助经办（承办）机构的资金使用、管理服务等情况开展监督检查。保险监管部门要做好商业保险承办机构从业资格审查。商业保险机构承办大病保险要实行单独核算，严格资金管理，确保及时偿付、高效服务。

各地要建立健全医疗救助工作绩效评价机制，将重特大疾病医疗救助开展情况纳入社会救助绩效评价体系，并将评价结果作为分配医疗救助补助资金的重要依据。对于工作推进缓慢、政策落实不到位的地区要进行重点督导，按规定予以通报批评。民政部将会同相关部门采取"两随机、一公开"、委托第三方等方式对各地工作开展情况实地抽查。

各地要以提高制度可及性、精准性以及群众满意度作为出发点和落脚点，抓紧制定本地区医疗救助和大病保险制度衔接的实施方案，进一步明确工作目标、主要任务、实施步骤和保障措施，确保制度稳健运行和可持续发展。要加大政策宣传力度，积极稳妥回应公众关切，合理引导社会预期，努力营造良好氛围。

（五）与其他医疗保障制度的衔接

疾病应急救助制度与我国现有的基本医疗保险制度、大病保险制度和医疗救助制度等其他医疗保障制度，不是简单叠加的关系，而是各项制度对不同的医疗保障对象提供不同内容、不同标准的医疗保障，发挥各自独特的作用和功能，同时很好地衔接、配套，协同发挥作用。

第二节　教育救助

一、教育救助制度的含义

教育救助是指国家或社会团体、个人为保障适龄人口获得接受教育的机会，在不同阶段向贫困地区和贫困学生提供物质和资金援助的制度。其特点是通过减免、资助等方式帮助贫困人口完成相关阶段的学业，以提高其文化技能，最终解决他们的生计问题。[1]国家一直非常重视困难群体的教育问题，通过法律法规和一系列政策，有力保障困难群体接受教育的权利，促进了教育公平。《中华人民共和国教育法》第三十八条规定，国家、社会对符合入学条件、家庭经济困难的儿童、少年、青年，提供各种形式的资助。

近年来，国家逐步建立了家庭经济困难学生资助体系。2006 年国家全面免除了农村义务教育阶段学生的学杂费，对家庭经济困难学生免费提供教科书，并对家庭经济困难寄宿生提供生活补助贴；2008 年免除学杂费范围扩大到所有义务教育阶段学生。2007 年，国务院发布《关于建立健全普通本科高校高等职业学校和中等职业学校家庭经济困难学生资助政策体系的意见》（国发〔2007〕13 号），在高等教育阶段设立国家奖学金、国家励志奖学金、国家助学金，用于奖励特别优秀学生和资助家庭经济困难学生；在中等职业教育阶段，设立国家助学金资助所有全日制在校农村学生和城市家庭经济困难学生。2009 年，对所有全日制在校农村家庭经济困难学生和涉农专业学生实施免学费政策。2010 年，建立了普通高中国家助学金

---

① 孙晓娟，董殿文. 社会保障学[M]. 徐州：中国矿业大学出版社，2007.

制度，用于资助普通高中在校生中的家庭经济困难学生。2011年，国家建立了学前教育资助制度，按照"地方先行，中央补助"的原则，对家庭经济困难儿童、孤儿和残疾儿童予以资助。2012年政府建立了研究生国家奖学金制度，并从2014年起建立实施研究生国家助学金；启动了高校新生入学资助项目，进一步完善了中等职业学校国家资助政策，将免费政策扩大至中等职业学校全日制正式学籍所有农村（含县镇）学生、城市涉农专业学生和家庭经济困难学生，将国家助学金资助对象逐步调整为中等职业学校全日制一、二年级在校涉农专业学生和非涉农专业家庭经济困难学生。至此，我国已经建立了覆盖学前教育到研究生教育各阶段的学生资助制度，财政投入力度不断加大，资助规模不断扩大，资助金额逐年增长，基本保障了不让一个学生因家庭经济困难而失学。

二、教育救助的对象和范围

在学生资助政策的基础上，政府把教育救助纳入社会救助政策体系框架中，强调坚持托底线、救急难、可持续的原则，进一步扩大了救助范围，把不能入学接受义务教育的残疾儿童纳入救助范围，并强化了相关政策，明确了相关主体的责任。同时根据社会救助制度与其他社会保障制度相衔接的原则，妥善处理好与现行学生资助政策的关系。

教育救助对象主要包括在校就读的最低生活保障家庭成员、特困供养人员两类群体。《社会救助暂行办法》第二章、第三章对于最低生活保障家庭和特困供养人员的范围和审批程序作出了明确规定。考虑到我国现阶段教育救助的特点，政府将非义务教育阶段不能入学接受义务教育的残疾儿童，也纳入教育救助范围，给予适当救助。

（一）关于义务教育阶段在校生的教育救助

《社会救助暂行办法》规定，对义务教育阶段就学的教育救助对象，必须给予教育救助。这是由义务教育的地位、作用和属性决定的。接受义务教育是适龄儿童依据《中华人民共和国宪法》和《中华人民共和国义务教育法》享有的基本权利和义务。《中华人民共和国义务教育法》第四条规定，凡具有中华人民共和国国籍的适龄儿童、少年，不分性别、民族、种族、家庭财产状况、宗教信仰等，依法享有平等接受义务教育的权利，并履行接受义务教育的义务。保障公民接受义务教育，是政府的基本职责和基本公共服务的重要内容。《中华人民共和国义务教育法》第六条第一款规定，国务院和县级以上地方人民政府应当合理配置教育资源，促进义务教育均衡发展，改善薄弱学校的办学条件，并采取措施，保障农村地区、民族地区实施义务教育，保障家庭经济困难的和残疾的适龄儿童、少年接受义务教育。义务教育不同于其他层次的教育，具有普及和免费的基本特征。适龄儿童、少年享有的接受义务教育权利的充分实现，应该由国家、社会、学校和家庭切实有效地加以保障，任何实施义务教育的学校都不能以适龄儿童、少年家庭经济困难为由，拒绝为其提供义务教育。《社会救助暂行办法》规定，国家对在义务教育阶段就学的最低生活保障家庭成员、特困供养人员，给予教育救助，是对实施《中华人民共和国义务教育法》的进一步具体化。根据国家有关规定，目前政府主要提供如下基本公共教育服务：为适龄儿童、少年提供免费九年义务教育，为农村义务教育阶段寄宿生提供免费住宿，并为家庭经济困难寄宿生提供生活补助；为贫困地区农村义务教育学生提供营养膳食补助。同时提高农村义务教育阶段家庭经济困难寄宿生的生活费补助标准。将义务教育阶段的孤儿寄宿生全面纳入生活补助范围。这些都是教育救助政策的具体体现。

（二）关于非义务教育阶段的教育救助

政府考虑到当前教育救助的属性、财力支持能力及非义务教育对公民发展的作用等多方面因素，规定对在高中教育（含中等职业教育）、普通高等教育阶段就学的教育救助对象，根据实际情况给予适当教育救助。

第一，关于非义务教育的教育救助范围。现行法规确定为高中阶段教育和普通高等教育。高中阶段教育包括普通高中和中等职业教育；普通高等教育相对于成人高等教育而言，包括高等职业教育和本科以上普通高等教育。这些都是义务教育后的教育层次，对教育救助对象来说保障其接受义务教育是满足其受教育权、培养其基本素质的基础性工程。而促进其接受义务教育后的教育则是提高其能力素质、实现发展权、改变生存状况的根本举措，同时也是落实有关教育法律法规的要求。《中华人民共和国职业教育法》第三十二条第一款规定，职业学校、职业培训机构可以对接受中等、高等职业学校教育和职业培训的学生适当收取学费，对经济困难的学生和残疾学生应当酌情减免。《中华人民共和国高等教育法》第五十四条规定，高等学校的学生应当按照国家规定缴纳学费。家庭经济困难的学生，可以申请补助或者减免学费。符合救助条件的受教育者在具备能力并获得高中教育和普通高等教育入学资格后，国家应根据实际情况给予适当的教育救助，帮助其顺利入学、完成学业。

需要说明的是，《社会救助暂行办法》未将学前教育纳入教育救助的范围。在法规研究起草中，有一种意见要求根据学前教育发展的形势将学前教育纳入救助范围。2011年，国家建立了学前教育资助制度。由于这项政策刚刚实施，目前学前教育入学率还不高，2012年只有64.5%。特别是考虑到政府财力支持能力还不够，学前教育政府办园比例还不高，暂时未将学前教育纳入教育救助范围。教育救助对象接受学前教育，虽然不能依据《社会救助暂行办法》申请教育救助，但是仍然可以享受国家规定的学前教育资助政策。目前学前教育资助采取"地方先行，中央补助"的政策，地方政府对经县级以上教育行政部门审批设立的普惠性幼儿园在园家庭经济困难儿童、孤儿和残疾儿童予以资助。中央财政根据地方出台的资助政策、经费投入及实施效果等因素，予以奖补。同时幼儿园从事业收入中提取3%～5%的资金，用于减免收费、提供特殊困难补助等，具体比例由各地自行确定。此外，国家积极引导和鼓励社会团体、企事业单位及个人等捐资，帮助家庭经济困难儿童、孤儿和残疾儿童接受普惠性学前教育。第二，关于义务教育阶段未入学残疾儿童教育救助的规定。将未入学残疾儿童纳入教育救助范围，是《社会救助暂行办法》的一大亮点。据有关部门的统计，目前全国实名登记的约有 8 万名未入学适龄残疾儿童，主要分布在农村地区，未入学的原因之一是家庭经济困难。为保障未入学残疾儿童接受教育的权利，《社会救助暂行办法》将他们纳入了教育救助范围。

残疾儿童接受教育的水平，体现了一个国家的文明程度。保障残疾适龄儿童接受义务教育是《中华人民共和国义务教育法》和《中华人民共和国残疾人保障法》的重要规定。《中华人民共和国义务教育法》第六条规定，国务院和县级以上人民政府应当合理配置教育资源……保障家庭经济困难的和残疾的适龄儿童、少年接受义务教育。《中华人民共和国残疾人保障法》第二十一条规定，"国家保障残疾人享有平等接受教育的权利"和"政府、社会、学校应当采取有效措施，解决残疾儿童、少年就学存在的实际困难，帮助其完成义务教育"。改革开放以来，我国特殊教育逐步形成了以随班就读和特教班为主，以特殊教育学校和送教上门等其他方式为补充的残疾儿童义务教育发展格局。需要说明的是，与接受义务教育的学生教育救助不同，《社会救助暂行办法》对非义务教育阶段以及不能入学接受义务教育的残疾儿童，规定国家根据实际情况给予适当教育救助。这主要是因为：一是不同教育的属性不同，政府提供公共服务的职责也不同；二是非义务教育情况比较复杂，救助方式可以更加多样化；三是基于国家财力支持的能力，优先、重点保障教育基本公共服务，同时不断扩大公共服务的范围。

三、教育救助的方式

对于在校就读的救助对象，《社会救助暂行办法》要求通过减免相关费用、发放助学金、给予生活补助、安排勤工助学等方式予以救助。除此之外，各地还根据实际情况综合运用高等教育阶段的助学贷款、高等学校新生入学补贴、入伍服义务兵役国家资助、高等学校毕业生基层就业学费补偿贷款代偿等方式对在校就读的家庭困难学生提供帮助。总之，教育救助的基本要求，是保障救助对象就学期间的住宿、餐饮、学习用品、交通、日常生活等多方面的基本学习、生活需求。

（一）减免相关费用

减免相关费用是比较常用的学生资助政策，也是行之有效的教育救助方式，可以直接惠及当事人。减免相关费用，首先是减免学杂费。《中华人民共和国义务教育法》规定，实施义务教育不收取学费、杂费；《中华人民共和国职业教育法》规定，对经济困难的学生和残疾学生应当酌情减免（学费）；《中华人民共和国高等教育法》规定，家庭经济困难的学生，可以申请补助或者减免学费。2006 年起，国家全面免除了农村义务教育阶段学生的学杂费，2008年将免除学杂费的范围扩大到所有义务教育阶段学生。2010 年，国家建立了普通高中学费减免制度，普通高中学校从事业收入中足额提取 3% ~ 5% 的经费，用于减免经济困难学生的学费，可优先减免低保家庭成员、特困供养人员的学费。从 2012 年秋季学期起，国家对公办中等职业学校全日制正式学籍一、二、三年级在校生中所有农村（含县镇）学生、城市涉农专业学生和家庭经济困难学生免除学费（艺术类相关表演专业学生除外）。高等学校也可以利用从事业收入中提取的资助资金以及社会团体、企事业单位和个人捐助资金等，用于为低保家庭成员、特困供养人员减免学费和其他费用等。其次是根据情况减免其他费用。根据《中华人民共和国义务教育法》规定，国家对家庭经济困难的在校学生免费提供教科书并补助寄宿生生活费。此外，对于义务教育阶段的救助对象，各地还根据实际情况和财力支持，进一步减免校服费、餐费、文具费、校车费等相关费用。

（二）发放助学金

助学金是支持教育救助对象完成学业的重要救助政策。目前助学金主要包括国家助学金和学校助学金。一些企业和公益组织也捐赠设立专项助学金。《国务院关于建立健全普通本科高校高等职业学校和中等职业学校家庭经济困难学生资助政策体系的意见》印发以来，国家已经建立了从普通高中、中等职业学校到高等教育的国家助学金制度，用于资助家庭经济困难学生。普通高中阶段国家助学金平均资助标准为每生每年 1500 元，具体标准由各地结合实际在 1000～3000 元范围内分档确定。中等职业学校国家助学金标准为每生每年 1500 元，高等教育阶段（含高等职业教育）国家助学金标准为平均每生每年 3000 元。对于各教育阶段的救助对象，可以按各阶段的最高标准给予助学金。学校也可以自主设置助学金，同等条件下优先资助低保家庭成员、特困供养人员。

（三）给予生活补助

在义务教育阶段，国家对家庭经济困难寄宿生提供生活补助，补助标准为小学生每生每天 4 元、初中生 5 元（按每年 250 天计算）。此外，国家在集中连片特困地区实行营养改善计划，补助标准为每生每天 3 元。义务教育阶段的救助对象可以享受以上政策。普通高中、中等职业学校和高等学校，可以通过国家安排的专项资金或自主安排定比例的事业收入、社会捐助等，为救助对象提供伙食、交通等方面的生活补助。高等学校新录取的救助对象，还可以优先享受新生入学资助，省、自治区、直辖市内院校录取的新生每人 500 元，省、自治区、直辖市外院校录取的新生每人 1000 元，资助款用于一次性补助家庭经济困难新生从家庭所在地到被录取院校之间的交通费及入学后短期的生活费用。

（四）安排勤工助学

义务教育阶段和普通高中教育阶段的救助对象，不安排勤工助学。对于中等职业学校三年级的救助对象，可以根据《中等职业学校学生实习管理办法》的规定，安排顶岗实习，实习单位应合理支付实习期间的报酬。对于高等学校的救助对象，可以优先安排勤工助学岗位。安排勤工助学岗位，应按照法律法规和《高等学校学生勤工助学管理办法》的规定，合理安排勤工助学时间（原则上每周不超过 8 小时，每月不超过 40 小时），合理支付工资报酬（原则上不低于当地政府或有关部门制定的最低工资标准或居民最低生活保障标准或不低于每小时 8 元人民币）。

（五）其他救助方式

对在高校就读的救助对象，各地还可以通过国家助学贷款、入伍服义务兵役国家资助、高等学校毕业生基层就业学费补偿贷款代偿等方式予以帮助。根据救助对象的基本学习、生活需要，各地可以综合运用多种救助方式，保障救助对象不因家庭经济困难而失学。

（六）关于未入学的残疾儿童的救助方式

根据国务院转发教育部等部门《特殊教育提升计划（2014—2016年）》的部署，国家通过扩大普通学校随班就读规模、提高特殊教育学校招生能力等方式，到2016年全国基本普及残疾儿童少年义务教育，视力、听力、智力残疾儿童、少年义务教育入学率达到90%以上，其他残疾人受教育机会明显增加。原则上，残疾程度相对较轻的残疾儿童进入普通学校就读，中重度残疾儿童到特殊教育学校就读。对于能够入学的救助对象，可以通过减免费用、助学金、生活补贴等多种方式予以救助。针对某些重度残疾的适龄儿童，因其身体原因难以离家，无法到校上学的实际情况，各地特殊教育学校、残联等机构可以组织专门教师或康复专家，定期到残疾儿童家中开展上门教育与康复指导活动，提供免费的送教上门和康复训练等服务。同时，参照在校学生的救助政策，各地可以给予学习、生活方面的补助和帮扶，并提高救助标准。

四、教育救助的标准

（一）教育救助标准的确定

关于教育救助标准，由省级人民政府确定并公布。各地在确定本地的教育救助标准时，主要应当依据两个方面的因素：

1. 根据本地的经济社会发展水平确定

这是由《社会救助暂行办法》确定的社会救助制度的原则决定的。《社会救助暂行办法》第二条规定，社会救助水平与经济社会发展水平相适应。一方面，教育救助的资金主要来源于各级财政，脱离经济社会发展水平和财力状况，片面提高教育救助的标准，可能会因财政压力过重影响教育救助的可持续性；另一方面，如果标准过低，难以从根本上保证教育救助对象的教育与生活质量。目前，我国经济社会发展水平区域差距较大，教育救助的需求和保障条件不同，全国采取统一的标准不符合实际。因此，本条授权省级人民政府，根据当地的经济社会发展水平确定教育救助标准。各省、自治区、直辖市确定教育救助标准后，应当报国家教育行政部门和民政部门备案。

2. 根据教育救助对象的基本学习、生活需求确定

基本学习需求，是指保证教育救助对象能够进入学校并顺利完成学业的最低水平的经费支持以及其他保障条件。一般来说，保障基本学习需求，首先要保证学费、教科书费、文具费的支出；其次根据不同情况还可能发生交通费、校服费等其他费用。基本生活需求，是指

保证教育救助对象在校学习期间能够获得必要的生活费用，主要包括餐费、住宿费和其他最低的生活费用支出。制定教育救助标准，要考虑救助对象的差别。依据不同的分类标准，可以将教育救助标准分为不同的类别。根据人员来源的不同，可以分为低保家庭成员教育救助标准、特困供养人员教育救助标准、不能入学接受义务教育的残疾儿童救助标准。根据学习阶段的不同，可分为义务教育学生教育救助标准、高中阶段教育学生教育救助标准、普通高等教育学生教育救助标准。根据救助方式的不同，可以分为减免费用标准、助学金标准、生活补助标准等。确定教育救助标准，要区分不同的类别，特别是要考虑学习阶段的差异，科学、合理地确定。

制定教育救助标准还要结合现有学生资助标准。教育救助和学生资助，在政策对象上有所不同，又有所交叉。现有学生资助不包括不能接受义务教育的残疾儿童。但是，对于进入国民教育体系的残疾儿童、低保家庭成员特困供养人员，都已经纳入学生资助的覆盖范围。因此，在制定教育救助标准的时候，要参考学生资助标准，并在此基础上适当提高。对于未能入学接受义务教育的残疾儿童的教育救助标准，应当综合运用多种救助政策，探索灵活、有效的救助方式，并进一步提高救助标准和帮扶水平。

（二）教育救助标准的公布

公开原则是现代公共行政的一项基本原则。教育救助标准确定后，应当采取多种形式予以公布，便于申请人知晓，便于社会监督。公布的方式主要包括四种：一是通过政府公告、政府门户网站、报纸等途径公布。二是通过学校招生简章对有关教育救助的政策和标准进行介绍。三是通过校园信息公开栏、校园网、校园广播等途径向在校学生公布。四是通过有关教师、工作人员向申请人提供教育救助政策和救助标准等方面的咨询。有关教师、工作人员应当熟悉教育救助政策和救助标准。

五、教育救助的申请与审核

对于在校就读的救助对象，接受教育救助申请的主体是其就读的学校。同时，学校还负有审核、确定申请人资格的职责。对于不能入学接受义务教育的残疾儿童的救助申请，可以按照就近入学的原则，参照其他儿童入学标准，就近向户籍所在地公办学校提出。

由于教育救助与学生资助存在交叉，因此，对于在校就读的申请人的教育救助申请，应当按照相应学生资助的申请程序办理。对于未入学的残疾儿童的教育救助申请可以参照在校就读学生的申请程序执行。

（一）申请的提出

教育救助申请由本人（未成年人由其监护人）向就读学校提出。申请寄宿生生活补助、各阶段国家助学金等，在按照相关规定填写申请表、提交身份证明的同时，还应提交县级人民政府民政部门认定的低保家庭成员或特困供养人员证明，或者在《家庭经济情况调查表》中注明其低保家庭成员或特困供养人员的情况，经县级人民政府民政部门盖章。有的申请还需要提供申请人的学业信息，比如对于高等学校国家励志奖学金的申请人，还应当提供其学业成绩等证明。

（二）申请的审查与确认

学校应当明确负责受理和审查教育救助申请的机构。教育救助的审查与确认程序，可以按照学生资助的有关程序执行。目前，学生资助的审查与确认，由于教育层次与资助方式不同，有关审查与确认主体也存在差异。比如，就助学金来说，根据财政部、教育部发布的《普通本科高校、高等职业学校国家助学金管理暂行办法》（财教〔2007〕92号）的规定，高等教育在校学生申请助学金，由学生按照国家有关规定向学校提出申请，高校学生资助管理机构应当结合本校家庭经济困难学生等级认定情况，组织评审，提出享受国家助学金资助初步名单及资助档次，报学校领导集体研究通过后，于每年11月15日前，将本校当年国家助学金政策的落实情况按隶属关系报至中央主管部门或省级教育部门备案。根据财政部、教育部等发布的《中等职业学校国家助学金管理办法》（财教〔2013〕10号）的规定，新生和二年级学生在新学年开学一周内向就读学校提出申请，并递交相关证明材料。中等职业学校应当根据本办法和各地制定的国家助学金实施细则，受理学生申请，组织初审，并通过全国中等职业学校学生管理信息系统和技工学校学生管理信息系统报至同级学生资助管理机构审核、汇总。根据财政部、教育部发布的《普通高中国家助学金管理暂行办法》（财教〔2010〕461号）的规定，普通高中每年9月30日前受理学生申请，并按照公开、公平、公正的原则，对学生提交的《普通高中国家助学金申请表》及相关材料，组织由学校领导、班主任和学生代表组成的评审小组进行认真评审，并在学校内进行不少于5个工作日的公示。公示无异议后，即可发放国家助学金。

一般来说，有关审查机构要重点审查申请材料的真实性及其与有关政策的适应性。一般采取书面审查的方式，必要时也可以通过约谈本人、访谈班主任和家访等方式，或者请求开具有关证明的民政部门协助核实有关信息的真实性。有关信息审核后，应由审核人员和机构负责人签字确认。教育救助工作机构应当组织对申请人的评审，提出享受救助初步名单及救助金额，通过必要程序予以确认。

（三）备案和实施

有关审查确认机构按照有关程序报学校主管机关备案，以便主管部门依法拨付相关救助经费。教育救助根据不同方式，由学校按照国家有关规定实施。

关于教育救助的结果是否需要公开，现行法规规定为"按规定程序"。在国家未制定单独的教育救助程序规则前，应当适用学生资助政策的审查程序。目前国家对申请学生资助相关政策，在审查阶段一般都要经过公示程序。比如普通高中在校生申请国家助学金，需在学校内进行不少于 5 个工作日的公示。公示无异议后，即可发放国家助学金。实践中，由于教育救助对象与一般的学生资助对象在家庭困难程度方面的审查程序不同，因此应当区别对待。教育救助对象是就读的最低生活保障家庭成员和特困供养人员，其家庭困难情况已经由政府有关主管部门依法审查。只要当事人提供的有关证明材料真实性没有问题，就不需要再次公示。同时，不再公示也有利于保护教育救助对象。这一点，有关主管部门和教育机构在贯彻实施时，应予以进一步明确。

此外，对于不能入学接受义务教育的残疾儿童申请教育救助，现行法规没有做出具体规定，需要有关主管部门在贯彻实施的意见中予以明确。实践中，申请残疾儿童教育救助，可以由其监护人向划片就近应入学的学校提出。

社会救助工作应当坚持公开、公正、公平、及时原则。教育救助申请人或其监护人，应当诚实守信，如实填报相关材料，有弄虚作假的，一经查证，即取消其获得救助的资格。教育行政部门和民政部门要加强对区域内教育救助工作的领导和指导。学校应当制定本校教育救助的具体实施办法，明确工作机构，完善工作制度，严格审查程序。学校及其他审查机构应认真核实、确认本校获得教育救助的人员信息，并如实报送。在教育救助对象认定工作过程中，有关部门和学校不得弄虚作假，骗取教育救助资金；不得克扣、占有救助对象的教育救助资金。教育救助工作过程中，有关人员违反规定的，依法追究其法律责任。

第三节　住房救助

一、住房救助的含义

住房救助是指政府向低收入家庭和其他需要保障的特殊家庭提供现金补贴或直接提供住房的一种社会救助项目。其实质和特点就是由政府承担住房市场费用与居民支付能力之间的差额，解决部分居民对住房支付能力不足的问题。社会救助是一项保民生、促公平的托底性、基础性的制度安排，住房救助是社会救助的重要组成部分。住房救助属于住房保障范畴，是针对特定对象实施的特殊类型的住房保障，目的是在住房方面扶危济困、救急救难，帮助最困难群众解决住房困难。

住房是人类生存和发展最基本的物质条件。在经济和社会发展进程中，总有一些群众由于个人身体原因、技能不适应等导致就业不充分，收入水平较低；或者因病因学、遭受灾害或重大变故导致经济条件变差，没有能力通过市场购买或者租赁合适住房，面临住房困难。从维护人的住房基本权利及促进社会公平正义等角度，政府应当通过实施住房救助"补好位"，帮助这些最困难的群众获得基本住房。

二、住房救助的对象

作为特殊类型的住房保障，住房救助针对特殊困难群体。居住在城镇的最低生活保障家庭、分散供养的特困人员是城镇住房救助对象，居住在农村的低保家庭、分散供养的特困人员、贫困残疾人家庭和其他贫困农户是农村住房救助对象。相较于其他类型的住房保障对象，住房救助对象生活更加困难，支付能力更为有限。政府实施住房救助，通过"兜底性"保障，能够帮助这一群体尽快解决住房困难。判别住房救助对象时，应严格把准住房困难这一标准。也就是说，不是对所有社会救助对象都要实施住房救助，也不是对所有住房困难群众实施的住房保障都叫住房救助。只有对住房困难的社会救助对象实施的住房保障，才叫住房救助。

《国务院关于解决城市低收入家庭住房困难的若干意见》（国发〔2007〕24号）明确要求，要切实解决城市低收入家庭住房困难问题。自2008年第四季度以来，国家通过大规模实施保障性安居工程，加快解决群众特别是社会救助对象住房困难问题。2008年至2012年，全国城镇保障性安居工程新开工3000多万套，基本建成1800多万套，新增解决了1700万户家庭的住房困难。截至2012年年底，全国累计解决了3100万户家庭的住房困难，占城镇家庭总户数（2.49亿户）的12.5%。此外，全国还有500多万户城镇低收入住房困难家庭享受了政府发放的廉租住房租赁补贴。2013年，全国又开工建设666万套，基本建成544万套。

这几年，国家也加大了帮助贫困农户解决最基本的安全住房工作的力度。2008年中央支持贵州省率先开展农村危房改造试点，2009年住房城乡建设部会同国家发展改革委、财政部开展扩大农村危房改造试点。截至目前，农村危房改造覆盖地区范围有序扩大，已经覆盖全国。中央安排的危房改造任务逐年增加，已累计安排补助资金960多亿元，支持了近1300万贫困农户改造危房。补助标准也逐年提高，中央危房改造补助标准从每户5000元逐步提高到每户7500元。2013年，对贫困地区再次提高了中央补助标准，由平均每户7500元提高到了8500元。2016年中央支持全国266万贫困农户改造危房，其中：国家确定的集中连片特殊困难地区的县和国家扶贫开发工作重点县等贫困地区105万户，陆地边境县边境一线15万户，东北、西北、华北等"三北"地区和西藏自治区14万农户结合危房改造开展建筑节能示范。中央补助标准为每户平均7500元，在此基础上对贫困地区每户增加1000元补助，对陆地边境县边境一线贫困农户、建筑节能示范户每户分别增加2500元补助。2017年，按东、中、西部每户补助6500元、7500元、9000元的标准执行，同时按人均1200元补助标准，支持建设危房改造供热等配套基础设施。

三、住房救助实施方式

近年来，国家通过大规模实施保障性安居工程，不仅明确了解决社会救助对象住房困难的政策渠道，而且解决了一大批救助对象的住房困难问题。根据规定，对城镇低保家庭，主要通过配租廉租住房、公共租赁住房及发放租赁补贴等方式解决其住房困难，目前大部分地方对这部分困难群众基本做到了"应保尽保"；对农村五保户、低保户等救助对象的住房困难，除民政部门实施集中供养的之外，优先纳入农村危房改造计划予以解决；对于因灾导致住房困难的家庭，各地应通过相应的救助政策予以解决。应当说，社会救助对象的住房困难，在现有政策体系下，通过上述渠道能够逐步得到解决。

自 2014 年起，各地廉租住房与公共租赁住房将逐步并轨运行，之前通过配租廉租住房解决城镇最低生活保障家庭住房困难，今后将通过配租公共租赁住房的方式予以解决。同时，原有的廉租住房租赁补贴仍将按规定发放给符合条件的住房救助对象。

同时，考虑到救助对象生活困难、住房支付能力低，住房救助一般应与解决衣食等其他基本生存条件统筹实施，目的是从根本上缓解社会救助对象的生活状况。实施住房救助后，由于承租公共租赁住房的救助对象承担的租金水平低于其他类型保障对象的租金水平，部分对象甚至是免费的，因此，住房救助对象的住房负担并不重。

四、住房困难标准和救助标准

合理确定住房困难标准和救助标准，是住房救助实施的基础，不仅有利于发挥好社会救助制度的济困、解难作用，而且有利于提高政策的有效性，让改革发展的红利更公平地惠及所有困难群众，促进社会公平公正。同时，将住房困难标准和救助标准与经济社会发展水平、住房价格水平相衔接，目的是形成科学规范、可持续的住房救助长效机制，确保救助对象住房条件能够随着经济和社会发展水平的进步而相应提高，让全体社会成员共享改革发展的成果。也就是说，实施住房救助，不仅要满足基本居住条件，而且还要按照一定标准不断改善居住环境。住房困难标准和救助标准的制定主体，为县级以上地方人民政府，包括省、自治区、直辖市人民政府，设区的市级人民政府和县级人民政府。

五、住房救助申请审批程序

考虑到社会救助对象的特殊性，确定住房救助申请、审批程序的总体原则是规定简洁明确、实施便民快捷，目的是帮助困难群众在尽早获得住房救助的同时，尽量减轻负担。

城镇家庭申请住房救助时，直接向乡镇人民政府、街道办事处或者直接向县级人民政府住房保障部门提出申请。当申请提交后，民政部门核实家庭收入、财产状况，住房保障部门审核家庭住房状况后，经相应的渠道公示，即可确认救助对象的资格。这样的申请审核程序最大程度上兼顾了申请审核的效率和准确性。对社会救助对象的住房救助申请，应当及时受理，符合条件的，要做到应保尽保、优先安排，体现社会救助政策的兜底性。农村家庭申请住房救助时，按照农户自愿申请、村民会议或村民代表会议民主评议、乡（镇）审核、县级审批的程序进行。确定补助对象，应当坚持公开、公平、公正的原则。农村住房救助，应当优先帮助住房最危险、经济最贫困的农户，解决其基本安全住房。

六、保障措施

住房救助是政府基本公共服务的内容，各级人民政府都有义务履行好职责，通过多种形式的政策支持，确保住房救助这项工作做好做实。住房救助的各项支持政策，与住房保障有关支持政策基本一致。

一是财政投入。住房救助资金纳入各级财政年度预算安排。中央财政对用于住房救助的公共租赁住房建设给予补助。县级以上地方人民政府也应当安排不低于中央补助的资金数量，为实施住房救助提供相应的资金保障。农村危房改造依据改造方式、建设标准、成本需求和补助对象自筹资金能力等不同情况，合理确定不同地区、不同类型、不同档次的省级分类补助标准，省级人民政府有关部门在整合中央补助资金的基础上，落实对特困地区、特困农户在补助标准上的倾斜照顾政策。

二是确保用地供应。对符合规定条件的用于住房救助的公共租赁住房，各地应当在土地供应计划中优先安排。

三是免缴行政事业性收费和政府性基金。对涉及住房救助的城市基础设施配套费等各种行政事业性收费和政府性基金予以免收。

四是农村危房改造设计、施工、验收等环节应当严格执行相关规定，通过县级以上管理部门定期组织开展现场指导和巡查，乡镇建设管理人员在关键施工阶段到现场指导和检查，以及建立验收合格与补助资金拨付进度挂钩等机制，确保改造后每户住房均不低于最低建设要求。

第四节 就业救助

一、就业救助与就业援助

国家对最低生活保障家庭中有劳动能力并处于失业状态的成员，通过贷款贴息、社会保险补贴、岗位补贴、培训补贴、费用减免、公益性岗位安置等办法，给予就业救助。就业救助既是社会救助的重要组成部分，同时也是就业援助的重要内容。就业援助是指政府建立的以就业困难人员为主要对象，通过各类特殊扶持政策和有针对性的援助措施，帮助就业困难人员尽快实现再就业的一项制度。《中华人民共和国就业促进法》第六章对就业援助作了专门规定，要求采取税费减免、贷款贴息、社会保险补贴、岗位补贴等办法，通过公益性岗位安置等途径，对就业困难人员实行优先扶持和重点帮助。根据《中华人民共和国就业促进法》第五十二条第二款规定，就业困难人员是指因身体状况、技能水平、家庭因素、失去土地等原因难以实现就业，以及连续失业一定时间仍未能实现就业的人员。最低生活保障家庭中有劳动能力并处于失业状态的成员就属于就业困难的人员，属于就业援助的对象之一。就业救助和就业援助的条件、程序、经办、管理是完全一致的，但是在对象范围上突出强调了最低生活保障家庭中有劳动能力并处于失业状态的成员。因此，《社会救助暂行办法》关于就业救助的有关规定，既保持了与《中华人民共和国就业促进法》的有效衔接，又体现了社会救助体系的完整性。

二、就业救助的对象

就业救助对象，是最低生活保障家庭中有劳动能力并处于失业状态的成员。也就是说，就业救助的对象需要同时满足三个条件：一是最低生活保障家庭成员，最低生活保障家庭是指共同生活的家庭成员人均收入低于当地最低生活保障标准，且符合当地最低生活保障家庭财产状况规定的家庭。二是有劳动能力，即拥有进行劳动工作的能力，包括体力劳动和脑力劳动。三是处于失业状态。《国务院关于做好促进就业工作的通知》（国发〔2008〕5号）规定，各省、自治区、直辖市在本行政区域内实行统一的就业失业登记证，向劳动者免费发放，并注明可享受的扶持政策。登记失业人员凭登记证在核发证件的省、自治区、直辖市内享受公共就业服务和就业扶持政策，对就业困难人员在登记证上予以注明。因此，就业救助的对象应当办理失业登记，并持有就业失业登记证。

三、就业救助的方式

实施扶持政策，帮扶就业救助对象通过不同渠道尽快实现就业，是就业救助工作的核心。贷款贴息、社会保险补贴、岗位补贴、培训补贴、费用减免等办法以及公益性岗位安置等途径，既是现行积极就业政策的重要内容，也是实践证明行之有效的措施。具体的政策内容会根据不同时期的工作要求而有所变化，针对不同的对象给予不同的政策扶持。

（一）贷款贴息

《国务院关于进一步加强就业再就业工作的通知》（国发〔2005〕36号）规定，对符合条件的劳动者、自谋职业、自主创业或者合伙经营和组织起来就业的，其自筹资金不足部分，由政府提供贷款担保，由银行发放小额担保贷款；对利用小额担保贷款从事微利项目的，由财政提供一定额度或者全额的贷款贴息。根据《财政部、人力资源和社会保障部、中国人民银行关于加强小额担保贷款财政贴息资金管理的通知》（财金〔2013〕84号）的规定，最低生活保障家庭中有劳动能力并处于失业状态的成员属于财政贴息资金的支持对象，财政贴息资金支持的最高小额担保贷款额度为5万元，小额担保贷款期限最长为2年。

（二）社会保险补贴

为了鼓励失业人员自谋职业和自主创业，《国务院关于做好促进就业工作的通知》规定，对各类企业招用就业困难人员，签订劳动合同并缴纳社会保险费的，在相应期限内给予基本养老保险、基本医疗保险和失业保险补贴；对就业困难人员灵活就业后申报就业并缴纳社会保险费的，给予一定数额的社会保险补贴；在公益性岗位安排就业困难人员，视其缴纳社会保险费的情况，在相应期限内给予社会保险补贴。社会保险补贴的期限，除对距法定退休年龄不足 5 年的人员可延长至退休外，其余人员最长不超过 3 年。最低生活保障家庭中有劳动能力并处于失业状态的成员就属于就业困难人员，可以按照规定享受社会保险补贴政策。

（三）岗位补贴

《中华人民共和国就业促进法》第五十三条规定，被安排在社区公益性岗位工作的，按照国家规定给予岗位补贴。《国务院关于做好促进就业工作的通知》规定，各地政府投资开发的公益性岗位，要优先安排符合岗位要求的就业困难人员，并在相应期限内给予适当的岗位补贴。岗位补贴期限，除对距法定退休年龄不足 5 年的人员可延长至退休外，其余人员最长不超过 3 年。《财政部、人力资源和社会保障部关于进一步加强就业专项资金管理有关问题的通知》（财社〔2011〕64 号）对就业专项资金安排使用公益性岗位补贴作了具体规定。最低生活保障家庭中有劳动能力并处于失业状态的成员就属于就业困难人员，可以按照规定享受岗位补贴政策。

（四）培训补贴

《中华人民共和国就业促进法》第四十九条规定，失业人员参加就业培训的，按照有关规定享受政府培训补贴。《国务院关于做好促进就业工作的通知》规定，鼓励劳动者参加各种形式的培训，对失业人员、符合条件的进城务工农村劳动者参加职业培训的，按规定给予职业培训补贴。《国务院关于加强职业培训促进就业的意见》（国发〔2010〕36 号）还规定，对城乡未继续升学的应届初高中毕业生参加劳动预备制培训，按规定给予培训费补贴的同时，对其中农村学员和城市家庭经济困难学员给予一定生活费补贴。从各地情况看，培训标准根据培训类型和层次的不同，一般为 300 元～1000 元不等，部分地区高级技能培训的补贴已超过1000 元。

（五）费用减免

《国务院关于进一步加强就业再就业工作的通知》规定，对符合条件的劳动者，从事个体经营，在规定限额内依次减免营业税、城市维护建设税、教育费附加和个人所得税，并免收属于管理类、登记类和证照类的各项行政事业性收费。《国务院关于做好促进就业工作的通知》规定，上述税费减免政策继续有效。《财政部、国家税务总局关于支持和促进就业有关税收政策的通知》（财税〔2010〕84 号）进一步明确，对持就业失业登记证（注明"自主创业税收政策"或附着《高校毕业生自主创业证》）人员从事个体经营（除建筑业、娱乐业以及销售不动产、转让土地使用权、广告业、房屋中介、桑拿、按摩、网吧、氧吧外）的，在 3 年内按每户每年 8000 元为限额依次扣减其当年实际应缴纳的营业税、城市维护建设税、教育费附加和个人所得税。纳税人年度应缴纳税款小于上述扣减限额的，以其实际缴纳的税款为限；大于上述扣减限额的，应以上述扣减限额为限。

此外，关于公益性岗位安置，《中华人民共和国就业促进法》第五十三条规定，政府投资开发的公益性岗位，应当优先安排符合岗位要求的就业困难人员。政府投资开发的公益性岗位是指由政府作为出资主体，扶持或通过社会筹集资金开发的，以安置就业困难人员为主，符合社会公共利益需要的服务性岗位和协助管理岗位。政府投资开发的公益性岗位，在同等条件下，应当优先录用和安排包括最低生活保障家庭中有劳动能力并处于失业状态的成员在内的各类就业困难人员。

四、就业救助的重点

（一）关于最低生活保障家庭有劳动能力的成员均处于失业状态

根据《社会救助暂行办法》第四十二条规定，国家对最低生活保障家庭中有劳动能力并处于失业状态的成员，给予就业救助。如果最低生活保障家庭中有劳动能力的成员均处于失业状态，那么这种家庭就属于就业救助工作的重点对象。除了可以享受贷款贴息、社会保险补贴、岗位补贴、培训补贴、费用减免等政策扶持以外，县级以上地方人民政府还应当采取有针对性的措施，确保这种家庭至少有一人就业。按照有关规定，"零就业"家庭主要是指城镇家庭中，所有法定劳动年龄内、具有劳动能力和就业愿望的家庭成员均处于失业状态，且无经营性、投资性收入的家庭。本条所称的有劳动能力的成员均处于失业状态的最低生活保障家庭，就属于"零就业"家庭中的一类。

做好"零就业"家庭成员的就业工作，对于改善群众基本生活，维护社会稳定，促进社会和谐具有十分重要而特殊的意义。党的十六届六中全会通过的《中共中央关于构建社会主义和谐社会若干重大问题的决定》明确提出，扩大再就业政策扶持范围，健全再就业援助制度，着力帮助"零就业"家庭和就业困难人员就业。《中华人民共和国就业促进法》第五十六条规定，县级以上地方人民政府采取多种就业形式，拓宽公益性岗位范围，开发就业岗位，确保城市有就业需求的家庭至少有一人实现就业。2007年6月，劳动和社会保障部下发《关于全面推进零就业家庭就业援助工作的通知》（劳社部发〔2003〕24号），提出了促进"零就业"家庭就业、争取到年底现有"零就业"家庭至少一人实现就业，以及建立"零就业"家庭就业援助长效机制，做到"零就业"家庭"产生一户援助一户，消除一户，稳定一户"的工作目标，对全面推进"零就业"家庭就业援助工作进行了部署。据统计，自2007年部署"零就业"家庭就业援助工作至当年年底，全国累计帮扶86.9万户"零就业"家庭实现每户至少一人就业，占"零就业"家庭总量的99.9%，取得了很好的效果。截至2012年底，全国累计援助"零就业"家庭127.8万户，帮助"零就业"家庭成员实现就业153.1万人。2012年，全国共有"零就业"家庭59 371户（其中新增5885户，上年结转56户），共帮助58 576户"零就业"家庭实现就业 67 912 人，2012 年底实有"零就业"家庭 795 户，全国基本实现了"零就业"家庭动态援助、动态消除的目标。

（二）关于县级以上地方人民政府应当采取的措施

按照国家法律法规政策规定，县级以上地方人民政府应当采取多种就业形式，拓宽公益性岗位范围，开发就业岗位，确保有就业需求的城镇家庭至少有一人实现就业。具体措施包括：通过实行相关补贴，开发公益性岗位，安置年龄偏大、家庭困难的零就业家庭成员就业；通过实行相应政策扶持，鼓励各类用人单位吸纳零就业家庭成员实现稳定就业；通过开发适用性强的创业项目，指导零就业家庭成员自主创业；通过扶持兴办劳动密集型小企业，推广适于家庭手工业加工的项目，引导"零就业"家庭成员灵活就业；通过组织劳务输出项目，组织"零就业"家庭成员转移就业。在多渠道开发就业岗位的同时，政府还要规范企业裁员行为，加强失业调控，尽量避免裁减家庭成员中已经有失业人员的职工，严格控制夫妻双方同时失业，从源头上控制"零就业"家庭的产生。

原劳动和社会保障部《关于全面推进零就业家庭就业援助工作的通知》还对人力资源社会保障部门特别是公共就业服务机构做好"零就业"家庭就业援助工作提出了具体要求：

一是建立申报认定和调查登记制度。符合条件的居民家庭可按照自愿原则，向其住所地的街道、社区劳动保障工作机构申请零就业家庭登记认定。街道、社区公共就业服务机构要采取措施，限期做出核实认定。在此基础上街道、社区公共就业服务机构要开展定期上门调查走访，准确掌握零就业家庭的总量、具体情况和就业愿望等，建立基本台账，指定专人负责，跟踪服务。对新出现的零就业家庭及时登记，实行动态管理。

二是完善政策措施。将"零就业"家庭成员纳入就业困难人员范围，给予重点援助。政府投资开发的公益性岗位，应优先安排零就业家庭成员，并按规定给予岗位补贴和社会保险补贴；鼓励零就业家庭成员自谋职业和自主创业，鼓励企业吸纳零就业家庭成员。

三是强化就业服务。及时为援助对象上门开展"送政策、送岗位、送服务"活动，实行动态管理和"一对一"服务。完善社区就业服务功能，积极推进各项服务进社区活动，使"零就业"家庭不出社区就能得到优质、高效的"一条龙"公共就业服务。制定即时援助预案，对新出现的"零就业"家庭，及时启动援助预案，实现有效的就业援助，确保一定期限内实现就业。

五、就业救助程序

（一）就业救助申请的提出

根据《社会救助暂行办法》规定，申请就业救助的，应当向住所地街道、社区公共就业服务机构提出。由此可以看出，申请就业救助的主体应当是就业救助对象，即最低生活保障家庭中有劳动能力、办理了失业登记、持有就业失业登记证的成员；负责受理就业救助申请的机构是就业救助对象住所地街道、社区公共就业服务机构。

1. 住所地

住所是指自然人长期居住的场所。根据《中华人民共和国民法通则》第十五条规定，公民以他的户籍所在地的居住地为住所，经常居住地与住所不一致的，经常居住地视为住所。经常居住地即自然人经常居住的场所，根据最高人民法院司法解释，自然人离开住所地最后连续居住1年以上的地方，为经常居住地，但住院治疗的除外。

2. 街道、社区公共就业服务机构

《国务院关于做好促进就业工作的通知》规定，县级以上人民政府要建立健全公共就业服务体系，规范公共就业服务机构，明确服务职责和范围：街道、社区公共就业服务机构要设立服务窗口，开展公共就业服务。《人力资源和社会保障部、财政部关于进一步完善公共就业服务体系有关问题的通知》（人社部发〔2012〕103号）进一步明确了公共就业服务机构的设置及职责：省、市、县三级设立公共就业服务机构，县以下街道（乡镇）和社区（行政村）设立基层公共就业服务平台。县级以下基层公共就业服务平台负责开展以就业援助为重点的公共就业服务，落实各项就业政策，实施劳动力资源调查统计，并承担上级人力资源社会保障行政部门安排的其他就业服务工作。根据《人力资源和社会保障部关于进一步加强基层平台就业工作若干问题的意见》（人社部发〔2010〕37号）规定，街道、乡镇平台在就业救助方面承担的基本职责主要包括：负责审核、上报就业登记失业登记相关资料，组织开展登记失业人员日常管理工作；负责收集、发布就业信息，提供职业指导、职业介绍、农村劳动力转移就业等就业服务；负责审核、上报就业困难人员认定资料，组织开展就业援助工作，协助落实就业政策。社区、行政村平台在就业救助方面承担的基本职责主要包括：负责受理就业登记、失业登记申请和初审，承担登记失业人员日常管理等工作；收集、发布就业信息，开展职业指导、职业介绍、农村劳动力转移就业等就业服务；开展就业援助对象的调查摸底和日常动态管理工作，受理就业援助申请，建立管理台账和及时更新信息库，协助落实就业政策，为就业援助对象提供上门入户援助服务。

（二）审核与登记

《人力资源和社会保障部关于加强就业援助工作的指导意见》（人社部发〔2010〕29号）规定，各地要简化登记认定程序，强化动态管理，使各类援助对象都能够在社区进行登记。对未进行失业登记的，要首先进行失业登记，并核发就业失业登记证明；对符合援助对象条件的，要按照规定程序及时予以公示认定。社区平台要及时掌握援助对象的就业状态和具体情况，以社区台账和信息系统为载体，做到基本信息登记造册和动态信息及时更新。因此，收到就业救助对象的申请后，社区公共就业服务机构应当予以审核，对符合条件的，按照规定程序及时予以公示认定。符合条件的就业救助对象可以免费享受公共就业服务。

六、就业救助服务的内容

根据《中华人民共和国就业促进法》第三十五条规定，援助措施通常包括：

（一）求职登记和职业指导

为每一位急需就业的就业救助对象量身定制一份服务方案，针对其在求职就业、享受再就业扶持政策和其他劳动保障政策方面的不同需求，确定具体服务内容，综合运用职业介绍、职业指导、就业培训、公益性岗位和其他劳动保障相关服务措施，提供针对性服务。

（二）提供就业岗位信息和职业介绍

公共就业服务机构应当通过各种媒体以多种形式发布与就业救助对象求职就业有关的人力资源市场信息，供就业救助对象参考选择，包括用人单位的岗位需求信息、人力资源市场工资指导价位信息、职业培训信息等，并为登记求职的就业救助对象提供免费的职业介绍服务。

（三）职业技能培训

根据就业岗位的需求，结合就业救助对象的特点，介绍并指导其选择职业技能培训课程，组织并推荐其参加职业技能培训。

（四）岗位援助

开发并掌握一批适合就业救助对象的就业岗位，通过组织就业救助对象参加招聘活动，或者个别介绍、送岗位到家等形式，使有就业愿望的就业救助对象了解岗位信息，及时落实再就业岗位。同时，对在公益性岗位实现就业的就业救助对象，落实社会保险补贴和岗位补贴政策。对已灵活就业的就业救助对象，组织其申报就业，参加社会保险，并帮助其落实社会保险补贴。

（五）跟踪服务

在就业救助对象上岗后，继续提供职业咨询和指导的服务，同时，跟踪各项服务措施的落实，及时了解推荐人员上岗情况，办理招聘备案手续情况、缴纳社会保险和发放工资情况等。

七、积极求职

（一）就业救助对象应当接受有关部门介绍的工作

提供及时有效的岗位信息，组织开展形式多样的职业介绍活动是促进就业救助对象就业的重要措施。为此，《中华人民共和国就业促进法》规定，地方各级人民政府加强基层就业援助服务工作，对就业困难人员实施重点帮助，提供有针对性的就业服务和公益性岗位援助。除了公共就业服务机构免费提供的职业介绍服务外，政府还可以通过提供职业介绍补贴等方式，鼓励工青妇等群团组织其他各类职业介绍机构为就业救助对象介绍工作，提供免费的职业介绍服务。

根据《社会救助暂行办法》规定，就业救助对象必须积极求职，通过就业救助，免费享受公共就业服务机构等提供的就业服务，努力接受人力资源社会保障等有关部门介绍的工作并实现就业。这一规定的主要考虑是，促进就业救助对象尽快实现就业是就业救助工作的主要目标。要实现这一目标，一方面需要加快经济发展，创造更多的就业岗位，发展完善就业服务体系，为就业救助对象提供更多便捷、有效的就业服务；另一方面也要求就业救助对象积极主动地寻找工作，利用各种就业机会和就业服务设施争取尽快实现就业。同时，就业救助对象还要不断提高自身素质，增强竞争就业的能力，从根本上解决失业问题。可以说，这是就业救助对象应尽的义务之一。

此外，要求就业救助对象积极求职还有更广泛的含义。《国务院关于做好促进就业工作的通知》规定，要促进失业保险、社会救助与促进就业工作的有机结合，严格失业保险金、城市居民最低生活保障金的申领条件和程序，在准确区分申请人员有无劳动能力的基础上，要将申领条件与接受职业介绍、职业培训以及参加公益性劳动情况相挂钩，逐步形成促进就业的政策导向。要将享受失业保险待遇人员和有劳动能力、有就业愿望的城市居民最低生活保障人员组织到职业介绍、职业培训、公益性劳动等活动中，采取多种措施，鼓励和吸引其积极就业。因此，就业救助对象除了要接受有关部门介绍的与其健康状况劳动能力等相适应的工作外，还应当接受公共就业服务机构提供的职业培训等就业服务。

（二）就业救助对象无正当理由拒绝接受介绍工作的后果

如果就业救助对象没有正当理由，拒不接受人力资源社会保障等有关部门介绍的工作，则表明，这些人员并不是没有机会就业，而是在有机会的情况下放弃了就业。鉴于此，就不应当让其继续享受相应的待遇，应减发或者停发其本人的最低生活保障金，否则，就会有悖于就业救助"促进就业"的宗旨。

1. 减发或者停发就业救助对象本人低保金的判断标准

根据《社会救助暂行办法》规定，就业救助对象同时满足下列三个条件的，县级人民政府民政部门应当决定减发或者停发其本人的最低生活保障金：一是拒不接受人力资源社会保障等有关部门介绍的工作。二是无正当理由。如果就业救助对象有正当理由拒绝介绍工作的，则不能以拒绝介绍工作为由减发或者停发其待遇。这里的"正当理由"，包括就业救助对象本人健康状况、劳动能力、家庭中是否有人需要照顾，等等。三是连续 3 次拒绝介绍工作。

2. 减发或者停发就业救助对象本人低保金的主体

最低生活保障申请，由县级人民政府民政部门审查批准，对批准获得最低生活保障的家庭，县级人民政府民政部门按照共同生活的家庭成员人均收入低于当地最低生活保障标准的差额，按月发给最低生活保障金。相应地，决定减发或者停发就业救助对象最低生活保障金的机构也应当是县级人民政府民政部门。

3. 减发或者停发就业救助对象本人低保金的含义

最低生活保障金的计算是以家庭为单位，按照共同生活的家庭成员人均收入低于当地最低生活保障标准的差额发给。如果最低生活保障家庭中有劳动能力但未就业的成员无正当理由，连续 3 次拒绝接受介绍的与其健康状况、劳动能力等相适应的工作，属于本人的过错，不能因为某个人的过错而影响最低生活保障家庭其他成员的低保金。因此，本条规定，减发或者停发的仅是就业救助对象本人的最低生活保障金。

八、就业扶持政策

（一）享受就业扶持政策的用人单位

鼓励用人单位吸纳就业，是帮扶就业困难人员就业的重要渠道之一。就业救助的对象是最低生活保障家庭中有劳动能力并处于失业状态的成员，属于就业困难人员的一部分。为了更好地帮助就业救助对象实现就业，本条规定，吸纳就业救助对象的用人单位，即招用最低生活保障家庭中失业人员的用人单位，可以按照国家有关规定享受社会保险补贴、税收优惠、小额担保贷款等就业扶持政策。

（二）用人单位享受的就业扶持政策的主要内容

根据《社会救助暂行办法》规定，吸纳就业救助对象的用人单位可以享受的就业扶持政策主要包括：社会保险补贴、税收优惠、小额担保贷款。其中，税收优惠和社会保险补贴等政策，有利于降低企业的用工成本；小额担保贷款政策有利于解决企业的资金来源。为符合条件的企业提供社会保险补贴政策，还有利于解决就业困难人员最关心的社会保险接续问题，消除其后顾之忧。

1. 社会保险补贴

为了鼓励企业吸纳就业困难人员就业，《国务院关于做好促进就业工作的通知》规定，对各类企业招用就业困难人员，签订劳动合同并缴纳社会保险费的，在相应期限内给予基本养老保险、基本医疗保险和失业保险补贴。社会保险补贴期限，除对距法定退休年龄不足 5 年的人员可延长至退休外，其余人员最长不超过 3 年。

2. 税收优惠

为了鼓励企业吸纳就业，《国务院关于进一步加强就业再就业工作的通知》规定，符合条件的企业新招用持再就业优惠证的人员，与其签订 1 年以上期限劳动合同并缴纳社会保险费的，按实际招用人数，在相应期限内定额依次减免营业税、城市维护建设税、教育费附加和企业所得税，期限最长不超过 3 年。《国务院关于做好促进就业工作的通知》规定，上述税收优惠政策继续有效。《财政部、国家税务总局关于支持和促进就业有关税收政策的通知》进一步规定，对商贸企业、服务型企业（除广告业、房屋中介、典当、桑拿、按摩、氧吧外）、劳动就业服务企业中的加工型企业和街道社区具有加工性质的小型企业实体，在新增加的岗位中，当年新招用持就业失业登记证（注明"企业吸纳税收政策"）人员，与其签订1年以上期限劳动合同并依法缴纳社会保险费的，在3年内按实际招用人数予以定额依次扣减营业税、城市维护建设税、教育费附加和企业所得税优惠。定额标准为每人每年4000元，可上下浮动20%，由各省、自治区、直辖市人民政府根据本地区实际情况在此幅度内确定具体定额标准，并报财政部和国家税务总局备案。按上述标准计算的税收扣减额应在企业当年实际应缴纳的营业税、城市维护建设税、教育费附加和企业所得税税额中扣减，当年扣减不足的不得结转下年使用。

3. 小额担保贷款

为了鼓励企业吸纳就业，《国务院关于进一步加强就业再就业工作的通知》规定，对符合贷款条件的劳动密集型小企业，在新增加的岗位中，新招用持再就业优惠证人员达到企业现有在职职工总数30%以上，并与其签订1年以上期限劳动合同的，根据实际招用人数，提供最高不超过人民币100万元的贷款。《国务院关于做好促进就业工作的通知》规定，进一步完善小额担保贷款政策，创新小额担保贷款管理模式。各地可根据实际情况适当提高小额担保贷款额度和扩大贷款范围，进一步加大对符合条件的劳动密集型小企业的贷款贴息支持力度，鼓励利用小额贷款担保基金为劳动密集型小企业提供贷款担保服务。为了贯彻《国务院关于做好促进就业工作的通知》，2008年8月，中国人民银行、财政部、人力资源和社会保障部联合发布《关于进一步改进小额担保贷款管理积极推动创业促就业的通知》（银发〔2008〕238号），放宽了对劳动密集型小企业的小额担保贷款政策：对当年新招用符合小额担保贷款申请条件的人员达到企业现有在职职工总数30%（超过100人的企业达15%）以上、并与其签订1年以上劳动合同的劳动密集型小企业，经办金融机构根据企业实际招用人数合理确定小额担保贷款额度，最高不超过人民币200万元，贷款期限不超过2年。经办金融机构对符上述条件的劳动密集型小企业发放小额担保贷款，由财政部门按中国人民银行公布的贷款基准利率的50%给予贴息（展期不贴息），贴息资金由中央和地方财政各负担一半。同时，鼓励各省级和省级以下财政部门利用担保基金为符合条件的劳动密集型小企业提供贷款担保服务。

【课后思考】

1. 什么是医疗救助？医疗救助的对象是什么？

2. 医疗救助的方式有哪些？

3. 住房救助的对象是什么？

4. 教育救助的对象范围是如何规定的？

5. 教育救助有哪些实施方式？

6. 就业救助中用人单位享受的就业扶持政策包括哪些内容？

参考文献

[1] 史柏年. 社会保障概论[M]. 北京：高等教育出版社，2004.

[2] 阿玛蒂亚·森. 贫困和饥饿[M]. 北京：商务印书馆，2001.

[3] 洪大用. 改革以来中国城市扶贫工作的发展历程[J]. 社会学研究，2003（1）.

[4] 郭成伟，王广彬. 公平良善之法律规制中国社会保障法制探究[M]. 北京：中国法制出版社，2003.

[5] 张民省. 社会保障学[M]. 太原：山西人民出版社，2009.

[6] 赵映诚，王春霞. 社会福利与社会救助[M]. 大连：东北财经大学出版社，2010.

[7] 廖益光. 社会救助概论[M]. 北京：北京大学出版社，2009.

[8] 刘金章. 社会保障理论与实务[M]. 北京：清华大学出版社，2008.

[9] 秦超超. 古代中国官方社会保障制度的形成问题探究[J]. 社会观察，2009（26）.

[10] 王君南. 基于救助的社会保障体系——中国古代社会保障体系研究论纲[J]. 山东大学学报，2003（5）.

[11] 王卫平，黄鸿山. 中国古代传统社会保障事业述论[J]. 学习与探索，2007（1）.

[12] 孙翊刚. 刍议我国古代社会保障的萌芽——读《中国古代社会保障研究》[J]. 现代财经，2009（12）.

[13] 贾楠. 中国社会救助报告[M]. 北京：中国时代经济出版社，2009.

[14] 陈良瑾. 社会救助与社会福利[M]. 北京：中国劳动社会保障出版社，2009.

[15] 多吉才让. 中国最低生活保障制度研究与实践[M]. 北京：人民出版社，2001.

[16] 祝建华. 我国城市居民最低生活保障制度的政策效果评估[J]. 经济论坛，2009（24）.

[17] 杨立雄. 中国城镇居民最低生活保障制度的回顾、问题及政策选择[J]. 中国人口科学，2004（3）.

[18] 田德文. 解析英国劳动力市场改革[J]. 欧洲研究，2015（1）.

[19] 郑春荣. 英国社会保障制度[M]. 上海：上海人民出版社，2012.

[20] 丁建定. 构建我国新型城市社会救助制度的原则与途径[J]. 东岳论丛，2009（2）.

[21] 郭林，张巍. 积极救助述评：20世纪以来社会救助的理论内核与政策实践[J]. 学术研究，2014（4）.

[22] 岳公正：英国养老保险基金投资运营模式与政府监管[J]. 社会科学家，2016（1）.

[23] 谢勇才、丁建定：从生存型救助到发展型救助：我国社会救助制度的发展困境与完善路径[J]. 中国软科学，2015（11）.

[24] 郑功成：中国社会救助制度的合理定位与改革取向[J]. 国家行政学院学报，2015（4）.

[25] 张媛：国外发展型社会救助制度的实践及对我国的启示[J]. 改革与开放，2016（20）.

[26] 胡晓义. 中国社会保障 60 年[M]. 北京：中国劳动社会保障出版社，2009.

[27] 郑功成. 中国社会保障 30 年[M]. 北京：中国劳动社会保障出版社，2008.

[28] 林闽钢. 中国社会救助体系的整合[J]. 学海，2010（2）.

[29] 丁建定. 瑞典社会保障制度的发展[M]. 北京：中国劳动社会保障出版社，2004.

[30] 唐钧. 中国城市居民贫困线研究[M]. 上海：上海社会科学院出版社，1998.

[31] 雷耀，许娓. 特困人员供养："三无"人员救助的城乡融合[N]. 中国社会报，2014-04-02（001）.

[32] 孙晓娟，董殿文. 社会保障学[M]. 徐州：中国矿业大学出版社，2007.

[33] 尹虹. 近代早期英国流民问题及流民政策历史研究[J]. 历史研究，2001（2）.

[34] 刘喜堂. 建国 60 年来我国社会救助发展历程与制度变迁[J]. 新华文摘，2010（22）.